访学启示录

◆ 张明仙 \ 著

NORTHEAST NORMAL UNIVERSITY PRESS
WWW.NENUP.COM
东北师范大学出版社

图书在版编目（CIP）数据

访学启示录 / 张明仙著 .—长春：东北师范大学出版社，2016.12（2025. 4重印）
ISBN 978-7-5681-2558-1

Ⅰ.①访… Ⅱ.①张… Ⅲ.①社会科学—文集 Ⅳ.①C53

中国版本图书馆 CIP 数据核字（2016）第 295514 号

□策划编辑：王春彦
□责任编辑：张　琪　张辛元　□封面设计：优盛文化
□责任校对：王中韩　王春林　□责任印制：张允豪

东北师范大学出版社出版发行
长春市净月经济开发区金宝街 118 号（邮政编码：130117）
销售热线：0431-84568036
传真：0431-84568036
网址：http://www.nenup.com
电子函件：sdcbs@mail.jl.cn
三河市佳星印装有限公司印装
2017 年 3 月第 1 版　2025年4月第 4 次印刷
幅画尺寸：185mm×260mm　印张：12.5　字数：216 千

定价：42.00 元

前　言

身处中国顶尖学府北大，远离尘世的浮躁喧嚣与繁华，得以在这学术的沃土、思想的富矿、文化的圣地、艺术的殿堂、生活的乐土里学习耕耘，激情活力刹那间被唤醒激发。经年累积的文学素养一经遇上适宜发芽生长的土壤，旋即蓄势欲发，不吐不快。继而又陷入难以抉择的两难境地，进修访学是学术的进修访学，学术与文学的关系应该怎样处置？经历了数次否定之否定辩证法思考过程，最终认定学术之于文学，并非矛与盾、水与火的不可调和，以主带次协调发展，鱼和熊掌可以兼得。于是，在确保学术徜徉的前提下，任由思绪情感的野马驰骋遨游于心灵感悟的空间，嘀嘀嘀嘀及时敲击键盘凝固封存稍纵即逝的心灵流淌音符，恣意游走在感性与理性、形象与抽象言语思维空间，随意随性记写随笔，内容包罗万象，五花八门，既有听课看书心得体会，也有刹那间迸发出来的学术思维火花，还有日常生活中的轶事奇趣，以及艺术熏陶、文化游历过程中的品味赏鉴。如泉源般汩汩涌出的思绪，是一种自然天成的心曲外泄。

为什么身处学术积淀深厚的燕园氛围，会激起强烈的言语表达欲望？虽深陷思索却一时不知所终。作为幸福北大人的幸福之处在于，师生互动交流中不经意说出的看似普通平常的内蕴深刻的话语，常常会使听者醍醐灌顶般大彻大悟。一次在现代文学课上听吴晓东老师与学生讨论“为什么五四时期散文的成就最高”问题，气氛热烈，见仁见智。有的说开放式散文无论抒情还是议论都能担当大任，有的说散文最能在思想解放、个性张扬的五四时期直抒胸臆，答案林林总总，莫衷一是。吴晓东老师的观点却出乎意料：“小品散文形成的条件是有一种自然放松的心境，近现代只有五四唯一一次可以真诚坦率地流露个性。”原来五四散文成就的取得在于有一个轻松环境和良好心态，真是踏破铁鞋无觅处，得来全不费工夫，苦寻良久的答案竟如拾芥般轻而易举获得。北大自由宽松的环境让人身心放松，心情愉快，能更敏感细腻地体味感悟八面来风般的信息，并不时迸发出灵光一现的思维火花，体验文思泉涌的滋味。“好记性不如烂笔头”，手书笔写是古人传承遗留下来的屡试不爽的佳法良策。陈平原先生曾说，当我们知道的东西不多的时候，每一点都记得很牢，当我们学了很多，知道的东西太多的时候，便再也记不住了，很多东西会混乱纠缠在一起，写札记是最好的办法。钱锺书先生博闻强识，超强的记忆力曾被国外学者赞誉为“照相机”，似乎一切学识尽留脑海中，然而很多与钱先生同窗或熟悉的朋友常常会证实钱先生还是记笔记的，至少上大学时是见过他记的，网上有文章更称钱先生的笔记造就了他惊人的记忆力，据说去世后还为他出了速记文集。

几年来一直心存把一年北大访学生活中随性随情书就的随笔整理出书的夙愿，但源于各种事由及自己的懈怠一拖再拖。现今具备了着手整理这些自视为学术心灵精神财富的机缘条件，却又为自己懈怠拖沓所造成的无法弥补的遗憾而悲伤不已，因为相约为这本构想中的书作序的北大访学时的导师李小凡教授已驾鹤西去。曾经的北大中文系主任温儒敏先生专门撰文《在北大，出学术不出新闻的教授又少了一个》，怀着揪心之痛怀念这位坚持30年带学生做方言调查的平凡而又不平凡的好搭档。后来的中文系主任陈跃红先生在2015届毕业生的毕业致辞《毕业了，认真做人》中，饱含深情地缅怀“缺席的主角”、刚刚因病离世的李小凡教授作为一个语言学家的选择与坚守。2014年11月《人民日报》记者采访李老师时，李老师应记者签名要求思忖片刻，在《北大中文系第一课》一书中自己的《老老实实做人，认认真真做学问》讲课实录页面上写道：“教师的第一职责是培养学生。对教师来说，课比天大，其他都是次要的。”访学一年的时间里，感同身受地见证了李老师彰显“课大于天”师魂境界的点点滴滴，如不计报酬，耗费无数精力数十年坚持举办每周一次的硕博士研究生学术沙龙，花费多年心血倾心编写几乎不被当作学术成果却极有利于教学的《汉语方言学基础教程》教材，几乎生命倒计时的最后时刻还拖着病体到研究生论文答辩会场，答辩当日下午住进医院便再也没能出来，留下了捐献人体器官和不举行遗体告别仪式的遗愿。抚摸着李老师赠送的《汉语方言学基础教程》扉页上李老师和项梦冰老师两位编写者的签名，回想着李老师为我修改过的令我震惊不已的姹紫嫣红的汉语方言论文，不禁潸然泪下。完成此书算是向李老师交上一份迟到的答卷，告慰先生的在天之灵。

短暂一年的北大访学启示多多，拙笔所能呈现的仅是沧海一粟，权且借这一粟去开启探寻沧海奥秘的门扉吧。

2016.10.08　于昆明寓所

目　录

1 品味北大

有人说，“北大是我心目中永远的圣殿”。也有人说，“北大是一部书，是一部历史长卷，是一首文明的史诗”。更多的人则视北大为中国的顶尖学府，超一流大学。家长以孩子考上北大为荣，中学以学生考入北大为傲。无数人趋之若鹜以行游参观的方式了解北大，北大不堪其扰，迫于无奈实行保安查证进门制度，于是又衍生出助人游北大的灰色产业。“北大”，“查证”，“旅游”，“产业”，几个看似不相关的词竟能混搭般排列组合在一起，想不吸引人的眼球都不行，想不为人们津津乐道也不行。多年前一个尚未实行查证制度的酷暑之日，与同事带着孩子徜徉于令人神往的北大校园，目之所及未名湖、博雅塔、图书馆，心中所感北大历史上的名家大师、学术风气，幻想着某一天也能成为北大校园中学习生活的幸福学子。梦想终成现实，2009 年 9 月至 2010 年 7 月，有幸以访问学者身份成为学习生活在北大的幸福之人。陈平原先生把本硕博均在北大学习的人称为“全北大人”，把如他一般在其他高校和北大都学习过的人称为“半北大人”，到北大访学进修的人员或可称为“临时北大人”了。以“临时北大人”身份，快速融入北大学子们的快节奏生活中，往来奔波于各教室、图书馆，潜心听课、阅读、写东西，沉醉式欣赏在“百年讲堂”上演的国内外芭蕾、戏剧、音乐、电影、相声等经典艺术，参加北大学子们丰富多样的社团活动，感受北大独具的文化韵味。较长时间的融入式深度体验，全方位观察审视，全身心咀嚼品味，用外来者与北大人远近交织身份各异的特殊眼光，极力拨开迷雾探析北大的真实面目，分析其魅力及韵味之所在。初时混沌迷蒙，渐渐抽丝剥茧般理出些许头绪，终获“横看成岭侧成峰”的管窥之见。

百年北大

担任哈佛大学校长 40 年之久的查尔斯·艾略特（Charles Eliot）曾说过：“一所名副其实的大学，必须是发源于本土的种子，而不能在枝繁叶茂、发育成熟之际，从英格兰或德国移植而来。”诞生于 1898 年，前身是京师大学堂的北京大学正是这样一所本土种子在本土上发芽开花结果的百年大学。胡适、冯友兰、季羡林等学者则认为，北京大学是中国历代太学（国子监、国子学）的继承者，是古代最高学府在现代的延续。北京大学又是中国近代正式设立的第一所大学，是最早以“大学”身份及名称而建立的学校，其成立标志着中国近代高等教育的开端。从北大“上承太学正统，下立大学祖庭”之说而言，北大又是一所具有千年底蕴的大学。

谢冕先生曾在1997级中文系的迎新会上说：“这是一块圣地，近百年来，这里成长着中国数代最优秀的学者。丰博的学识，闪光的才智，庄严无畏的独立思想，这一切又与耿介不阿的人格操守以及勇锐的抗争精神相结合，构成了一种特殊的精神魅力。科学与民主已成为这圣地的不朽灵魂。”谢冕先生还在《永远的校园》“题记”中写道：“这圣地延续着不息的火种。”这不息的火种，应是1916年蔡元培先生担任北大校长时奠定的“北大的传统和精神”，即“循思想自由原则、取兼容并包之义”的现代大学理念。蔡元培先生一方面开启了科学精神、资产阶级的民主自由思想和马克思主义等各种思潮在北京大学的接受史，另一方面为传统文化思想保留了一席之地，避免了矫枉过正的偏激。“百年积淀，薪火相传”，新旧各派同在北大自由探讨，砥砺学问，使得北京大学逐渐以开放、包容的精神面貌闻名于世，延续至今。

北大的学者们秉承“铁肩担道义，妙手著文章”的人文信念和学术理想。陈独秀、李大钊、胡适、鲁迅等思想进步的新派人士来到北京大学，以《新青年》《每周评论》《国民》《新潮》等为理论阵地，以民主和科学为主要思想武器，向封建专制主义及其意识形态进行了猛烈抨击和批判，极大地推动了全民族的精神解放和思想启蒙。北大与国家和民族共命运，站在时代的前沿，在古老的中华大地上率先高举民主、科学的旗帜，率先传播马克思主义和社会主义思想，发起了意义深远的教育改革和新文化运动，成为五四运动的策源地，融爱国、进步与民主、科学为一体，成为延续至今的光荣传统。

学术北大

蔡元培先生在《就任北京大学校长之演说》中说：“大学者，研究高深学问者也。”李大钊先生在1923年北大建校25周年庆祝大会上说：“只有学术上的发展值得作大学的纪念。”研究学问，发展学术，被视为大学的性质和任务。蔡元培先生提出了“思想自由，兼容并包”的办学方针，积极倡导北大的学术研究，自由讨论之风极盛。研求学问之风一直盛行于教授间，学术讲座上各派学者各抒己见。教授们治学谨严，同门类不同派别的学问之争十分普遍，不仅自己坚持己见，也容许别人坚持己见。教授们常常以捍卫真理的态度来抵挡别人的评价，而对对方的问题，往往亦是针锋相对，毫不留情。这种学术民主争论之风，能够大开学生眼界，培养学生们独立思考和探索真理的兴趣和能力，以及严谨的治学态度和研求学问的精神。在学生的学习上，蔡元培先生主张学生广泛接触教员中不同派别的观点，使学生不拘泥于一己之见、一家之说。梅贻琦先生曾说："所谓大学者，非谓有大楼之谓也，有大师之谓也。"蔡元培先生"大学者，囊括大典，网罗众家之学府也"观念影响下的北大，网罗了大批著名学者。蔡元培先生不仅聘请《新青年》创办者陈独秀、日本早稻田大学毕业的李大钊、留学美国归来的胡适等到北大任教，还聘请有英国文学专长、复辟尊王尊孔的辜鸿铭为文科教授。理科方面聘请了著名的物理学家、相对论学者夏元瑮任理科学长，又陆续延请、续聘了李四光、朱光骅、翁文灏、丁文江等教授。北大中文系自1910年建系以来吸纳涌现了林纾、陈独秀、鲁迅、黄侃、周作人、钱玄同、刘半农、胡适、罗常培、游国恩、王力、冯沅君、俞平伯、魏建功、沈从文、吴组缃、杨伯峻、高名凯、周祖谟、王瑶、朱德熙等杰出大师和优秀学者，学术积淀和治学精神得到百年延续。"丰博的学识，闪光的才智，庄严无畏的独立思想，这一切又与耿介不阿的人格操守以及勇锐的抗争精神相结合，构成了一种特殊的精神魅力。"这恰是诸多北大优秀教师的真实写照。在几乎国内所有大学都把中文系更名为似乎更为高大上的"××学院"的今天，北大中文系仍能坚守住自己"系"的阵地，守阵创新。

天南地北到北大访学的高校老师们，不约而同对北大学术有种"高山仰止"的感觉，并禁不住发出"到了北大，方知自己是学术的贫儿"的感慨，感觉北大的学问就像蚁穴一样，深不见底，宽不见边，看不尽，摸不透，学不完，越学越害怕。无边无涯，不知哪里是岸。经过一段时间的学习，"邯郸学步"的苦恼也随期而至，既写不出具有北大学术品位特点的文章，也不愿写或已写不出原来习惯了的那类文章。挫败感使得大家异常珍惜难得的北大访学机会，学习劲头堪用如饥似渴、争分夺秒来形容。北大校园里随时都能跟书本、电视上如雷贯耳的学术大师邂逅，书本上、文章上一个个冷冰冰的名字符号都幻化成了眼前活生生的人，也就是学术大师活化了。

聆听学术大师们颇具高度的学术思想及治学理念，常会使自己在豁然开朗中获得治学的精髓，发现自己未来的努力方向。北大老师们刨根究底的治学精神令人肃然起敬，他们总是把教学所涉及的知识连根带泥全部深挖刨出呈现于课堂上，并加以有见地的分析判断，让你见识领略到什么是真正的学问。北大学生的毕业论文只能在“学位论文室”才能查阅，并不像其他高校学生的毕业论文那样积极上网，始终保持学术的独立性和别具一格。北大学术的最大特点就是顶得起天立得起地，最先进的理念和最扎实的耕耘，使得北大很多学科的学术成就独树一帜。

北大的学术精神，更多体现在很多学者矢志不渝地坚守“板凳甘坐十年冷，文章不写一句空”的治学理念上，在当今学术浮躁、急功近利的时代显得尤为珍贵。历数古今中外所取得的大成就，无不经过积年累月的辛劳，甚至数代人持之以恒的努力。

北大的匆匆与闲适

北大人总是步履匆匆，节奏飞快。北大的作息时间表令人大跌眼镜，从早晨 8 点到晚上 9 点，不间断地排有 12 节课，中午 12:30—2:30 也排了第五、六节课。放眼校园，无论老师学生，年长年幼，大都足登运动鞋，身背双肩包，快速从一个教室转战到另一个教室，抑或从教学楼转战到图书馆，从图书馆转战到教学楼，从早到晚不停地转场，学习时间可以说是夜以继日。入乡随俗，经历了从不适应到适应的过程，访学进修的老师们很快适应了北大的快节奏。我们居住在圆明园校区的访学“暴走一族”，几乎每天都在既定的时间内从圆明园住宿校区暴走到北大校园，有课听课，没课在图书馆或教室看书，中午困了就在桌子上趴一下，饿了到食堂吃点东西，从早到晚泡在北大校园里，周末也常常不由自主地往北大校园跑，加入到北大校园内步履匆匆的人流中。休息游历的时间都经精心设计，大家都不轻易浪费过一天就少一天的宝贵学习时间。一位云南的学姐曾到北大看望我，后来相聚时说，本想约我逛一两天北京城，看到我们学习的情形便打消了念头，而当时的自己竟浑然不觉。快节奏的学习生活使大家变得单纯快乐，学习效率之高有时连自己都有些惊异。北大访学时学习的专注与投入，在几十年的学习生涯中屈指可数。

与北大的匆匆相对应的是北大的闲适自由。北大的闲适自由体现在教师授课有着足够的自由空间，没有严格意义上的课本，没有讲课深浅及课时进度之约束，一切都由老师视情形而定。然老师们授课都极认真极具水平，常能让听者感受到充满智慧的独到见识，课讲得挥洒自如，风格各异。

北大的闲适自由还体现在学生听课时的自由自在。北大的教室里常坐着些与教学内容毫不相干的同学，有的为避免搬迁教室的耗时费力在某间教室听课后就坚守阵地，有的找不到空教室就随意进入某间正上课的教室进行着与教学内容毫不相干的学习，老师见惯不怪，从不干涉。真正听课的同学，有的全神贯注，有的偶尔也会浏览一下网页或做一点其他不相关的事。但有一点可以肯定，老师提问时每个同学都能回答得头头是道。访学学友们议论，在自己工作的学校里，同学不知道就是真的不知道了。教室里常见同学们喝着水、吃着早点听老师讲课，开讲后进入教室或中途离开教室，都是极自然的事。听了一年的课，从没碰到过老师点名。北大开放、包容、尊重个性的校园文化特点形成的前提条件，是北大人的高素质和高自觉性，具有不可复制性。

正是北大的匆匆与闲适，使得北大人更具独立的思想人格和学术光辉。

北大的谨严与开放

一位在华东师大工作的北大毕业女博士说，读书要在北大，工作要在上海，北大学术严谨，上海自由开放。北大的谨严，从保安忠于职守严格执行进门查证制度即可见一斑。北大此番做法实属无奈，总有那么多全国各地的人前来参观北大，"泡"北大，远远超出北大所能承受的能力，严重影响到学校正常的教学秩序。记得刚进入北大校园时，不熟悉地理环境，问路碰上的人比自己还要茫然无所知，后来才明白能这么闲散游逛的人十之八九是外来游人，北大人总是形迹匆匆，目光笃定。名声比肩，仅一条马路之隔侧重理工的清华，虽也有络绎不绝的游客，但却因为数量的悬殊省去了不少麻烦，就算清华的教室可以像北大的教室一样随便进入，但天书一样的教学内容也会让游人望而却步。北大的保安们查证时一丝不苟，证件不齐或手续不全是不能放进学校的。一次进北大校门，从书包里找证件有些费劲，随手拿出装在衣兜里的饭卡权当证件，保安看后认真地说："饭卡无效。"保安的严谨态度及文雅用词，以及我的侥幸心理，引得同伴们哈哈大笑。其实他也并未再坚持让我拿出证件，因为我的同伴都有访学证，或许天天从一道门出入也会有些面熟，他只是提醒饭卡不能代替证件。诚然，饭卡人人都可以用，没有身份的任何标识。还有一次，我从图书馆出门忘带借书证，进不了图书馆，问侧门的保安怎么办，他让我找大门的保安，大门的保安陪着我进到所在的三楼看见我打开锁着的柜子拿出书包，找出借书证才放心地离开。

与北大的谨严相对应的，是北大课堂的全面开放。坊间传闻，北大课堂随便进，想听就听，很自由。北大的开放性课堂，常年活跃着一批批蹭课者，把北大当成老年大学的人屡见不鲜。北大老师们总是一视同仁，分发资料也总是按顺序，并对站立听课者深表歉意。戴锦华老师看着那么多站在门口等候听课的同学，就曾自嘲说："幸亏我的头发早已经白了，要不真要愁白了少年头。"王岳川先生曾说，到我教室听课的有一半是外来人，是对知识的尊重。尽管保安尽职尽责地严格查证，但在北大听课总能碰上很多全国各地前来蹭课的学友。最引人注目的是很多白发苍苍的退休老头老太太，他们背着干粮出入于不同教室，全然把北大当成了他们的老年大学。他们细心地向学生打听上课的教室、课程，学生们都极友善耐心地向这些祖父母辈的老人一一解答。听得多了，水平提高了，他们有时会去听研究生的课程，学习态度及学习精神令人钦佩。有一个长得像电影演员田华只是略显清瘦的老太太，我在教室碰到过很多次，一天晚上，我与同学九点多听完第十一、十二节课欲从北大东南门返回圆明园住宿区，她也刚听完课走在我们前边一点，脚步比我们还利索。我们随即感慨，北京的房价太高了，要不我们也在北大附近合买一小套房子，退休后也以北大为"老年大学"，过一个充满学识意趣的惬意晚年生活。北大的教室里常会碰到周围高校蹭课的老师、同学。一次听戴锦华老师的大众文化，旁边两位听课的解放军艺术学院老师说，北大的课有理论深度。一次听社科院张伯江先生的"功能语法"课，邻座是北师大的博士，我说也想到她们学校听听课，她说不用过去，这边就挺好。烟台一所大学一位学社会学的大四女生，觉得她自己的学校没什么课可听，在北大校园外租房驻扎下来，本科、研究生的课一概全听。暨南大学一名中文系毕业欲考北大语言类研究生的女生，在北大泡到第二学期还常碰面，常听相同的课，彼此见面会很亲热地打招呼。北京语言大学一名硕士研究生干脆成了我的导师李小凡教授的编外学生，在北大的时间应该远远超出在语言大学的时间。听项梦冰老师的"方言语料分析"课，一名社科院的女硕士研究生说，社科院那边的课很少，导师直接告诉他们，你们就到北大听谁谁谁的课，北大成了他们的免费学习训练基地，得天独厚的资源利用场所。在北大的"蹭课一族"中，还有一些偶有机缘进入北大坐在教室里感受课堂文化的蹭友。听什么似乎并不重要，听得懂听不懂无关紧要，关键是我进入北大还坐在教室里听课了，这对许多人而言是可望而不可即的事情。一次，我带一位云南商界的成功人士朋友进入北大，匆匆游览了包括他口中的“莫愁湖”（未名湖）在内的重要景点，购买了印有北大标志的笔记本等纪念品，经过慎重挑选，带他去听了一节相对适合的《论语》。一走进教室，整个教室坐得满满当当，只能到隔壁教室抬了个凳子放在后门边让朋友坐下听课，在座的很多都是蹭课一族。此后，我与这位朋友便成了见面必提及北大听课经历的北大“同学”。还有一群不同寻常的“蹭课一族”，那就是“近水楼台先得月”的保安们。很多保安下班后制服一换，就西装革履地坐到教室里听课。据说光华学院的一位保安，本科生的课时间听长了就看不上眼了，只听研究生的课程，老师们在教室内见到他都很高兴。在这样的学习氛围中，获知北大保安考上大学、研究生的新闻报道也就不足为怪了。

说到北大课堂的开放，最值得一提的是北大网络上流行的“网络红猫”。猫会窜到北大讲台上，还专挑艺术、美学类的课。据说有一次一位教授走进教室，见猫已蹲在本应属于自己的讲台上，便一脸无辜地幽上一默：“它先来了，不是我带来的。”同学们哈哈一乐，又饶有兴致地接下来听教授讲课。我们窃议，要是换在其他学校，免不了会开展一场热火朝天的逐猫运动了，授课效果势必大打折扣。北大“文化猫”的走红得益于北大学子们的爱猫心理。一次，从面食餐饮中心出来，一个女生边喂猫边与猫对话：“行了，你今天就只能吃这么多了，再多就消化不了了。明天我再来喂你。”肥肥壮壮的猫善解人意地接受着科学饮食文化的熏陶，好一幅动人的人猫和谐图景。

北大的社团活动

北大丰富多彩的社团活动令人叹为观止。开学不久，各个社团都使出浑身解数招纳新团员。“百年讲堂”对面的道路上，音乐、笛子、喇叭、吆喝声交织出嘈杂却动听的交响曲，人们的视听器官应接不暇。如拥挤年货街上的长蛇阵售货商铺一样，各种名目的社团摊点前，北大学子们穿着与社团名字相符的稀奇古怪的服饰，向过往人群散发着各种色彩斑斓的社团宣传单，吸引招揽同学们入会，营造出北大校园里平日难得一见的“景观”。只要是校园里的人，社团均来者不拒，我和访友也经不住感染诱惑加入了一些感兴趣的社团，我加入的是“电影学会”和“女性学会”两个社团。一年下来，“女性学会”基本没搞什么活动，“电影学会”的活动可就丰富频繁了，常常组织大家领票看电影，最远还组织大家到北京电影学院观看了美国电影学会主办的电影展，而交的入会费只有微不足道的15元钱。电影学会的同学很敬业，常常以短信的形式通知团友们参加活动。例如：

"各位参加美国电影学会活动的会员：明天下午（15日）17：30统一在北京电影学院门口集合，请务必准时，收到请回复，如有问题请致电：1512005……"

亲爱的影协会员："非常抱歉地通知大家，《天长地久》活动由于片方的原因再次改期，具体改在哪天还不清楚，给大家带来麻烦，实在很不好意思！希望大家谅解，并再次感谢大家对影协活动的支持。"

印象最深的是，在电影学会的组织下，我们作为北大电影学会的会员，一天下午4点半到中央电视台参加"佳片有约"的现场录制，嘉宾是台湾的伊能静。拍摄现场是很远的大兴区拍摄基地，我们是现场的衬景——观众。亲历了"佳片有约"的整个拍摄制作过程，看到了与电视上看到的不一样的东西，明白了导演的创作意图，对"佳片有约"的理解更深更透了。可以无数次地重复看某部电影电视，但不可能再重复参加"佳片有约"的拍摄。虽然等到下午8:20才开拍，心里还是很高兴。先前以为伊能静"耍大牌"，让大家这么等着，后来才明白组织方与她约定的时间是8点，可能害怕观众学生涉及的学校太多，北京又堵得厉害，才让大家那么早就到拍摄场地等候。伊能静几乎把别人不可企及的优点集于一身，歌唱、写作、做节目主持、演出，外加看不出真实年龄的轻盈修长身材和美貌，真像主办方说的"智慧美貌"的伊能静小姐，她自己说"从一会写字就写作"。

电影学会的同学得一个一个地发短消息通知会员，并常常通过邮箱联系，要耽误很多时间，但这样自找麻烦的事在争分夺秒学习的北大校园里并不罕见。一次，北大东南门化学系的同学正在迎接百年校庆返校人员，举着牌子的同学误以为我们也是返校校友，热情地就要迎上来。在去图书馆的路上，相隔十多米就有穿同样服装的同学服务，特别是在每一个转角的地方。北大的同学做什么事都精细到位，精细化学习，精细化管理，精细化服务，北大同学只要想好去做的事，追求的是极致。这是一种传承百年的北大精神，做事自觉意愿，并非为了做事而做事，这是一种很强的社会参与和服务意识，值得我们学习并传播。

北大师生面面观

听一位学者说过，在不同大学的“酱缸”里泡过的人味道就是不一样。一次在北大图书馆二楼的社科书籍室里，一位年轻但绝不是在校生年纪的男士如在无人之境般高声打着电话，大家相视一笑，算是对“外来者”的包容。图书馆内所有人说话都是轻言细语，接打电话也是跑到室外放低声音，年轻男士的“外来者”身份从他谈到的“我们单位”中得到了印证。北大的老师同学自有一种与其他学校不同的韵味。

北大教师面面观

1916 年，蔡元培先生出任北大校长，秉承“兼容并包”之精神和“学术自由”之主张启用教师。他提出：“广延积学与热心的教员，认真的教授”，以“提起学生研究学问之兴会”。他用才的宗旨是，见解主张可不相同，学术论点可不相同，但学问不可以不高深，品行不可以不严谨。蔡元培先生招聘的人才，既有主张新文化运动的胡适、陈独秀、鲁迅，也有主张恢复“帝制”的辜鸿铭、刘师培；既有把共产主义思想理论介绍到中国的李大钊，也有无政府主义者李曾石；既有钱玄同、沈尹默等北大老人，也有梁漱溟等年轻人。同时还聘请外籍教授，和刚留学归来的学者。这样不拘一格地聘用教师，学术自由之风盛行。北大教授特殊的精神魅力主要体现在丰富的学识，闪光的才智，庄严无畏的独立思想，耿介不阿的人格操守，以及勇锐的抗争精神上。北大教授治学严谨，潜心研求学问。北大课堂较少约束，教授们能够充分施展自己的智慧学识，张扬自己的个性。北大这种“兼容并包”、学术自由的治学传统一直延续至今。今天的北大老师构成成分依旧复杂多样，有自己学校培养出来的“全北大”人，有从其他学校考入北大读研留校的“半北大”人，还有留学归来或直接从其他科研机构及学校调入的“外来人”。有的课程，直接外聘独具特长的专家学者讲授。中文系开设“当代小说经典文本分析”课的陈晓明老师就直接从社科院文学所调入。“功能语法学”课程每两年一次专门聘请社科院语言研究所的张伯江先生讲授。开课时附近高校的老师学生都纷纷前来旁听，教室里人满为患。北大老师和社科院老师的授课各具特色，社科院老师授课更注重“自趣”，教学内容研究得很深很透，北大老师授课内容也研究得深透，但更关注“他趣”，也就是学生的情趣感受及接受情况。这种具有互补性的教师结构，能让学生兼收并蓄。

（1）悉心指导

北大一些老师教学的敬业及指导学生的悉心让人叹为观止。一次，收到导师李小凡教授从网上发给我的论文修改意见，如五雷轰顶，愣了半天还没回过神来。读了大半辈子书，也教了大半辈子书，原有的教和学经验突然全部虚无空白，平生从未有人这么详细地帮我修改过文章，我也从未这样细致地给学生修改过。我写的文章是《罗平方言同音字汇》，李老师对先前审定的音又做了进一步修订。去声调值由原先的 212 改为 223，还根据文章内容把原来的“音系”改为切合实际的“同音字”，遣词造句方面细加思量，把原文的“口音纯正”改为“乡音纯正”。小至任何一个声调符号和送气符号都仔细修改，并一一插入批注进行说明，而声调符号和送气符号李老师改出一个做示范我自己就能修改。修改过的整篇文章蓝字、线条、方框看似又花又乱，实则整齐有序。李老师还这样附文谈修改意见：“文稿已阅，题目不宜称‘音系’，就叫‘同音字汇’。文章分两部分，请参考《方言》2008 年第 1 期上王福堂的‘绍兴方言同音字汇’（可从期刊网上下载，同期第二篇麦耘的文章有音韵比较的内容，这才称“音系”）。如有可能，第一部分给出声韵调之后最好加一段音系特点，若无把握，宁可不说。上次提到“国落—故绿”两个韵母究竟分不分，需要找一些比字的例子来判断，例如：国故—故国、落叶—绿叶、故事—国事、铺床—破床、木杖—魔杖、目力—魔力、粗手—搓手、一族—一撮、吃醋—吃错、减速—检索、读取—夺取、独步—踱步、徒手—脱手、突发—脱发、小卢—小罗、炉子—骡子、逐步—桌布、小叔—小说、成熟—成说、姑姑—哥哥、铁箍—铁锅、事故—事过、故人—个人。其他具体问题随文写在原稿上。时间较紧，恐怕要占用清明节假时间修改了。学报对推荐信有什么具体要求吗？顺颂春祺。”

看完李老师修改后的文章及修改意见，头脑稍稍清醒后急忙从图书馆二楼的社科阅览室跑到四楼的期刊阅览室，把王福堂先生的《绍兴方言同音字汇》找出来复印，并重新思考今后自己应该怎样做学问及怎样当老师。字斟句酌良久终于回复李老师：“看完批阅，震惊感慨良久，欣慰愧疚参半。深感得识先生之幸，又因己之学浅耗费先生心血而惴惴。能改的已改，暂不能改的将尽力。王福堂先生文章已找到。致以深深的谢意！”后来从李老师的研究生处获知，这样为学生修改论文是李老师一以贯之的作风，乐此不疲。

“温良恭俭让，谦谦君子心。”先生去世后，北大师生自发撰文怀念，引发了社会的广泛关注。

（2）素朴之心

北大老师除了对学术的坚毅执着外，还具有素朴之心和人文情怀。北大的很多老师都很纯真，称得上是“素朴人”。素朴之人，即自然之人，弃矫饰，唯真性，有着童稚的天真与纯性，这是一种洞穿世事后的恬淡与真诚。一位马列学院的女教授在医院偶遇新疆访学的老师，在得到是“少数民族”的肯定答复后，交谈一个多小时，还留下电话号码让有事找她，邀请至家里吃饭。王宏君老师的PPT课件上有一张蔬菜的图片，她很认真地说：“这是我自己拍的，我买回来，洗干净了拍的。”项梦冰老师经常自己出资把学生的方言论文结集出版，还语重心长地告诫学生，你们以后如果不搞方言，请不要把这些书当废纸卖掉，转送给你们学方言的学弟学妹们。项老师还会在书的后记或课堂上号召大家吃素食，在全球气候日益变暖的时代，知识分子是社会的栋梁，应有低碳环保节能的担当。项老师请一名社科院来北大听课的研究生带《方言论丛》送给她的导师，导师翻到后记看到倡导素食的文句时，忍不住重复感慨说项老师“太可爱了”。

（3）包容情怀

一次到二教207教室听吴晓东老师讲课，一个60多岁自称是退休中学老师的男士走到教室里说他到北京宣传要出的书，很夸张地进行绕口令、诗朗诵、歌唱、绕圈表演。面对这么一位擅自闯入教室，表演夸张到滑稽的不速之客，吴老师开始时只是静静地站在讲台旁做着上课的准备，后来竟出乎大家意料地把扩音器拿给这位表演者，上课铃都响了那人还争分夺秒又表演了一个节目，让同学上他们的网。我怀疑这人是不是神经有点毛病，但旁边的男生一针见血地指出：“我怀疑他是在炒作，北大中文系的同学都看过了。”这位老师在表演中把北大比作中国的哈佛，到这样的学校炒作可以抬高自己的身价，这种表演行为到其他学校应该很难实施，当然他也不屑到其他学校做此类宣传。从这么一个课间小插曲中，可以看到北大教授及学生们的包容心态与人文关怀情怀。自始至终教室里的师生都静观其演，没有丝毫的不满和责怪。

（4）幽默风趣的教学语言

北大老师上课颇具幽默感，充满睿智和哲理性，使听者在忍俊不禁中陷入深思，教学语言上表现得最为突出。

1. 博士论文就是一头大肥猪，把胳膊腿分别熬汤，变成一篇篇论文，就成了副教授，再把这些合起来就成了一本专著了，这本专著就使你成了教授。也许一辈子你写的文章都超不过你的博士论文，这是最专心去做的学问。（陈平原）

2. 年轻的男作家说，女人不能研究理论，你除外。我很苦闷，我明明就是女人，难道我是男人女人戴锦华。（戴锦华）

3. 爱恋都是自恋，把自己的情感投射到某一个人身上。（戴锦华）

4. 美国人认为轰炸南斯拉夫大使馆是误炸，是个错误，这个错误也错误得太精确了。（戴锦华）

5. 当一个人向另一个人(男女之间)讲述自己的童年，故事就要开始了。（戴锦华）

6. 历史是胜利者的历史。（戴锦华）

7. 当一个人像蜘蛛一样慢慢织就了一个大大的精致的网的时候，便认为什么都不如自己的好，看什么都不顺眼，陷入自己精致的金丝笼。

8. 意识到母亲性格的不完整，自己也在无意识中走这条路了。潜意识在走，没人能把他拽出来。

9. 动物进化，长颈鹿，吃东西需要拉长脖子，但离心脏远，可能有危险。人自己强大，保护自己，也能促进社会进步，物种进化论，适者生存。太单纯了不一定是好事。

10. 我上次说过我补课补到 4：50，你们有事你们先撤退，我掩护。（吴晓东）

小东讲课讲得很好，他可爱在他不知道自己可爱。（学生）

11. 戴着镣铐跳舞才能跳得更好。

12. 一般人都是真的，但人干的事是假的。（车槿山）

13. 大众口语随便说，一般说错的地方比说对的地方多。（车槿山）

14. 医生不是知识分子，律师不是知识分子，我也不是知识分子，因为我讲别人的东西，可以说是专业知识分子。（车槿山）

15. 狗是怕人的，狗有恐惧、害怕、有点害怕、不害怕几个变量，狗的恐惧与愤怒的变量不可预测，夹着尾巴逃跑，还是咬人？（车槿山）

16. 看一个研究生写的“主题的欲望是他者欲望的欲望”一句话，不吃不喝想了三天最后想明白了，不就是“别人想要的我也要”吗？（车槿山）

17. 社会科学的很多技术会使我们成为盲人，一个个活泼泼的生者变成一个个数据。（王铭铭）

18. 我不是大家，大家是大家。（俞可平，中共中央编译局）

19. 信息是我知道告诉你，你知道了我还知道。教师好，知识是卖不完的，水资源就不同了。（周其仁）

北大老师们风趣幽默的语言能够博人一笑，这种笑是从看似平淡的话语中领悟到深蕴的人生哲理智慧后发出的会心一笑。演艺界语言引发的笑往往源于生活中某一可笑的表象，一听便能发出感性的一笑，一般笑完即完。莎士比亚曾说 “幽默是智慧的闪现” 。与幽默相伴相生的是智慧。广博的知识、丰富的社会经验、深刻的分析批判能力、敏锐的洞察力、丰富的想象力、自信乐观的情绪，都是产生幽默的必要条件

（注：所有幽默语都是在北大教学课堂及讲座中听到的，记忆准确的标出教师名，否则不做标注。）

北大学生面面观

不同学校的学生有着不同的性格特点。在北大访学时，曾游学到人大听了一次名嘴胡邓老师讲的“恋爱心理”课。他在讲课中调侃，清华男生每周六天学习，只要周六晚上不学习就会很愧疚，人大男生如果周六晚上还学习也会很愧疚。人大女生找清华男生谈恋爱可能会觉得没趣，结婚找清华男生会很好管理。一人大女生与清华男生谈恋爱闹别扭，人大女生走在前边生气地对走在后边的清华男生说：“你干吗老跟着我！”清华男生没受过训练，不知是女孩发出的和解信号，不会说“我不跟你跟谁呀”，只是继续跟着。人大女生更生气道：“别跟着我，走开！”清华男生一看人大女生这么生气就走开了。人大女生气得跑回宿舍大哭，这时收到清华男生“我已回到宿舍”的短消息，几乎眩晕。胡邓老师不举北大的例子，估计因为北大偏重文科，女生多，也不缺乏人文情怀，不像清华男生的理工科思维那么有特点。一次，与人大访学的老师谈论起人大同学与北大同学的区别。由于天天在北大同学堆里混，对不同学校同学特点的区分似乎有点敏感。人大同学显得稚气一些，北大同学显得更为自信，更为坚定有主见，个性也更为独立。北大才子才女云集，人们对这些年轻“学霸”的

臆想，常常不外乎“书呆子”的刻板印象。而当你走进这些可爱的孩子们中间时，你会发现，他们同你身边熟知的任何一个男孩女孩一样，都洋溢着青春的活力和热情，所不同的是他们更加睿智，风趣，坚毅，执着。当然，北大的女“学霸”们也会娇嗔嗲声，男“学霸”们也会玩趣浓厚。

（1）活泼娇嗔的女生

一群开朗活泼上方言课的中文系大三女孩，每次都能把热烈的气氛带到教室里来。欢声笑语中互相打趣逗乐，生活的情趣在严肃理性的方言教学场域荡漾蔓延开来。她们的课间逗趣纯属触发性的发散性思维，一会谈旅游，一会谈洗澡，一会谈相亲，随性而至，自由自在，内敛不苟言笑的教授也会忍俊不禁。例如：

“当初给我起的名字就该叫‘未什么’，叫‘未成年’或者‘未及格’。”

“啊？相亲吗？”

“看来那个人不太靠谱。”

“只要他存在，我们就能找出来。”

“裙子还能再短点吗？”

“不能，脑残，脑残。”

“洗不了澡，我们就一周开一间房，轮流洗澡。”

“我幻想着暑假的快乐生活了。”

一女生怪着腔调问面前的另一女生：“喂，你是谁？”

社科院一位到北大听课的女研究生这样评价一位头发齐肩的娇柔女生：“那个女孩的打扮，浪漫、娇嫩，特别舒服可爱。”确实，那个女孩很有点前几天看到的含苞初绽的牡丹蓓蕾的味儿。

这些可爱的女生们故意声音嗲嗲地娇嗔说笑，刻意营造一种娇柔得富于戏剧性的课间氛围，与上课看书时的专注投入形成了极大反差，或许这正是北大中文系当代女生别具一格的自信表现和做派吧，算是北大女生的另一个侧面。

（2）别具一格的男生

在学五食堂排队打饭的蛇阵里，两个男生让人眼花缭乱地快速翻转着手中的魔方，翻到六面同色后打乱再翻转到六面同色，在等候队伍前面四五个人的间隙里，如此反复多次。娴熟自如到似乎思考判断都已多余，成为一种名副其实的表演艺术。北大男生学习起来令人称羡，玩起魔方来也让人刮目相看，真是别具一格。

人们或许会好奇地问：北大的男博士生们学习之余又会有怎样的表现？室友有天晚上与访学的马院男博士生们在Q群里商量去植物园游玩的事宜，转述了男博士生们在群里的对联互动趣事：

A博士打出：

“春风春雨动春心。”

B博士回复：

“闷骚型。”

A博士继续打出：

“好景好色恋好人。”

B博士偃旗息鼓。

网络互动交流的时间差，造就了颇有意趣的误会。引以为戒的是，在未获知全部信息的时候，切忌以偏概全妄加评论，否则欲笑别人的低俗反倒使自己落入自己筑就的俗魅框架中。单看“春风春雨动春心”，确乎描绘的是烂俗了的春心摇曳之情景，饱学马哲的博士似乎也难免俗而春心荡漾了，同样饱学马哲的同窗逮着机会自然要戏谑嘲笑一番。被嘲笑的博士不动声色打出下一句逆转了情形，由俗变雅，“好景好色”引发感念的竟是寓意无穷的“好人”，反是戏谑者无言以对了。此对联的妙曼之处在于收到了跌宕多姿的出其不意之效。春天万物复苏吐翠，尽显了蕴蓄一冬的生机和活力，还催生了种种春情的追思和怀想。触景生情，古往今来，多少文人墨客触大自然之景而生情，讴歌春景春色春心，杜丽娘就因和春丽日之时误入自家花园赏花惜花而春心萌动，自叹辜负了大好韶光，因“惊梦”而恋梅，演绎了一场为情而死为情而生的惊天动地浪漫情曲。“春风春雨动春心，好景好色恋好人。”与“两个黄鹂鸣翠柳，一行白鹭上青天”的不同之处，在于有一个明显的线性时间流，一波推一波，一浪高一浪，由出其不意的波澜反转推向极致，丝丝入扣地引导着读者感念怀想，给人以水到渠成的酣畅淋漓之感。就连句中的“春风”“春雨”和“好景”“好色”也是“风雨”和“景色”的艺术性离合，却又细密紧致得缝隙难寻，插针不易，这种历时的线性时间流由潜在的作者情丝心意所牵。作者难抑触春之情而直抒胸臆，由写实的春景上升到写意的春心，并由一般意义上的男女思春上升到写意的“好人”，给人留下足够的神驰遐想空间余地，从而细细品味咀嚼作者开阔的胸襟及审美价值取向。“两个黄鹂鸣翠柳，一行白鹭上青天”两幅富有动感声响的绿柳青天美景图，则可以任意调动秩序或交替出现，更可以在中间前后任意插入许多春意盎然的画面，形成春景春情图的共时大展播。“春风春雨动春心，好景好色恋好人。”不仅押韵对偶上口，还暗合次日春雨纷飞时节游玩植物园的雅趣闲情。马院博士们常常自发组织此类的远足郊游，他们从哲学的高度鸟瞰了悟人生，对人与人之间的人文关怀似乎超出了其他专业人员的范围。一次随丁老师去听台湾专家的“马克思主义”讲座，坐我近旁的博士为消除我的陌生不适感不时主动与我交谈，甚至还邀请我一同出游。“春风春雨动春心，好景好色恋好人”应该说是达到了形式与内容的高度契合协调。北大男博士们的聊天逗趣充满着睿智与雅趣。

（3）初到北大的留学生

北大校园内随处可见不同肤色的留学生们。一天早晨穿越圆明园后快步向北大图书馆走去，刚上台阶，一个手提装有不少面包等吃食塑料袋的脸色红润的高个白人小伙热情地问我：“这是最大的图书馆吗？”我很诧异，也有一点发懵，难道北大有很多图书馆吗？当然，每个院系也都有自己很大的资料室，但不叫图书馆呀。忙说：“是的，规模很大。”因为北大图书馆是亚洲最大的高校图书馆。小伙子愉快地补充说：“我是刚来留学的。”“你是哪国的？”“我是英国的。”“你汉语说得真不错。”“哪里！哪里！”真是不错，连“哪里，哪里”这样的谦辞都学会了。刷卡进入图书馆，只听英国留学生在外边问年轻的女管理员：“这个图书馆有多大？”管理员哈哈一乐：“有多大呀？”没有马上回答，估计她得赢取一些时间，思考怎样才能回答得既准确又好理解。留学生们初来乍到北大，总是充满好奇和探究的心理，异国的思维特点及既有经验往往在了解融入北大的过程中妙趣横生。而北大的学习经历也让留学生们终生难忘。后来到突尼斯旅游，一个中文名叫小海的三十多岁的男导游，不仅中文出色还有很深的文化素养和学识底蕴，问及在哪学的中文，小海导游不乏骄傲地告诉说，他曾因学业优秀被选派到北大中文系留学一年，足见北大在异国学子心目中的地位和分量。由于都有过在北大中文系学习的经历体验，自有一份异国见校友的亲切感。

2 学术熏陶

北大的学术使得北大成为学术的北大，国内外无以数计的人们纷纷跑到北大学习，蹭课，游历，无不是为了接受和感悟北大所特有的学术文化的熏陶。我们访学教师正是在乐此不疲的听课听讲座、泡图书馆、潜心读书的学习过程中，潜移默化地接受着北大学术的浸润和熏陶。

在北大听课

听了不知道有多少课，也教了不知道有多少年的书。在临近知天命的年龄，又得以坐到北大教室里以学生的身份听学富五车的老师们讲课，真是感慨万千，幸福无比。我们孜孜不倦地从北大课堂上汲取养料，反思顿悟，努力提高自己的学术水平，同时不断地在对比中反观自己的教学，希望今后自己的教学也能使学生获得更多的东西。

北大的课深透，老师们会把教学中所涉及的知识文化科研连根带泥全部刨出来告诉你。北大的课自我，老师们都讲授自己独到的见解。北大的课谨严，老师们上课即便挥洒飘逸，也总显得那么谨严，不枝不蔓，紧扣主题。北大的课包罗万象，丰富多彩，任何人都可以找寻到适合自己的课程。北大的课人性多元，既开设几百人一个班的大众课，也开设几个人一个班的小众课。北大“一个人一个专业”的古生物学专业多年来一直有生存空间。听课的人数并不与讲课人的学术水平成正比，一些并非显学而学术纯度较高的课程，如董学文的“文学理论专题研究”、袁行霈的“陶渊明研究”等，只有少数行内学人坚持听课，学养不足以领略先生们的思想高度者自然退隐。通俗、大众化类的课最受欢迎，孔庆东的课火爆得几乎爆棚，除了讲台周围，阶梯教室的缝隙全被填满，很多人站着听课。戴锦华老师的课也是每上必满。文学类的课听的人也多，曹文轩老师的“小说艺术研究”、陈平原老师的“明清文学专题研究”，王晓东老师的“现代文学”课，也是场场爆满。厉以宁先生的经济学课也得早早提前占座。语言学类的课属于小众化课程，一般只有本专业的人去听，有访友尝试听了一节有关音韵学的课，觉得像听天书。一位北大校友这样评价北大课堂：“正因为这显学与冷寂、新潮与国粹的互补，才构成北大人文景观的独特风貌。前卫与博学，新锐与大气，使北大‘独立之人格、自由之精神’‘兼容并包’的思想薪火得以承传延续。北大有句名言：‘宁可容忍偏激的深刻，也不能容忍全面的平庸。’有人说，你来到北大课堂，就接近了中国思想学术的前沿。应该说，北大这种有教无类、开门办学之风，是她获此殊荣盛誉的重要原因。”

北大的课注重基础夯实，新生的专业课常由教授博导等有经验的老教师授课。温儒敏先生曾说：“从80年代初开始，我就在北大讲‘中国现代文学’基础课。中文系对本科教育历来很重视，要求基础课必须由有经验的老师来讲，年轻教员一般还没有资格上本系的基础课。”访学期间，北大中文系一年级的现代汉语就由沈阳教授授课，我的导师李小凡教授也给方言专业的本科生授课。北大毕业生曾感言：“每个老师的上课风格各不相同，但学问都非常扎实，课堂质量非常高。在大家还没有踏入学术之门的时候，这些老师教给我的不单单是知识，更多的影响可能是他们的治学态度、学术素养和研究方法。”这与西南联合大学由吴大猷、杨武之等著名教授给本科生上基础课的教学风气一脉相承。

置身于这样的听课环境，到北大访学的访友们，除致力于自己本专业的学习外，总是抓紧一切时间去听自己感兴趣的各式各样的课。大家相互介绍课程资源，利用吃饭散步等闲暇时间交流听课内容，畅谈心得体会，既加深了理解记忆，又能超越个人时间精力获得更多课堂教学信息。有时想听的课时间上恰好冲突，情趣相投的访友就商量好各自分头听课，下来交换听课笔记，分享听课体验感受。

我自己听的课主要分为以下几类：一是跟着导师李小凡教授听有关汉语方言的课，此外还听方言专业项梦冰、陈宝贤老师的课，也听王洪君老师和耿振生老师的课。两学期全程参加李小凡老师主持的每周一次的方言沙龙，分析讨论硕博士生们的论文，指出问题，提出修改意见，教给研究方法。二是听中文专业的课，主要是文学课，如曹文轩老师的“小说艺术研究”，王晓东老师的“现代文学”，戴锦华老师的“大众文化”，陈晓明老师的“中国当代小说经典文本分析”，陈平原老师的学术规范等课，以及车槿山等先生的文艺理论课。三是听社会学、人类学方面的课，因为自己多年来一直进行此方面的地域文化调查分析研究。主要听了杨善华老师的“家庭社会学”“女性研究”。四是听了一些哲学类的课，相对系统的是赵光武先生主持的“后现代主义哲学”课程。

包罗万象的课听得多了，自己一时陷入困境的学术思维常常会获得“柳暗花明又一村”的欣悦感，豁然开朗。

语言学类课程

北大中文系的语言学专业在全国高校中一直处于顶尖地位，由罗常培、王力、周祖谟等老一辈著名语言学家开创的语言学天地一直薪火相传，有着深厚的历史积淀。访学期间，重点听汉语方言类课程，也听了很多其他语言学方面的课程，启发颇大。在此重点谈听李小凡老师课的启发与感受。

李小凡老师汉语方言系列课

北大访学，专门师从李小凡教授学习汉语方言。听课最系统，学到的东西最多，受到的启发最大。李老师严谨周详的治学态度，“课比天大”的教学境界，对学生的尽心倾力，深深感染影响着自己。访学一年全程跟听了“汉语基础方言”“方言与地域文化”“汉语方言研究”三门课程，以及每周一次的硕博士研究生学术讨论沙龙。李老师温文尔雅，平时话语不多，要言简语，讲起课来却滔滔不绝，口若悬河，乐趣自溢。李老师讲课逻辑严密清晰，一丝不苟，广博深厚，所有相关知识一网打尽，见解独到，对自己的方言学习及研究影响极大。

方言与地域文化

“方言与地域文化”是李老师专门为汉语专业研究生开设的选修课。开课的对象是具备了一定语言学基础的学生，开课的目的是扩大研究视野，从更广阔的学科背景上采用更多的方法，从更多的角度更好地进行语言研究。这门课不是地域文化的展示课，更不是欣赏课，而是利用文史资料，借鉴文史研究方法，拓宽语言和方言史研究路子的引介课。从这个角度而言，李老师认为这门课叫“文史语言学”更适合。

在“方言与地域文化”课上，李老师介绍了许多国内外学者的观点看法，给人耳目一新的感觉，在综合各家之见后，又总有自己的独到见解。每次上课，李老师都把历史上能找到的方言地图及其他有关方言的资料印发给听课者。由于资料太多，总是采用缩小字体和缩小边角空间的方法做到纸张承载信息的最大化。一门课听下来，积攒了很多花费老师无数心血提供的宝贵文献资料。这门课主要讲了“汉民族的起源和汉语的多源性”“人口地理和方言历史研究”“移民史与方言史研究”“历史行政地理与方言地理”“文化中心的转移和权威方言的兴替”“科举考试与方言演变”“地名学与方言学”“方言与文学”“方言与民俗”等专题。整门课程对自己的方言学习研究启发极大，尤其听完“地名学与方言学”后，清楚自己找到了以后可以持久进行方言研究的新领地。

从下面的课堂实录中，可以间接感受到李老师讲授“地名学与方言学”的课程风采。地名可以说是一个独立的分支学科，地名学与地理学、人口学、语言学相关。地名词是语言学专门词汇中的一类，数量最大。最早的辞书，地名词占的比例就非常大。《说文解字》9000多字，地名词就有800条，占十分之一。现代《中国地名录》，1984年编，收入33000多条，地图都有地名，1:5000比例尺地图收有两三千个地名，1:10000比例尺的地图，地名增加4倍。地名在专有名词中数量最多，用来指称特定的地域。地名分为几大类:1.原生地名，最早的地名，构词分为单纯词和复合词两大类。单音节单纯词有秦、关、河、口等，今天已很少用。双音节联绵词有会稽、盱眙、弘农、昆仑、琅琊、敦煌等。复合词有泰山、晋阳、汉阳、洛阳、南阳、淮阴、江阴、河北、华北等，词中的两个成分都是词根。原生地名可以提供历史信息，单音词数量少，复合词能产量高。2.派生地名。它以原生地名为词根，再加一些成分产生，如“河”为原生，“河水”为派生。此类地名有降水、汉水、东四十条、南京东路、西直门外大街等。3.转类地名，属于派生地名。如黑龙江省，以江名喻省。此类地名有黄山市、张家港市、石家庄市、苏州市、吴县市、万县市。转类地名还包括公主坟、八王庙、蓝旗营、北京大学、苏堤春晓芳草地等转化地名，直接转用，不加通名。4.移用地名，如西藏路、延安路、海丰村、陆丰村、泉州村、每周村等。5.仿造地名。西湖，全国至少有36处；三峡，四川就有4处。

地名通常是由居住在当地的人先约定的。方言的原生地名，特别是农村原生地名，是由当地方言人约定俗成的。具有方言性，口头传承性，较容易保留古音，也较容易保留古义，比其他词更容易存古，但并不意味着一成不变，可能包括后代人语言中已经发生变化的状况。如广东的“番(pan)禺”，“番”(fan)是后来发生音变的。地名词相对存古，乡村地名、聚落地名更存古。城市地名发生变化的可能性更多，街名、路名，如文革、东风、东方红、朝阳等，有时代政治原因。城市地名要雅化，如猪市口改为珠市口，裤子胡同改为库兹胡同，小羊圈胡同改为小杨家胡同。城市越大，雅化的可能性就越大。

地名的另一个重要作用，就是不同的方言使用不同的通名。沙家浜，吴语，太湖水域地区用浜、泾、塘。这类同名不是单独的一两个，而是一批密集分布，用方言地图画出很清晰。海淀，淀的通名地域是华北平原，指低的洼地，不一定有水。地名中可能保留有更古老的词，有可能是百越底层。壮侗语中的水田，那、都、姑、六，如都匀。

方言历史研究，考察地名时，不能简单弄几个地名就作对比，可穷尽性地检索地名。

听完李老师讲的地名学课后，觉得云南的地名丰富复杂，是进行方言地名研究的难得宝库。汉语地名兼具南北方特点，与水有关的地名有塘、沟、河、池、海等，山还能叫梁子、皮坡，还有营、屯、旗等军事屯垦地名，从中还可分析出云南汉族移民的来源。更有无以数计的彝、傣、苗、瑶、纳西等少数民族语地名，如那发、娜姑、者黑、西双版纳等。可以从不同的民族语地名留存中分析出不同的历史层次，可分析出云南汉族移民来自不同的地方，还有百越壮侗傣族的底层语言，保留民族语的古音读法。课后与李老师交流，李老师说广西已经在做了，出了很多成果。须调查很多地名，然后再作分析。查看了《中国地名学研究》（广西民族研究第3期），说中国地名学的研究成果，大都从地名学领域出发进行本体研究。从语言、文化两个角度对地名进行深入研究的成果，目前可见的有李如龙先生的《汉语地名学论稿》《地名与语言学论集》，盛爱萍的《温州地名的语言文化研究》等少数专著。而壮语地名的研究成果，大多散见于各类论著中。系统梳理和讨论壮语地名的研究成果，当推覃凤余、林亦两位教授的新著《壮语地名的语言与文化》，集地名语言及文化研究于一体，材料丰富，既填补了广西壮族自治区地名系统研究的空白，又推动了汉壮语接触研究、壮族文化研究的进程，可谓21世纪中国地名学研究领域结出的一枝奇葩。阅读了李老师开列的大批书单，如姚小平翻译的洪堡特的《论人类语言结构的差异及其对人类精神的影响》（商务印书馆，1997），罗常培的《语言与文化》（语文出版社），周振鹤、游汝杰的《方言与中国文化》（上海人民出版社），邢福义的《文化语言学》（湖北教育出版社）、王娟的《民俗学概论》（北京大学出版社）等。

有了思想理论及方法上的多重准备，访学结束回到云南曲靖师范学院后，牢记李老师的教诲："方言历史研究，考察地名时，不能简单弄几个地名就作对比，可穷尽性地检索地名。"到云南省、曲靖市、曲靖师院图书馆查找曲靖市所辖的珠江源头区域县市地名志，穷尽性地分类摘录民族语、军事屯垦、十二生肖等类型地名，做成电子文档作为分析研究的基础材料。目前撰写完成的论文有《珠江源头十二生肖地名缘起》

《珠江源头语言忌避语言民俗背景下的十二生肖地名》。民族语、军事屯垦地名等逐步完成。

“汉语基础方言”及“汉语方言研究”

“汉语基础方言”是李老师为语言学方向的本科生开设的汉语方言课，主要讲授汉语方言基础知识，以及方言调查和研究的基本方法。这门课的最大授课特点是进行严格的听记音训练。作为北方方言区的人，听记吴语、闽语等汉语方言的音实在费劲难懂，但反过来记录分析属于北方方言的云南话就比较容易了。“汉语方言研究”课是专门为研究生开设的方言研究课，极为“小众”，听课的人是个位数。李老师介绍音系的研究方法，绝不空讲理论，一定结合他自己对苏州、福州等某一种方言音系的研究进行，特别注意新老派音系的差异，以及系统音变，让学生不仅理解透彻，更能操作实践。这两门课对我这个非方言专业出身的人刚好起到对接打通的作用，提供了尝试进行方言基础性研究的可能。

听了李小凡老师那么多的课，读了李老师和项梦冰老师合编的《汉语方言学基础教程》及其他方言书籍，母亲云南罗平话的重叠式生动词语竟一串串地跑了出来，不由人不把它们一一记录下来，潜藏在记忆深处的儿时诵念的方言歌谣也没来由地冒了出来，顿觉生动异常。我突然明白，儿时使用的罗平母语方言，冷寂地深藏于自己都浑然不知的某个角落，已成为自己生命中不可分割的一个组成部分。联想到假期到陆良调查陆良方言的种种困难，想寻找合适的发音人并不容易，很多调查只能浮于表面，转而研究自己熟悉的罗平方言，就轻松容易多了，母亲就是最佳的发音人选。母亲75岁，中等文化水平，一口地地道道的罗平县城口音，一辈子从未说过其他方言，各种老派罗平话的语言特点保留完整。找其他人作调查也很容易，随便找个亲戚就能调查到所需的语料。一切豁然开朗，后来听李老师上“方言语法调查”课后，找李老师谈了自己的想法，得到李老师的认同。商量的结果是，假期回云南调查整理好罗平话的音系，然后录音带到北京请李老师订正。我告诉李老师方言研究很有意思，李老师说语言是活的，只要是活的当然就有意思了。我还告诉李老师，方言不像文学、文化类的书籍自己能看懂，很多涉古的东西听了还不懂，正在看一些音韵学方面的书籍，学习机会难得，天天泡图书馆。李老师说恢复高考制时，学生们就是三点一线。花了这么长时间才悟出来的这么一点点东西，我如获至宝，李老师听了或许会觉得好笑。李老师说要先尝试完整地描述一种语言，可以叫“方言调查”，也可以叫“某某方言志”。我还能找到一个方言母语罗平话，我的孩子就惨了，只会普通话。北大学习方言的一些本科生也只会说普通话，老师布置分析自己母语方言的作业，一些学生竟无法完成，这是近年才碰到的情况。学习方言，还有一种传承地域文化的使命感，方言作为地域文化的精神血脉，消失了便不可再生。明白了这些道理，昆明话、曲靖话、罗平话等就愈加显得生动可爱了。

访学期间，在李小凡老师的精心指导下，我以母亲为发音人调查了云南罗平方言语音，完成了《罗平方言同音字汇》论文稿子。向《曲靖师范学院学报》投稿后，学报编辑部老师请李老师代为审稿。李老师的审稿意见是这样写的：“‘方言同音字汇’是汉语方言研究的基础，需要作艰苦的方言调查和细致、烦琐的审音工作。目前的学术研究浮躁之风盛行，选择研究课题往往热衷于标新立异，却不屑于搜冷，选择这样一个基础性课题是可取的。云南方言属西南官话，位于汉民族共同语基础方言的最南端，目前方言研究还比较薄弱，方言研究应从基础性工作开始，本文对推进云南汉语方言研究是有价值的。作者在北京大学访学期间专心听课，潜集材料，整理归纳原始材料。本文作者甘受田野调查之累和记音审音之心研读，掌握了国际音标记音和音位归纳等方法和理论，在此基础上完成的《罗平方言同音字汇》符合学术规范，并经过反复核实，可供学术界引用。”

后来又与李老师讨论罗平方言中有特色的“掉掉掉”语法现象，李老师说这种句子很有意思，是一种语法化过程，让我搜集语料尽快发给他，及时发了一篇已毕业的博士生有关“掉”的语法化文章给我做参考。后来，完成了《从语义地图看罗平方言“掉掉掉”中“掉$_3$”的虚化轨迹》一文。

附：

罗平话“掉掉掉”语料

罗平话“掉掉掉”的使用情况分为“已掉”和“未掉”两种情况：

已掉：可加“了”，也可不加“了”。例如：

1. 你的包包掉掉掉了。　Ni^{53}niɛ^{55}pau^{55}pau^{55}**tiau^{21}tiautiau^{212}lᴀ^{53}**.
2. 你的包包掉掉掉。
3. 你的包包掉掉了。　Ni^{53}niɛ^{55}pau^{55}pau^{55}**tiau^{21}tiau^{212}lᴀ^{53}**.
4. 掉掉掉了。
5. 掉掉掉。

“掉掉掉”和“掉掉”可随意使用。

未掉：动作未发生，提醒注意，不加“了”。例如：

1. 包包掉掉掉！ Pau[55]pau[55]tiau[21]tiautiau[212]!

2. 掉掉掉！ Tiau[21]tiautiau[212]!

3. 不要掉掉掉！

说明：

1.“**掉掉掉！**”既可用于已掉，也可用于未掉，语义由具体语境而定。

2. 调查到四个60岁以上的老年人全部都会使用“掉掉掉”，3个50岁左右的中年人也都知道或会使用“掉掉掉”，两个40岁以下的年轻人，一个没听说过，一个知道有这种用法。

3.“掉掉掉了”与“掉掉了”混用，主要是受普通话影响。

“**掉**”的本调调值是212，变调调值标注不一定准确，调型应该问题不大。

方 言 沙 龙

两学期全程参加李小凡老师每周一次的方言沙龙。方言沙龙创立于2000年，由李小凡老师发起并主持，目的是为汉语方言专业的研究生提供学术锻炼的平台。秉持“切磋商讨乃学术进步之重要途径”理念的沙龙，对校内外学生“来者不拒”，欢迎各种不同的声音。方言沙龙要求每个同学每个学期都要轮流做报告，然后进行集体讨论。李老师即便在2006年远赴澳门大学讲学并兼任澳大中文系主任期间，也设法通过网上讨论，从未停止过方言沙龙活动。

方言沙龙报告记录举隅：

报告人：W博士生（文中以生W表示）

报告题目：从太原话的文白异读看历史层次

报告地点：现代汉语教研室

时间：2009.10.16　15：00—17：00

出席人员：李小凡老师、项梦冰老师、陈宝贤老师、方言硕博士研究生

记录人：（略）

一、报告内容（略）

二、讨论：

李老师：“叠置”的单位是什么?

生W：字音的叠置。由声韵调等单位分层叠置，最后表现出字音的叠置。

李老师：“叠置”与一般的异读有什么区别？一般的异读没有说成“叠

置”的。文中还说到是两个系统的叠置，是什么意思？文读是系统的借入，从普通话中来，就是两个系统的叠置，再说两个系统的叠置就毫无意义了。因为任何系统都有别的成分，不好区分，“系统的叠置”是似是而非的说法。文白读就语音看，不同音类有很多，区别出来并不是时间上的，只是不同形式的文读和白读。它是有系统的，但说成是音系的叠置就没有意义了。而现在很多人都说系统的叠置，给大家造成这样的感觉。

生 W：说字音的叠置也不合适。

李老师：王福堂先生和王洪君先生都说它不是一个音节的问题。字音的叠置管不了这么多，还有词汇的、语法的。我原用“对当形式”，现在用“对等形式”，也比较笼统。王福堂先生说这种情况是“层次”，但没有说是音节的叠置，这也是描述性的说法。同一个意义用不同的词，同一个句法有不同的意义，这都是描述，这种描述是准确的，因为比较宽。我后用“对等形式”概括，但与一般的“异读”怎么区别呢？我认为“对等形式”是成系统的并存时与“异读”的区别。

生 W：“对等形式”的单位是什么？

李老师：单位不一，有语音上的，有词汇上的等。

生 W：作为文白异读可以对等吗？

李老师：那就要具体分析了。但不能说是音类的叠置。对等的单位是同一的，功能是一样的。

生 Z：训读是什么？

李老师：不成系统的。

生 Z：训读怎么定义？

李老师：训读就是训读。这个词本来不一定是汉字，但现在认同了。

陈老师：不能把字的训读音和本来音放在一起说。

生 Z：训读的音节可能有多种来源。

李老师：那是个别字的问题，与历史层次分析没有关系，不成系统，分析时会抛开。当然也有个别是特例，反映了层次。

生 W：为何能把文白异读放在历史层次中研究，因其成系统性？

李老师：也不知道。其实说叠置时还没有历史层次分析。

项老师：第一页第二段“相对年代”不明确。借入年代与相对年代是不同的概念。文读一般比白读晚，也有同时的，如果是借入年代，那要讨论借入时间。某一个方言与权威方言不同，就有可能借入。这里用“相对”就变成演变的问题了。还有第一页第四段的“同音”的不同理解。

生 W：音系中大多是ŋ，少数文读是ŋ，白读是i。

项老师：这不是同音的问题啊，同音是相对于音节说的，这里没有交代，同音一般是两个字同音。

生 W：存在文白异读的情况，白读和没有文白异读的字的读音是一样的。

项老师：不清楚是音类问题还是字音问题。

生 W：字音问题。有文白异读和没有文白异读的字的读音问题。

项老师：还有名称的问题。“变层”会让人从字面上想意义。用“变层”有两个问题：1. 如果主层是文读层，离散留下的层次相对于主层来说是变层，这不太好理解。2. 如果主层是白读层，变层是代表更早的没变的阶段，这个变层名称就会引起误会。郑张用“滞古”就没有问题。

生 W：“主层”“变层”是李老师的文章中的术语。

李老师：我分两层：一种是滞古，一种是创新。

生 W：我的理解是本来演变的层次是变层。

项老师：主层之外的数量少的东西有两种情况：1. 读音多的白读，后被文读淘汰，变少。2. 音类中的常用字，如地名用字，地名发生个案变化，与整个音类没有关系，其实不一定有价值，这怎么处置？

生 W：这种个案不能简单地分滞古和白读，还要详细分析。

项老师：我的方言有地名只是个案的变化，但整个音类没有变化。我没有想好，你可以想想。刘老师有一篇讲“孤例”问题的文章。文白读肯定会出现孤例。本地音受普通话的影响产生文读，如“妈”动物中读阳平，后从普通话中借入“妈妈”一说，这算不算层次。陈忠敏不同意，他说孤例不算。文白读可以有孤例，层次就要有一大批，谈层次最好有一组，不要一个。还有一个表述的问题，“与《切韵》的韵类比较吻合”不知说什么。你认为ɤ与uɤ比较吻合吗？

生 W：韵类在太原话里的分合，其特点是符合《切韵》的。

项老师：你意思是它没有变成两个韵母，而普通话里是两个韵母。

生 Z：她的意思是《切韵》里是个开口的，太原话里的白读是开口的，文读是合口的，是受普通话影响使它变成合口的。

项老师：可是这个也有问题。方言ɤ多数从o变来的，前身是o，多数会加上u介音。方言里从ɑ高化的可能很少。

生 T：我的理解是：普通话的果摄端精不分，都是o，太原话分的，是一个ɤ，一个uɤ，保留开合对立。

李老师：凡是一个方言里有普通话一样的就说是普通话的影响，没有证据。普通话的果摄端系和见系也不一样，一个开口，一个合口，能说普通话是受哪一个的影响吗？文中还有很多，这样的分析深度不够，至少要回到普通话的阶段。普通话受方言的影响是存在的，但不能作为无需论证的论据，研究就该在这些问题上拿出论据，才能把问题推进一步。

生 W：可否与周边方言比较？

李老师：这个问题从共时很难解决。如果没有确证，最好只能说是可能。普通话受方言的影响也可能，都需要证据。你以中古音做出发点是可以的。历史层次分析必须有出发点，但仅从共时看是不够的。关于“主层”“变层”的概念，历史层次分析的文读、白读是不够的，许多方言不止两层。文白层的分析有两种：内部演变和外部借入。这是理想化的，实际中很少这么纯的。现在音韵分析是中古音韵，但也有些方言有韵书，是可以有变层的，不是用主层来定的。“变”可以有两种：滞古的，只留下零星；新的。说“变层”必须有出发点，具体是从哪里变出，这才是分析清楚。

生 W：滞古层是不是就可以找到？

李老师：滞古层比较零星，但也要有出发点，有具体的证据。历史层次分析有的人是要构拟古音，我不这样认为，它主要是用来解释共时的复杂性，不必追到源头的，是要分清它的性质、类型，不要弄清它的古音系统。

这是 W 同学去年的一个学习笔记报告，现在用文白层做历史层次，可以，但还有些概念不清。前面有引述徐老师的竞争与演变，文读都是外来的，这与后文的扩散式演变不一致。扩散式演变也是竞争。徐老师讲竞争主要是讲文白，但竞争的形式应包括扩散的情况。表 1 上面一句“将文白读分别讨论更有利于历史层次的分析”，意思是要建立古音，这与后面不一致。如果解释现状，历史层次不是目的，只是手段，追求解释共时系统中遇到的问题。要构拟古音，历史层次分析是目标，但不是最终的目标。

表 1 中的影组应该是见晓组。高一层的条件与低一层的条件不能共现。早在有历史分析之前，文白异读就被认识了（李荣、丁邦新、杨秀芳）。一般文读是借入的，但也有不是的。第一页倒数第三行说的就不对了，如果太原话里没有具体的证据，就说是很可能。如果普通话的端系见系都是合口，论据就强了，但现在是不一样的。

最后一句“各个层次之间并没有演变的关系”，这种论断式也是不要的。

生 W：我的意思是文读层白读层没有演变的关系。

李：文章的立足点是想把两者结合，让大家都认可，其实都不认可，语法上更是这样。

生 W：借层就不存在演变了？

李老师：陈忠敏说的借入都不是演变，目的是要剔除借入的。我们是要解释现状，借入的和演变的要分开。叠置的主体是什么？文中说是系统的叠置。提出者都没有这么说，你试图说明白，但不一定被认同。系统的叠置有什么问题，叠置的主体是什么，是抽象的问题，系统的借入不是叠置。系统中有自己的，也有外来的，这种情况更常见，还要再考虑。几个名称——“同源音类”“异源音类”，徐老师说过，但没有说过“同源层次、异源层次”，王福堂老师用过。说到音变，第二页下面“扩散式音变会在本音系中有音位的分合变化”。条件式音变对应音位变体，扩散式音变不一定产生音位的变化。离散的借入只增补空缺，没有并存，如电脑原来没有，后来借入。移借和演变可能是混合在一起的，不好分清。文白异读是不好归于任何一种的。高本汉说“移音”在历史比较法（普林斯顿学派）中是不承认的。

主层的分析用这样定性的框架容易，但定量方法更让人信服。变层依据普通话是不够的，没有证据论证时这只能是一种可能性。地名中的 [i] 是借层（第四页）有问题。表 5 中为什么“星”“蒸”注上文读？

生 Z：意思是它们有文白读，别的没有。

李老师：鼻化的问题，论据是“党”“打”同音。从出发点看，“党、打”古语本来就同音的，这就不能作为例子了。“打”不读鼻音是例外，大多数方言都是例外，这是现代方言出了问题，这只是参照，不是依据。对异读形式，从出发点看，如符合音类，尽量说成演变，要少说外来，但也不绝对，无论怎么都要有证据。戴黎刚在 2007《当代语言学》上有一篇文章谈历史层次分析，他也不是追求构拟原始语的目标，我比较同意他的观点。太原话在北方话里就是层次多的了，可以作层次分析。

项老师：主层中“竞争”有数量对比，当数量是旗鼓相当时怎么处理，是主层一和主层二？那层次分析的目的是什么？主层的性质是否就不管？因此不能回避主层性质的问题。文中不管主层的性质，用数量少的分析，那数量多的是什么，主层就是统计的概念。

生 W：层次分析的目的是单纯从共时分层。

项老师：分出就是要解释啊，不能说是主层就不管了，目的还没有达到。层次分析最难办的是分析性质，也是它的目标。

李老师：分出只是自身演变还是外来借入是不够的，它本身是混合的。语音系统比语法系统性更强，更纯，但说没有外来的成分是不可能的，只是不去管它。说层次是纯外来的、纯自身的都是理想化的。

项老师：离散式演变，文白异读，当渗透处于上层时，很难分清是自身演变还是什么。是自己的演变残余，还是外来借入，分不清，但还要想办法分。方言中有性质很文的字，但语音上还认为是白读音，如闽语的白读t、t^h，字口语不用，就要处理为白读的。

生W：读音的性质本身还是自己音系的，断定文读时不会考虑层次，是后来考虑的吧。

项老师：那必须是有两类读音，文雅不文雅是在变的，本来是文读音，感觉是白读音，这种文白区分就没有用了。

生W：这个概念是有问题的，文白读用于层次和调查时的文白读就相混，是不是可以分开？

项老师：曹志耘就不用，他把常用的记为1，次常用的记为2，文白读当时记音就不好判定。

生W：分三层就可以解决问题？

项老师：回避主层的性质，那层次分析的目标是什么？构拟只为解释各个阶段的情况，但结果并不一定成立。历史比较不管是哪一层，是不会回避目标问题的。

生W：层次能定出相对的，不能有绝对的。

项老师：借层、变层有时就不好判断。

李老师：借层、变层一定有出发点，有相对起点的才能说变了。朱晓农认为不用层次就是自然音变，只是当时还没有认识到音理，如吸气音。分层次是说共时中有这些问题，解释它们也就到此为止。

项老师：朱晓农太极端。文读有两类：一类是离开本地的，一类是不断调整的，受不同方言影响就有不同的文读，是读音中活的权威方言，真正传承下来的文读音是很少的。

生Z：除权威方言外，韵书对早期读书人也有影响，说多数方言是《切韵》的后代，就是这样。韵书也有影响文白异读的。

项老师：古代读书人的人数少，多通过活的方言影响自己的口语。

生Z：韵书也会对这些口语有影响的。

参加李小凡老师主持的方言沙龙活动，真是百感交集，感慨万千。人民网对李老师参访后这样写道："这个第二课堂耗时费力，也不被纳入工作量考核，纯属义务劳动。因为有助于提高研究生的学术水平，李小凡视之为培养研究生的重要环节。作为沙龙主持人，他不仅要提前阅读学生的论文，还要引导沙龙议题走向，点评学生发言，沙龙结束后，还要指导学生修改论文。”李老师这一坚持就是十多年，需要多大的毅力和韧性啊！李老师曾说：“老艺人们常说，‘戏比天大’；对于教师来说，‘课比天大’。为学生上课，授业解惑，是老师应尽的职责。”职责、学生，这就是李老师能够执着坚持办沙龙的原动力。作为一名师范院校的老师，应该持之以恒地学习李老师心系学生、忠于职守的从教敬业精神。

方言沙龙极其规范认真，轮到的同学每次都提前发论文给李老师以及参加沙龙讨论的同学，每次都有同学轮流录音整理出沙龙报告分发给参加活动的每个人。李老师对每篇论文必提前认真评阅，极其详细地提出修改意见，教给研究方法，比听课还能学到更多的做学问方法。下面是当年几次参加沙龙讨论后随笔中的记载：

“下午讨论 W 博士的论文《从太原话的文白异读看历史层次》。W 同学就是那天吃完晚饭在校园溜达时骑自行车与我热情打招呼的女同学，因为开学吃饭时她没去，记得不太清楚，猜测是李老师的研究生。大家围坐在北大中文系现代汉语办公室内椭圆形的桌子旁，进门打头的李老师，对面打头的是项老师——听过项老师一次课，所以认识。由老师主讲，其他同学参与讨论。读 W 同学发来的文章，觉得论文表述语言精当，对汉语的历史语音状况如数家珍，论文很见功底。从发言中得到的启示是：音韵层次的分析一般都是从中古音切入，必须熟悉中古音；历史层次分析要有相对的起点，即每一段时间的起点；用到的概念意义必须精准，整个系统的借鉴就不叫叠置，‘两个系统的叠置’说法毫无意义；分析中的论据必须充足，能证明自己的观点。语言的表达一定要符合逻辑，前后严谨。”

“今天下午的方言沙龙，由 X 博士讲从日本的《磨光韵镜》等韵书看唐代的杭州音。数据统计有很多还是日本假名，听得云里雾里的。但明白了两点：一是用珍贵古籍资料展开研究，绝对独一无二。X 博士为了得到资料，利用一两个假期到国图抄微缩胶片，还只能是全书的三分之一。二是要想清楚了。这是李老师在一天之内两次说的话。因为博士论文也有很多需要进一步修订的地方，特别讲究逻辑性。”

“刚参加完沙龙，受到了很多方法论上的启示。由澳门的 L 同学讲述《学习粤语读写讲之新方法》所反映的澳门粤语音系，受到的启示是，不要局限于使用文本分析一种方法，澳门属于城市方言，在肯定语言演变的前提下，可考虑用城市语言学和社会语言学的调查研究方法，可以调查同一类人、一批人；定性材料一定要准，用‘湾’‘妈’‘清’三个字的发音差异来区分是否是澳门本地人定性不准，不足以证明，论述无效，口语语音与文字材料不同，外地人到了北京就会跟着念‘大栅栏’为“$da^{51}shi^{35}la^{51}$”；怎样把对音做成同音字表，把原有材料转写成国际音标，必须理出对音材料的撰写规则，使用数据库生成工具，只能对应音类，不能归音位，汉语方言可不归音位，粤语不行。最有意思的是，当我看到了澳门红衣神父刘雅阁在《新方法》中用五线谱标注澳门的声调图，转写成五度标记法有时有点困难。”

一年时间都这么跟着听方言沙龙对一篇篇文章的细致分析，论文写作一定能上一个新的台阶。这是我最缺乏、最需要的。有这样的团队，很是幸运。

方言沙龙余音

离别时，为感谢沙龙成员的关心帮助及融融情谊，我特意邀请方言沙龙的老师、同学到餐厅小聚话别，除吃素食的项梦冰老师外，沙龙全体成员欣然前往，女同学还特意制作了签有所有同学名字的卡片回赠。当时的随笔是样记载的：

“去年九月，在中文系与李老师见面后，便随着李老师以聚餐的形式与大家见面相识，成为方言团队的一员。以后每个星期的沙龙活动都在一种纯学术兼人文的气氛里度过，当然包括吃了不少大家从天南地北带来的各种小食品，使漂泊在外的自己有了一种家的归属感。这是一生中最为难忘也是最具幸福感的一年。两个学期的访学生活即将结束，我对这个‘其乐也融融’的团队有着一种依依不舍之情。我与我们方言沙龙团队的缘分始于聚餐，走前也想借助聚餐的形式为大家的相识相聚画一个圆满的句号。‘铁打的学校流水的学生’，我和即将毕业离开学校的方言沙龙团队的同学握手告别在即，但每年无数新鲜血液的补充将会使这个团队一直充满青春活力地延续下去，沙龙成员之间的情意也定会超越时空无限地延伸下去。感谢大家一年来的相帮相助，也感谢与大家的相处丰富了我的学术生活经历。原想请Z博士通知一下大家，后来他给我提了一个还是由我自己通知的极好建议。这样不仅可以体现我足够的诚意，还能在联络通知的过程中产生一种愉悦感。Z博士还特意提醒我，害怕大家有无功不受禄的想法不来相聚，要告诉大家李老师、陈老师都去。其实不然，在解决温饱奔小康的社会主义阶段，沙龙团队的任何人都不会把吃顿饭当作一回事，大家都忙，更多的是怕耽误时间。也许时间及阅历使我对生活有了更多的体验感悟及珍惜，觉得过程和经历往往比结果更重要，我想把自己对团队老师和同学的感念及时传达出来，及时做自己想做的事情。相逢是缘，今天吃饭聚餐只是一种交流的形式，今天的相聚将会幻化为个人弥足珍贵的历史记忆。”

其他语言类课程听课感悟摘录

在此摘录几段北大访学时记录下的听课感悟及启示，以求在更大程度上反映自己听语言类课程所获得的些微启示。

王洪君老师语言类课程

听“方言与音韵学”

王洪君老师的“方言与音韵学”课，教大家学唱几段昆曲，在学唱昆曲中了解方言的特点。王老师指出很多戏曲演员的演唱音都不准，包括梅兰芳的，因为他不是语音专家。中国古典戏曲中保留着很多古音，戏曲演员们由于对古音韵的不了解，未按古音演唱在所难免。王老师鼓励同学们背下字表，学其他方言就很容易了。

王老师把瑞典汉学家高本汉构拟《广韵》的方法向同学们作了介绍，说人人都可以构拟。还真是那么回事，依据《广韵》和韵图对某个音的描述，到国际音标中找认为合适的音标，如把一等字拟为ɑ，二等字拟为a和æ，所有的拟音都遵循这样的原则，掌握规律后就不再是云里雾里了。

“方言与音韵学”讲了韵母向现代汉语演变，明白了精组二等字在南方发言中保持开口呼的读音，如云南话的“街道”“机械”“芥菜”。过去老觉得这些字土，其实是保留了古音。另外，南方方言区无撮口呼，云南也一样。

关于“语言接触”

王洪君老师讲授的“历史语言学”，介绍了语言接触的研究方法，举了陈宝亚老师“语言接触的无界有阶”研究例子，还谈到了语言的匹配问题。语言接触分为两种情况，一种是社会常态下的语言自身缓慢演变，一种是社会突变后的语言换用。语言的接触可以分为浅接触、较深接触、深层接触三种情况。语言接触后，最先接受的借词是文化层面的，其次是一般词汇，最后是核心词汇。如果最后核心词语没剩下几个，就实现了语言的换用，原来的词汇会保留一些在换用的语言中。某种语言被新的语言换用后，也会把自己原来的发音习惯带到新的语言中。云南纳西族的汉语就曾流传这样一个笑话：一位领导让老百姓“大苹果（大屁股么）么拿去卖，小苹果么（小屁股么）留着自己吃。问题就出在韵尾“n、o”的脱落。一般母语简单的换用的语音也会简单，复杂的就复杂。学习语言往往是离得越远的就直接学会标准音，或者就是把自己的母语语音带进新用的语言中，形成新的方言。这些理论都可以用到语言教学中，还可以利用手上的数据资料，分析学生普通话学习中存在的问题。

语言浅接触可以是两种语言的简单接触，较深接触可以是教化使然，英语在我国高校教化情况就如此，它不是语言的自然演变。王老师说，为什么世界上那么多国家的人都讲小小的英伦三岛的语言，现在还没想好。

听张渭毅老师讲“汉语史”

听张渭毅老师讲“汉语史”，虽然没有上古语音的知识背景，但不仅学到了很多上古音知识，还获得了论文写作方法上的具体指导。张老师说学写学术论文，可把名家的论文拿来，把结论、材料拆开，自己再组合，与名家比较谁做得好，看看自己与名家有什么差距，名家的好在哪里。他推荐以王力、周祖谟、朱德熙几位语言大家的论文作为范本。读别人的论文，一看大前提，二看事实。张渭毅老师还介绍了钱大昕的古声母学说，贡献是“古无舌上”。接下来介绍章太炎及其弟子黄侃的古声母学说，黄侃先生只讲不著书，被王力称为“清代古音学的殿军”，因为接下来的是高本汉、赵元任、李芳桂、王力等现代语言学家。张老师还介绍大家阅读王力先生的《黄侃古音学说》，说这是书评中最好的了，王力先生自己也满意。听完课后起码对许多上古音概念再不陌生。张老师的课不仅讲知识，更重视与学生交流，给听课者很多人格、为人、学术等方面的启示。

文学及理论课程

北大中文系语言学外的其他专业课程类型丰富，由很多大家名师讲授，有选择性地听课后受益颇深，对语言学的学习起到互补作用，每门课都是对语言的实践运用。

吴晓东老师“现代文学史”

听“闲话风的散文世界”

吴晓东老师在课堂上谈到，散文与传统没有断裂，更属于自己，诗歌小说是舶来品。五四的散文分为杂文和美文，美文属于闲话风的小品文。闲话风的小品文由周作人从西方引入，提倡记叙与艺术性，是叙述与抒情两种因素并重的散文。小品文同生活情趣和一定的文化氛围联系在一起，提供的是一种闲话的意境。家常散文、絮语散文，是任意闲谈的文体，营造的是日常语境。小品散文的形成要有三个条件：一是要有自由的时代气氛，自然放松的心理状态（心境），近现代中国只有五四唯一的一次，这是一个对话占主导方式的时代。朱光潜先生提出“对话体”，认为对话最盛行的时代往往是思想最焕发的时代，先秦时代诞生了一代文人，对话体只在这个时代放了一回光彩，到了西汉便一蹶不振。对话体到五四又出现了，是先秦遥远的回声。二是要求以平等的心态对待读者，是对话，强烈要求读者共鸣。三是要求真诚坦率地流露个性。同时，小品文也是智力游戏，精神散步，在这种绝对真诚坦率的精神散步中碰撞出火花来。宿舍卧谈，每个人的性格在卧谈中表现得最充分、最坦率、最真诚，隔阂等问题也解决了，与遮遮掩掩的谈话迥然有异。

闲话风的散文具有两个特征。一是不规则的闲话，是家常絮语。这种闲话决定了谈话话语是“散点透视”，而西方谈话是“焦点透视”。周作人《故乡的野菜》、北京的《茶室》有代表性，还有一篇散文写苍蝇，并不讨厌，还可爱，心境中多了几分宽容。二是语言要求行云流水般地自白，不能字斟句酌。周作人认为写文章应该“用笔如舌”，实若口语，小品和说话是合二为一的。

梁遇春的闲话风小品文

梁遇春是闲话风小品文代表性作家，27 岁天才早逝。他北大英文系毕业，直接受英国小品文影响，如兰姆的《爱丽亚随笔》。梁遇春的作品有《泪与笑》（苦中作乐）、《春醪集》，充满英国绅士的幽默和诙谐，首先体现在文章的论点上，他的论点总是出人意料之外，读后又觉得合情合理。《人死观》认为，我们既然在人生观迷园里走了许久，何妨到死里走一走，见一个人死观。《春朝一刻值千金》，劝人在床上躺着，属于懒惰汉的懒惰想头之一，赞成兰姆说的懒惰。细想迟起的好处，许多人现在还不理解迟起的好处，这便是艺术，艺术是很多人不理解的。还认为痛苦比单调灰色强得多，因为痛苦是活的。《谈流浪汉》认为，“流浪是指流浪的心情，所以我所赞美的流浪汉或者同守深闺的小姐一样，终身未出乡里一步”。

在北大访学学习，有了一种近乎“闲话风”所处的自由放松心态，不仅能与梁遇春的散文对话交流，还能感同身受。梁遇春的散文总免不了些“奇谈怪论”，说到懒汉早晨赖在床上不起床的好处，就用自己的很多文章都是早晨赖在床上写成的事实加以佐证。对此我亦深有体会，经过一天紧张的学习思考，晚上睡觉时总还不由自主地延续着白天的思绪。有时到了次日凌晨，灵感突现，有对学识的总结，有对生活经历的感悟，有对某件事物的认知等等，不表达不快。于是迅速拿过笔记本，为不影响勤奋学习一天的室友休息，用铅笔摸黑在笔记本上认真而又凌乱地写着画着。看似凌乱的写画，好处良多，既梳理了乱麻般的混乱思维，又避免了灵光稍纵即逝的遗憾，还能在脑际留下刀刻斧凿般的痕迹。白天进到图书馆或教室立马敲击键盘，破译那些摸黑记写的凌乱符号，先前的想法不但没有损耗，还又增补进许多临时涌现的新鲜感悟与想法，较为完整的思绪于此得到固化。上周日一大早一气呵成了“约定”短文，10点多到水房洗脸还引得相识的老师有点诧异，怎么这么能睡？

梁遇春散文不但不是一般意义上的“奇谈怪论”，反倒是面对见惯不怪生活的敏锐领悟。就说赖在床上之事，古往今来很多人都这样做了，只是与传统文化中的“闻鸡起舞”“黎明即起”等教化大相径庭罢了。

朱自清《背影》

吴晓东老师还说，朱自清先生《背影》的真正魅力体现在“闲话风”的特点上。朱自清的语言追求谈话风，追求口语的魅力，把口语艺术化，老舍、孙犁亦如此。《春》是口语入散文的典型代表，基本用单音节动词，书面语多用双音节动词。如“水涨起来了，太阳的脸红起来了。”儿化音特别多。大白话，多用语感，采用双声词、儿化音，上口，有流动的音乐美。但雕琢太精心，是做出来的，和完全的谈话风的散文不相符。《春》以口语化为文，稍显做作，真正口语化的作品是《背影》。淳朴中有深厚，淡化情感容量，获得深沉的底蕴和深厚情感。《背影》是一篇回忆文章，不是当面写的文章，有一种审美时日的距离，即回忆的距离，距离对美感非常重要，有忏悔之感。朱自清先生写了人类古老的、最深沉的情感维系，父子之情。

靠动作，表现男人与男人的沉默相处之事。日本的《北国之春》表现的也是“家兄酷似老父亲，一对沉默寡言人”。父子之间的爱属于男性的阳刚气，一般男性塑造的特点是“男儿有泪不轻弹”，刚毅，木讷。史铁生在《我与地坛》中也写了母亲，对母亲的愧疚，这种母子之间的感情与父子之间的感情又截然不同。父子之间的爱是沉默寡言的，经过十四五岁阶段的反抗，到大学又回归父亲。《背影》是极熟悉的一篇文章，但这样的分析确实有独到之处。

《背影》与《春》相比较，“闲话风”的特点确实非常明显，没有字斟句酌的修饰，以口语化的方式写出父子间的深情，以及对父亲的愧疚，也为我们分析文学作品提供了一个闲话风的全新视角，在分析中凸显新意。

冰心散文分析引发的创作驱动

吴晓东老师介绍说，冰心在五四文学中的地位是首屈一指的，她是现代文学史上第一个成熟女作家，为现代文学提供了迥异于男性作家的作品，五四文章之美当推朱自清和冰心。梳理五四到现代的女性作家线索，会发现女性作家的不同特点。冰心的作品体现的是“爱的哲学”。刘小枫在《拯救与逍遥》中给予冰心很高的评价，认为冰心有着不抛弃的情怀，让人感觉到女孩子天生有一种趋神性。东方文化是拯救的文化，东方哲学是逍遥的哲学。冰心的爱也有泛神论色彩，从自然性来理解人类之爱，从母爱来理解人类的自然之爱，从母性对子女不带任何附加条件的爱看到了人性的爱。她的爱是直觉的朴素的爱，有时看起来有点幼稚，实则是一种高深的爱，有一种超出逻辑和论证的力量，更能感动人。在《浮出历史地表》一书中，女性想进入男人世界，只好模仿男性，进入他们的话语系统，如历史上的“女驸马”“花木兰”。只有在散文中才真正还原女性的形象。《寄小读者》中，直觉朴素的爱，有特别温和亲切的感觉，直接和小读者对话，有时看起来很幼稚。这种爱建立在母爱的直觉之爱基础上，有超出逻辑的感人之处。冰心的散文与小说有区别，小说中的形象都是男性形象。冰心散文在文体上追求白话文言化，中文西文化，即在现代汉语中掺杂西方语法和句式。《山中杂记》中写道：“四围是大海，与四围是大山，两者相较，是何等滋味。看古诗便可知道。比如说海上山上看月出…… 海是动的，山是静的。海是活泼的，山是呆板的。昼长人静的时候，天气又热，凝神望着青山。一片黑郁郁的连绵不动，如同病牛一般。而海呢，你看她没有一刻的静止！从天边微波粼粼的直卷到岸边，触到崖石，更欣然的溅跃了起来，开了灿然万朵的银花！”冰心不机械移用古诗，是纳入自己的核心论题，激活古代山和海的关系，创造性地吸收和转化。“山也是可爱的，但和海比是比不起的，海比山强得多。”冰心用的是斩钉截铁的二元对立方式，“仁者乐山，智者乐水”，见仁见智的问题，冰心是故意这样写的。海象征着世界视野，山水对比，是文化对比。冰心偏爱海，但不专断，希望读者与她争论，是五四时期开放包容的文化体验，也是五四时的文化视野，一举多得。

受吴晓东老师对冰心女士散文分析的影响，并由于对女性文化长期以来的偏爱，重温《寄小读者》，感觉温婉亲切，爱意满满，充满着女性特有的细腻和母爱特点。作者以对话体的交流形式向小读者们娓娓道来，讲述着自己亲自游历体验的各种天下奇异文化及趣事，以一颗永远青春活泼的心向孩子们传递着趋于神性的挚爱之情，成为小读者心目中永远可亲可爱的冰心奶奶。受冰心山水散文 的影响，自己也曾写下几句有关山和水的文字。

山和水是一种宇宙赠予的自然存在物，又是人类心灵关照所致的景观基本构成物。山水相连，山水相依，山环水绕、山清水秀，山高水长，水暖山温，无一不是人们审美心境的固化，又反过来引导规约着人们感知山和水。山水有真山真水、真山假水、真水假山、假山假水之别，最为人们津津乐道和喜爱的无疑是真山真水。山水相映成趣，桂林因其“奇秀险”的真山真水而“甲天下”，苍山洱海因其自然天成的壮观景色而闻名遐迩，人工所致的千岛湖也因其突兀于水面的千山万峰而令人啧啧称奇。大自然馈赠的山山水水自然景物，一旦介入了人类的活动，想不打上文化的烙印都很困难。徐霞客两游黄山留下了“五岳归来不看山，黄山归来不看岳”的美誉佳句，玉龙雪山深蕴纳西族的东巴神韵，苏州园林的灵秀雅致浸透着文人雅士的闲情意趣，颐和园的壮阔恢宏打上了至尊皇权的深深烙印，黄河因其对中华民族的滋养被誉为“母亲河”。无论神奇壮美，还是灵秀柔美的景物，一旦加入了人类的心灵关照，就会变得韵味无穷，充满生活的活力。

北大的文学氛围及文学熏陶，为我后来的教育教学工作打上了深深的文学烙印，教授语言类课程除分析语言的结构规律外，不忘让学生学习用语言去表达。因工作需要，我接任了一个中文专业的大三年级班主任，倡导中文专业的同学要能“出口成章，下笔成文”，为给学生创造一个“成文”的平台，组织学生创办了一期文学班刊，学生起名叫“零度”，表示零起点，收录了几乎所有学生的习作。作为班主任，不仅带头投稿，还专门为班刊写了一篇“卷首语”，采用的就是冰心《寄小读者》中的书信体交流形式，觉得这样亲切：“深受《寄小读者》娓娓道来的亲切谈天通信形式影响，在此亦借‘寄20132112班全体同学’的通信交流形式，谈谈自己当班主任的体味感悟及构想，以加深与同学间的相互理解和信任，凝聚一股相向而行的班级文化建构合力，使班级成为同学们青春成长的乐园，心灵休憩的港湾，并由此杨帆起航，放飞人生理想！亲爱的同学们……”

吴晓东老师的现代文学课还谈到语言的政治权利因素问题，声音背后有美感因素，还有政治、文化因素。中国翻译的西方国家名字，美利坚合众国、英格兰、爱尔兰、法兰西共和国，名字优美动听，而“尼加拉瓜、毛里求斯”一听就是蛮荒之地，殖民强权意识渗透到语言翻译中，翻译时殖民势力强大。

陈平原老师系列课程

听“永远的笳吹弦诵”

这是一段关于西南联大的历史、追忆及阐释，于我而言有着特殊的意义及深厚的情感。我父亲曾是西南联大师范学院的一名学生，从小耳濡目染，有关父亲他一代学人在西南联大的学习生活经历熟稔于心。“刚毅坚卓”的联大校训，以及“尽笳吹弦诵在山城，情弥切”的校歌耳熟能详。我曾两次全程陪同父亲在昆明参加西南联大50、60周年纪念活动，见证了西南联大在中国教育史上所占据的分量和取得的辉煌成就，领略到一些西南联大精神。父亲及同时代的同学相继辞世后，能在北大与陈平原先生“永远的笳吹弦诵”专题课不期而遇，真是百感交集。重温这段历史，不仅是缅怀父亲及其所处时代师生们读书教书救国的拳拳爱国之心，还在于触摸学习西南联大的严谨治学精神，了解云南人民对联大师生的接纳支持和联大对云南教育所作出的贡献。现今很是后悔，当年竟没采访记录下父辈们的学习生活经历，严谨的治学态度，以及对国家民族兴亡的担当责任感。通过这些西南联大学子了解认识西南联大。

陈平原老师首先把大家带入到“战火中的笳吹弦诵”历史背景中。抗战时期，不少中国大学于颠沛流离中“弦歌不辍”，其中最熟悉的就是西南联大。1941年10月25日，《解放日报》刊，抗战后专科以上学校集中地区为重庆、云南、两广、湘西等区。从发达地区向贫穷落后地区迁移的大学，一边迁移，一边读书，师生非常团结，大学得以完整保留。在“二战”期间，中国大学如此大规模南迁，且坚持到最后胜利，确实是个奇迹。“二战”

中其他国家的大学，唯一可比的是苏联。苏联卫国战争时期同样有大学内迁，但时间都不长，莫斯科大学漂流在外的时间不到一年半，没有形成美好的故事和传统。中国大学不但没有被战争摧毁，而且保存了美好的回忆，和当时国民政府的政策有关。战争是长期的，大学生不足，教育不发达，须保留教育成果。这是对读书种子的期待，对热血青年的壮志、长期抗战的预期。

1937年“七七”事变爆发，平津陷落，8月奉教育部命，北京大学、清华大学、南开大学在长沙组成“长沙临时大学”。临时大学在10月18日报到，11月1日上课，上午9时就响起空袭警报。“长沙临时大学”被迫于1938年西迁昆明。三校校长组成师生步行团，由国民政府派曾任东北军中将师长的黄师岳将军任团长护送联大师生徒步至昆明，沿途得到很多底层老百姓的关照。完美的故事，起承转合，以南渡开始，以北归为终，几乎没有阴影，不同于其他被迫关闭的大学，此乃主动解散，胜利者的姿态，有壮志。

陈平原老师更多地分析为什么到1986年人们会大规模怀念联大的青春岁月。西南联大校友会编辑的《笳吹弦诵在春城》这样说道：我们联大师生常有这种遗憾，西南联大只有八年（或者只有八年半），可惜联大的实体已不复存在，前无古人，后无来者。联大校友发起对于联大记忆的个人情怀和集体记忆的抢救，永远的“笳吹弦诵”就是老校友、地方政府的挖掘回忆。教师辈的有蒋梦麟的《西潮》、钱穆的《室友杂忆》、冯友兰《三松堂自序》等。学生辈的有何炳棣的《读史阅世六十年》、何兆武的《上学记》等。集体记忆的有《国立西南联合大学校史》《国立西南联合大学史料》。此外可关注西南联大的作家、外文系学生吴讷孙（笔名鹿桥）的《未央歌》至今未在大陆发行，故大陆读者对于西南联大校园生活的想象，主要通过另外两个联大学生的著作来实现：中文系学生汪曾祺的《泡茶馆》《跑警报》《沈从文先生在西南联大》《西南联大中文系》等散文，以及联大附中学生冯宗璞的长篇小说《南渡记》。文学家对大学传统的建构意义重大。视频《西南联大启示录》属于西南联大人物访谈录。

西南联大精神主要体现在：身处逆境而正义必胜的信念永不动摇，对国家民族所具有的高度责任感，曾启发和支撑了抗日战争时期联大师生们对事业、求知的追求。这种精神在任何时代都是可贵的，是特别值得纪念的。当时读书人的心态是，南渡的悲愤，北归的期待，艰难中的崛起，信心与意志，南渡心情以及一代学者的治学之路。冯友兰先生在《怀念金岳霖先生》中说：

“怀着满腔悲愤无处发泄，那个悲愤是我们那样做的动力。”南渡使他们与魏晋文人的心境有相通之处。学问背后的心情，是那个时代人的情怀。学成归来报效祖国，那是理所当然的，不像今日，需要找理由。学术民主与师生情谊浓厚，教授治校制度，源于对彼此的信任，学生与教授打成一片，一起经历苦难，一起学习进步，既艰苦又快乐。关于如何看待西南联大的学术水平，陈平原先生认为是“巧妇难为无米之炊”，不同于今日大学拼命发展研究院，而是全部精力投入本科教学。看到一个优秀的学生，都用全部精力培养的。9 年间，西南联大三所大学毕业的研究生不足 50 人。没条件，只能大规模发展本科生教育，精力就转到本科生培养上，缺陷反而变成长处。吴大猷发现了李政道和杨振宁是人才，及时送出国。教授教学都很认真，所有教授不管多有名气都亲自给本科生讲课。

“笳吹弦诵在春城”得益于“天时”“地利”“人和”的昆明优势。昆明地处西南边陲，距抗战前线较远，可以有较稳定的环境，交通便利，可通国外，龙云与蒋介石有矛盾，思想自由。昆明历史上比较闭塞，民风平和，对读书人尊重。换一个民风剽悍或商品意识强的地方，就会或争斗或敲诈。抗战时期，昆明人对联大的支持，应该大力肯定，不能居高临下，只说“文明传播”。今天对西南联大的论述，逐渐从革命史转向教育史，学术史和文化史。

陈平原先生对西南联大的分析，全面，透彻，客观。西南联大之所以能够“笳吹弦诵在春城”，不得不感念国民政府在艰苦的抗战环境中保留教育成果的意识，以及对“读书种子”们的期待，中华民族是一个重视教育，充满希望的民族。据当年父亲回忆，他读中学时前去应征入伍，征兵的人不收，让他回学校好好读书，原来国民政府有规定，不征收在校读书的学生，足见对读书人的厚爱关心。在国破家亡的抗战时代，绝大多数知识分子都饱含爱国报国救国的情怀。联大师生们秉承“刚毅坚卓”的精神，在颠沛流离中一直“弦歌不辍”，有着高度的民族责任感，老师潜心教学，学生潜心学习。联大师生成了新中国成立后国家建设的中坚力量，出现了多名“两弹一星”功勋人士，甚至还出现了李政道、杨振宁两位享誉世界的诺贝尔物理学奖获得者。有的投笔从戎，有的积极投身“一二·一”民主爱国运动，有的像闻一多先生一样献出了自己年轻宝贵的生命。

西南联大享有抗战大后方“民主堡垒”的光荣称号，不得不感念云南人民对联大师生的厚爱。龙云省主席为联大师生提供了最大的学习保障，还支持保护民主力量。淳朴的春城人民也善待联大师生，“茶馆”成了联大师生学习讨论的最佳处所。联大南迁来到地处西南边陲的云南昆明，带来了当时最先进的科学文化，给了包括我父亲在内的许多云南学子接受顶尖教育的机会，聆听当时全国最著名教授们的授课，垂暮之年同学相见仍群体愉快回忆当年聆听名教授们的授课情景，回味当年联大读书时的趣事。西南联大的到来极大地提高了云南边陲的整体教育水平。1946年，西南联大为感谢云南人民对联大九年来的大力支持，把“联大师院”永久地留在了云南这块土地上，更名为“昆明师范学院”，联大中文系主任罗庸先生留任昆明师范学院国文系教授兼主任。

有人把西南联大称为中国历史上最好的大学之一。一位外国学者甚至认为：“西南联大的历史将为举世学术界追忆与推崇。……联大的传统已成为中国乃至世界可继承的一宗遗产。”在大学教育蓬勃发展，高等教育普及化的今天，我们有责任有义务传播西南联大“弦歌不辍”“刚毅坚卓”的精神，让生活在云南这块土地上的学子们触摸感怀这段可歌可泣的历史，传承西南联大精神。

听“引文·注释·参考文献”

当今学术不规范的事时有发生，听陈平原老师讲“引文·注释·参考文献”学术规范课，感觉特别有现实意义。

陈平原老师认为，关键性的史料就是学问本身。香港某学者抱怨，不敢跟大陆学者一起开会，怕被偷资料。面对学界环境恶化，很多人为了保护自己的知识产权，采取各种手法保护自己，这与八九十年代相比有了很大差距。

论证比理论更重要。叙述论文不完全是表达，更重要的是论证。中国学者越来越关注言之有据，能够论证，即是作为使用的证据，要一步步推演。注释的使用，实在是“妙不可言”。注释可以保护自己如何趋利避害。2005年1月2日，某学者在学术批评网上被处罚，北大中文系一副教授因为抄袭被开除。但今天法不治众，同样是中国的诗文，笔记中大量互相转袭，不算抄。引文怎么处理，不同时代有不同特点。今人使用引号，除了言之有据，还有强调、间离或者反讽的意味。感叹号的使用，见文体、见性情，也见时代氛围。嘲笑一逗到底的懒汉，标点符号也是论文的组成部分。参考书目容易看出你的眼界、见识，抄别人的很容易出错。参考书目，是为了给大家一个交代——学习中阅读使用了什么，为进一步研究有个参考，对前边的成果表示感谢。后边的著作你是否读过，学界的最新成果你是否能够掌握。要看过，有判断才列出，这种注释是有价值的。每个人的论述思路不同，参考书目可以见眼界、学识。参考书目不是越多越好。那么多的参考书，什么是你对话的对象？今天中国学者乱列参考书籍，电子检索，读检索容易源流不分。

为什么要引文？从伦理角度讲，尊重前人成果，拒绝剽窃；从技术角度，方便阅读，体现学术积累。对自己是方便，对学界是积累。如何处置，从个人趣味走向学界共识。某种意义上，引经据典是学者的天职。引经据典，很见才情，学术引文要规范。引文应以原始文献和第一手资料为原则。关于引用的技巧：同是引用，可分作为论点支持，作为论证提供，作为批评对象。刘师培《中国文学史》认为，须尊重原意，不能任意歪曲、篡改、割裂原作。切忌“炫耀性”地引用，对于越是时尚的论述，越必须保持高度的警惕。若没把握，或似懂非懂，建议暂缓使用。学位论文宁可少说，不要出错。引用的内容包括文字（观点、文献、史料）、图像（事实、实物、网络）。引用的方法则有直接引用、间接评论，正文不说而留作注释。同一文章中，对于同一史料（或语录），尽量别重复引用。转引自别人著述的，必须查核原书，或署明转引的地方。引用专题的资料集者，或核查原始出处，或注明出自某书。引用关键性史料，应尽量保持原貌。所以须要详细地注释，为读者方便，也为自己方便，便于复核，就像科学家的实验数据一样。

有感触赶快记下来。清代人学问从札记入手。技术手段变化了，但思路一样，即如何以最快速度找到自己想要的资料。知识是积累的，系统的、分类的才是知识，并加以评析。

对学问的敬畏之心，是技术问题，但不完全是技术。做学问一定要小心翼翼。课题综述要注意学术眼光的培养，对前人的理解。最新不等于最好，合用最好。喜新但不厌旧，清人经验是从目录学入手。对待史料的态度，第一手资料也有真伪问题。同是史料，有“关键性”（一指定乾坤）与“一般性”之别。呵护使用关键性史料。左盘又选，最后抛出关键性史料。或批驳他人，层层剥笋，最后抛出资料。做学问不回避矛盾的材料。资料打架是可以大展宏图的时候，人文学者才能纵横驰骋。

注释意见，偏于历史学的，如社会史、文学史、文化史、哲学史等，大都仍然采用尾注和脚注。

关于“致谢”与“后记”：外国学者书前“致谢”之缜密与琐碎，具体到某章某节得益于谁，某人于某处帮助了“我”。要学会给曾经帮助过“我”的人致谢。对人生中很多帮助过自己的人要学会感恩，如老师、朋友、家人。

王东杰《为台维干杯》（2008年9月4日《南方周末》）说道，要怀着感恩的心情，比较平和地对待学术界，对待自己。

开列参考文献时，将“基本资料”与“研究成果”分开。研究成果排列，卡片考虑原创性和相关性。要避免五种流弊：故意隐瞒，炫耀性地引用，只引大家，不管小人物，独尊外国文献，不管同时著述。

陈老师谈自己的学术理想时对当前的学术机制提出了自己的独特见解，那是一种站到了一个很高很高的高度方才领略到的心曲流露。学术数字化、学术功利化，滋生了许多学术腐败，制造了很多学术垃圾。这是当前现代化、科学化通病在学术界的蔓延，充满个体心血灵气的活生生的科研学术被抽象为一串串枯燥的数字符号，见器不见人。数字决定着你的职称评定和工作考核，重量轻质，再者，质又是一个很难界定的概念。陈老师谈到了学术良知和学术道德底线，更谈到了人得有学术敬畏之心。是呀，人失去了良知、失去了道德底线，没有了敬畏之心，什么事不敢做？又有什么事不能做呢？人到底为什么而活，人到底为什么而做，幸福的指数是什么，价值观不同，答案也就大相径庭了。

听陈晓明老师讲“当代小说经典文本分析”

陈晓明老师讲的课题是“动刀”的暴力美学。现代性是一个微软“视窗”，不用“现代性”一词，就没有同当代的学术平台搭上钩。还用doss系统无法进行操作，结构、解构等都是在现代性平台上进行的。后殖民主义也是利用现代化的平台，调用结构主义，后结构主义，后殖民主义理论。文学与现代性联系在一起，都有一定的理论和视觉。小说中“动刀”的作品，马克科斯也有“动刀”作品。“动刀”和贞操和见红有非常奇怪的关系，贞操不见红，动刀见红。

“动刀”在当代萧索叙事中的决定作用。21世纪获奖小说触动大。陈应松的《马嘶岭的血案》（2004），刀的出场总是推动小说叙事达到高潮，而且是必然性的高潮。90年代初，上海作家张旻写了一篇小说《生存的意味》（1993），相当有力道。阶级地位被颠倒了，阶级在不断地循环。一篇没有“刀”发挥决定作用的小说，似乎力道就出不来。在90年代，张旻的这篇小说显得落寞寡欢，像是伤痕文学的回光返照，一个落伍者黔驴技穷。

中国小说不借助“刀”情节就无法展开。为什么只有借助“刀”才有力道？方方在数年前发表小说《水随天去》，讲的是一个乱伦的故事，底层叙述在作品中展开。把“刀”玩得很花哨的有杨映川（女作家）的《不能掉头》（2004）。女作家笔下的暴力中还夹杂着诗意。当然，小说最后翻开谜底，才让读者对此诗意的暴力有所领悟。莫言对暴力有一种特殊的敏感，这在他的《檀香型》里得到充分表现，这部小说对暴力的展示、批判和戏谑显得达到了前所未有的程度。先读小说没什么，渐渐地，暴力、历史、现实便涌出来。小说看似简单，几乎没有形式，却又让人摸不着头脑。"动刀"是理解当代小说的一个细节，通过细节撬动文本，撬动文学与历史，文学与社会的关系。

"动刀"是激进现代性的一种理解，革命规定出现代性暴力的正义性，《保卫延安》《红日》是枪炮，阵地战，惨烈，敌我双方、百姓的死亡，饥饿等。看解放战争片很沉重，《解放》《人间正道是沧桑》，非要那么残酷地去厮杀吗？很多文学家不停地书写暴力，中国的文学是苦难的文学，21世纪刀出现得更多。刀在中国当代文学中的大量使用，至少表明三点：其一，中国当代文学的叙事主要以乡村文明为代表对象；其二，它主要用于表现日常生活的暴力；其三，它主要表现个人的暴力行为。但是，现代小说为什么要如此高频率地"动刀"呢？为什么中国作家"动刀"动得如此得心应手呢？这里包含的是中国当代小说的现代性历史特征及其美学品格。这是根植在中国现代以来的文学叙事中的定型化模式在决定结果，这种模式迄今为止还在潜在地支配着中国当代叙事。福建人爱动刀，采取暴力形式，但平时非常忠诚朋友，所以容易闹事。

21世纪，小说中的表现确实暴力、乱伦、苦难，本来这是八九十年代社会转型时出现的事情，今天讲体现，讲文明，但中国文学却非常灾难、苦难、暴力。如果文学反映现实，这不是一个好的现象。暴力叙事的出现与底层社会相关，与知识分子的责任感相关。底层不满的情绪高涨，今天虽然物质条件改善了，但为什么还更为不满。社会发展带来贫富差距、权势对社会资源的掌控，社会矛盾加剧，作家要反映底层的苦难、绝望，成为"动刀"叙事的动力。八九十年代阶级的对立被消解了，消解的方式是暴力。形成新的城乡对立。90年代末和20世纪初，社会矛盾凸显，刀才成为重要叙事角色。暧昧的正义，暴力革命的非革命化，对现实关注，历史争议，更多地被关于法的观念，道德伦理的观念代替，历史争议被中断，举起刀是合法的，结果是非法的。《马嘶岭的血案》，赤贫，过去是受压迫阶级，每一个杀人的人都代表了穷人。历史的正义，九财叔再穷，也不构成阶级的对立，但是非法的。"刀"举起的时候，文学的批判便终结了。这些小说试图恢复左翼革命的叙事，但这种革命阶级的对立在小说中无法建立，成为一种美学的叙事。文学发展是拐弯的，关于主体人的存在，是一种哲学的思维，90年代关注现实，左翼倾向重新抬头。我们批评现代小说缺少历史，又说不关注现实，这是矛盾的，表达现实不可能建立深度，现代批判必须精确，道德的善恶、历史的正义，只有哲学的、历史的批判才能够有历史的深度。现代、后现代小说的批判是不清晰的，这样才有思想的复杂性，才有深度。在哲学意义上的关怀，还是现实意识上的批判，现实的批判只能是哲学的、意识形态的批判，现实找不到出路，用“刀”造成历史的暴力，起到震惊作用，是美学的暴力。这是现实主义悲剧主义的表现。暴力变成在场的逻各斯，自成体系，自成话语，批判富者的不合理。小说只能变成暴力的暴力，因为没有更大的底牌，底牌就是那把刀。当代小说非常关注现实，关注过了，在线性的紧张的结构中展开叙事。当然，现代性美学也有其他的处理方式，艾伟的《爱人同志》最后不堪忍受命运的绝境。中国最忌讳的是上访，上访是被隐藏的、遗忘的话题。

动刀的花招，美学叙事的解脱，怎样逃脱刀的暴力？阎连科的创作，就可以理解为现实主义在这一时期与作家创新构成的紧张关系。《爱活》，《黑猪毛，白猪毛》，暴力的虚拟化。《黑猪毛，白猪毛》没动刀，但写了杀猪，刀一直在小说背景上晃动，阎连科一直让刀晃动，表现暴力的跃跃欲试。体镇长蹲监狱，是反讽式的说法，他自己就该去蹲监狱。中国乡村如此剧烈的矛盾，到底当今什么是历史争议，什么是合法，什么是非法，小说家也把握不准。

莫言《月光斩》，暴力表现得更为复杂，在革命与后革命，现代与后现代，隐喻暴力的革命性。暴力具有历史方向性的作用，动刀使得现代小说变得单调，动刀小说寻求现代性的叙事。受限叙事，暴力的美学转化为美学的暴力，追求完整性、复杂性，要掉头、逃脱。

听了陈晓明老师的“动刀美学”一课，真正体会到了社科院研究员出身的陈老师讲课与北大出身的老师讲课的不同之处。据说陈老师2002年调到北大时，已是一名定型的成熟性的学者，他对当代文学有着极深、极强的洞察力和穿透力，可以看到“动刀”文学背后的社会历史文化背景。20世纪90年代的“动刀”文学兴盛，源于新中国成立后革命叙事的阶级“暴力正义”，表现为战争、枪炮、血腥、残酷，当时的阶级对立、暴力对立是正义的。改革开放时代又忙于反映社会转型、思想变化，20世纪90年代末，社会贫富差距拉大，形成翻了个的新的阶级对立，作家延续了左翼作家关注社会的责任感，“动刀”用得得心应手，以助贫弱的底层社会。但当代社会是法制社会，动刀不再具有正义感，因此他们的行为只有通过法律解决，这种动刀文学其实只是一种空洞的文学审美。有人批评当代作家没有历史的厚度和深度，没有社会责任感，其实这两者是不能协调为一的，历史的厚度和深度是哲学的思考和审视，社会责任感是文学的责任，这是两种不同的思维方式。文本细读，明白了文学细节、共性后面的深刻社会背景、历史因素，也提醒我们思考当下道德社会的现实问题。

听王岳川老师讲“中国文化与美学精神”

王岳川老师的“中国文化与美学精神”课程，课题是“中国文化的精神危机”，听后深切感受到中国学者所传承下来的拳拳爱国之心，王老师欲做中国文化的开拓传播者，给听众一种对中国文化的警醒。

王老师的讲课，一开始就展示了一百年来中国文化输出与输入极不对等的数据。100年来，中国翻译国外书籍106800多册，西方翻译中国书籍1000册，其中刘心武的作品20多册，《老子》再版30多种，文化赤字百倍之差。为什么凡·高的画可以卖8000万美元，有的上亿美元，中国最好的画却不行？王老师想做三件事：一是翻译300本中国书籍，传播中国思想文化。日本1985年就提出海外文化输出战略，日本没有思想家，中国提供了原生态思想，却被挡在后边。西方教授问，鲁迅是什么地方。季羡林在中国如雷贯耳，西方却没有人写过关于他的一篇文章。我们自恋，如数家珍，却没有传播出去。建筑学全部屈居于西方，为什么没有一点民族自尊？文化输出关涉大国的文化安全。翻译困境，王国维、冯友兰文白夹杂的那么深的思想可以翻译出来吗？二是拍100集高清晰DVD，探索发现类的片子，把中国的书籍介绍出去。《发现东方之无限探秘》，探索发现，已拍了60集。外国人以为中国人白天看庙，晚上看戏。三是教外国留学生中文。

西方的话语霸权妖魔化中国。文化战争看不见硝烟。西方的“三争文化”，指人与人之间是竞争，群体与群体之间是斗争，国与国之间是战争。曾经英国打赢，成为日不落帝国。半个世纪以来，美国作为世界警察导致战争不断。落后就要挨打，被淘汰出局，弱肉强食。中国的“三和文化”，指家庭和睦，社会和谐，国际和平。东方文化被边缘化，中国的“三和文化”应该成为西方“三争文明”的重要补充和文化协调，东方文化精神对西方单边主义霸权主义文化的纠偏和启示。恶性竞争会导致恶性结果。“和为贵”思想可以消除西方绝对斗争思想。韩国现代汽车董事长练书法，回归人性，宁静。我们国家倡导“和平共处五项原则”。现代性危机，是后现代主义对现代性的清算。“三争文明”是殖民主义文化，一手拿《圣经》，一手拿枪炮，美国打赢。1950年开始，后殖民主义实行金钱殖民、文化殖民，让被殖民者心态自卑，感觉事事不如人。美国通过电影传播西方文明，用大片让你崇拜西方的文明，中国传播蛮荒、愚民。美国的“麦当劳”管住了全世界的胃。“芯片”黑屏事件中才明白所有的电脑都已被控制，我们要创造出与西方操作系统相仿的操作系统。中国的崛起要靠“三和文明”，还有很长的路要走。中国经历了很长一段时间没有思想，现在可以冷静地对话。最去中国化的国家是中国自己，要废除汉字。王选是当代毕昇，否则中国还要去中国化。中国的文化到底要怎样走？

王老师谈了100年来中国的文化输出与输入极不对等，输入是输出的一百倍，大约10万本比1000本。中国缺少文化自信，“拿来主义”至上，面临西方文化的入侵，我们应该有更多的文化自觉自省。王老师属于有血性、有思想、有抱负的学者，有弘扬中华文化的责任和担当精神，深深感染着听课者。王老师个性鲜明，对方舟子、于丹等不屑一顾。正因为有各种类型教授的存在，北大才是一个有容乃大、兼收并蓄的学校，才会获得“铁肩担道义，妙手著文章”的美誉。

听陈宝亚等老师讲“茶马古道”

“茶马古道”是远征世界屋脊的闻名传播纽带。因为对家乡云南地域文化的挚爱，专门聆听了陈宝亚老师专门举办的“茶马古道”讲座。这次讲座是为了纪念20年前陈老师他们历尽艰辛的徒步调查探寻，最终证实了确实有这么一条古道的存在。讲座还专门请来了云南大学的木霁弘教授介绍当年徒步旅行的缘起及艰辛。木老师与陈老师当年作为同事一道徒步考察，在滇藏川三角地带考察了三个月，最早参与此项活动的六个人被称为“六君子”。

“茶马古道”，1990年由木霁弘、陈保亚、李旭、徐涌涛、王晓松、李林命名。过去已有不少学者提出过不同的名称。1877年，德国地理学家李希霍芬命名为“丝绸之路”。1980年，陈炎命名为“西南丝绸之路”。此后又出现“南方陆上丝绸之路”等命名。为什么这样命名？“茶马古道”还活着，茶渗透人生命，挥之不去。而“丝绸之路”在历史上早已湮没。南方茶处于特殊的地理环境，只有云、贵、川、广西产茶，云南是茶叶的原产地，有很多野生茶，品种最多。茶在文化传播中非常有意义，边境人大量用茶，和茶建立了很密切的关系，却不会区分儒学、道学等，他们认为那都是汉学。

提出“茶马古道”概念后，上述“茶马古道”六君子自费徒步考察“茶马古道”世界屋脊带，包括险要的横断山、喜马拉雅山、帕米尔高原、天山等高地势，“茶马古道”的产生就是要征服当中的喜马拉雅山脉。古人云，“登泰山而小天下，登珠峰而小泰山”。“茶马古道”上的少数民族同胞登完泰山后说“那些汉族把土堆堆叫山”，可知“茶马古道”的高峻险。“茶马古道”的形成，是嗜茶民族远离产茶区，道路险要。饮茶分三个层次：品茶，嗜茶，恃茶。吐蕃兴起恃茶行为，源于文成公主带入茶叶。有了茶的需要，就有了“茶马古道”，嗜茶行为最后征服了横断山，翻越秦岭，形成茶马古道的川甘青藏线。

陈宝亚（土家族）老师说：“踏上茶马古道，我们聆听世界屋脊上语言文化的本音。”世界屋脊带上的“茶马古道”语言现象独特，通语是西南官话。2亿7千万西南官话人口，无论高山险阻，成为人类语言文化传播之最。茶马古道上因为高山峡谷地理环境，多种语言存在其中，但都懂西南官话，是双语多言人，为语言研究提供了很好的例子。马帮把走“茶马古道”当成自己的生活方式。独特的自然地理环境，使得复杂多样的民俗文化至今仍存活着，形成了独特的“茶马古道”文化。“茶马古道”上留存着多种文化遗产。语言生态遗产是语言学家们进行语言接触、语言比较、语言类型等研究的难得例子。同时还有民族文化遗产和自然生态遗产。

“茶马古道”六君子是研究茶马古道文化的第一梯队，后来又出现了第二梯队。研究成果主要有《滇藏川“大三角”文化探秘》《茶马古道的历史地位》《茶马古道研究集刊》《论茶马古道的起源》《古代南方对外通道研究笔谈》《关于“西南丝绸之路”概念的一点看法》等。

“茶马古道”不同于“丝绸之路”，丝绸不是生活必需品，茶与人们的生活紧密相连。“茶马古道”的主要通道是思茅——迪庆——拉萨，在这个地理环境复杂，语种多样化的地方，很多人过去都会讲西南官话，问候语是“喝了没有”。同时又都很好地保持着本民族的语言。语言及民俗调查是当年陈宝亚老师他们徒步考察的重要工作。有时云南的茶叶不够，也会到湖南等去运。这种实证型的语言研究方法成效显著，在陈宝亚老师的《论语言接触与语言联盟》一书中得到运用。后来，王洪君老师讲“历史语言学”时还称赞陈宝亚老师他们当年把险峻的“茶马古道”当成自己的语言实证调查研究场地。在学风日趋浮躁的今天，这种研究方式难能可贵。

曹文轩老师讲“小说艺术”

《小说门》是曹文轩老师自己撰写的小说创作理论书，里边渗透了曹老师进行小说创作的无数宝贵经验，用作“小说艺术”课程教材，更容易让大家心领神会。

听《小说门》中的“摇摆”

一、摇摆：作为存在状态的写照

如果想知道小说、电影、电视的艺术，就记住“摇摆”这个词。摇摆是小说运行的动力所在，通过语言、情节、人物以及主题的摇摆，小说才得以如河流一般不住地奔流向前。小说的运行过程实际就是一个摇摆的过程。摇摆还是小说的基本结构方式。摇摆意味着小说在运行时，不是毅然决然地向前奔突，而是在绝大部分时间里呈现出犹豫不定的状态。在不同的观念之间、在不同的价值之间摇摆：先做此事还是彼事。人走路在摇摆，火车摇摆前进。旋律、循环。现代很多歌不好听，有节奏，没旋律，一句接一句，直线的，没有摇摆。陀思妥耶夫斯基的作品始终被一个词“对话”控制，把水火不相通融的材料凑在一起，可以听到各种不同的声音。复调小说，用不同的调子唱着同一个题目。小说家，大幅度、小幅度的摇摆，动力是摇摆，世界就是在两极之间和多级之间摇摆。量变到质变、肯定和否定的规律，螺旋式上升。

二、小说中的对话：互为颠覆

小说的对话不在于叙事，而在于辩论。巴赫金小说来源于史诗、雄辩术、狂欢史。小说的对话就是苏格拉底式的对话，互为辩驳，在多种价值之间摇摆。交代事件的对话在小说中无意义，要有针对性，对话双方平等，富有张力，来回摇摆，很难说同意谁的说法。好的小说常常有整篇好的对话。没有对话、摇摆，怎么能把人吸引住，在摇摆中被小说的情节所吸引？

甲：你是迷人的。（乙心花怒放）

甲：但你只能迷住那些没经验的人。（小说对话语言例子）

任何小说，无论强弱情节，都有摇摆。苏格拉底为了尽可能地接近真理，对话冲着独白。小说家设计对话，随着力度的步步加强，充满紧张、圆满，获得愉悦。快感在摇摆中产生。契诃夫《变色龙》中主人公的嘴脸，在摇摆中显现。好的独白也是对话性质的，独白内心不同意，充满忧郁、矛盾，在最精彩的独白中看到多情与无情、天使与魔鬼的统一，至少两个声音，是多个二元对立面的摇摆。好莱坞把文学最底部能够技术化的东西看得很清楚。好小说的独白始终处于喃喃自语，出尔反尔，始终处于摇摆之中。鲁迅作品，反反复复，大量转折词，小说其实就是一个句式，“可是”，无穷无尽的辩证，不一定要把这个词说出来。小说、电影就是“可是”句式的变种。

三、情节运行的线索：曲线

体操运动员的反转，火车风驰电掣。停摆是生命的结束。文学的专家和学者是与大众对抗的人，要得到专家认可，就不能写大众的作品，甚至连自己都不写作。诺贝尔文学奖作品没几个人读过。奥地利作家茨威格受读者欢迎，在于“无止境的否定”。男主人公热吻女主人公，女主人公推开，女主人公又倾诉衷肠，否定之否定，男主人公突然用爱情语言，女主人公惊慌失措，男主人公认为对你好的时候你反对，对你不好的时候你热烈，厌倦了，另寻他爱。反反复复一次又一次地否定，不停地改变事情发展的方向。结局出乎意料，一次一次否定，人类的复杂性得到解释，张力得到加强。火车发出的声音：“肯定／否定”反复循环。茨威格：《一个女人的二十四小时》，女子成功劝阻了赌徒，没想到以为一辈子要离开赌场的赌徒又坐到了赌场。小说中最大的数字是零，小说同诗歌一样讲究押韵，回到韵脚上。不能记住诗句的诗是否是诗？小说与情节的摇摆，荡出／收回，反复，从家里出去再回到家就是押韵。小说三种形态：层递式、环式、环扣式。小说就是让事情不顺，变成事件，弄大，过不去。小说运行像蛇、漩涡一样，时候一到，一切戛然而止。《麦琪的礼物》《我的叔叔于勒》，最后的摇摆最漂亮。连续加加减减的过程，突然中断，读者被逻辑的假象所迷惑。风景尽在陡转处，看到思想的亮光。好文章离不开折腾。论文也这样，正着说，反着说。小说艺术是哲学，是物理。创造的自由是无边无际的。写记叙文要经常使用颜色词，得有风景描写。写一个人想干什么事情的时候千万不要让他立即去干，要折腾，不只是时间越来越长。每折腾一次，小孩皮卡的形象就越来越鲜明。童谣：我有一分钱可以到苏联，苏联老大哥给我买支笔，毛笔，（折腾到最后，）1958年，吃饭不要钱。文学的艺术结构形式都来自于童谣。

四、游移中的人物

福斯特：扁平人物（一个元素组成的人物，简单人物），圆形人物（两个以上元素组成，复杂人物）。扁平人物是最单纯的形式，按简单的意念创造出来，可用一个单一的句子表达出来，或吝啬或软弱就能说清。再加一个音素就画成弧形。圆形人物，由一个以上的多种因素组成，可能对峙，用很长的语段还可能依然不能彻底地加以说明。学术其中的一部分，把已经说过的话用另一种言辞加以表述，如中学课文叫文本。巴尔扎克的吝啬鬼扁平，反转了一个音素的不同侧面。在单一调整下表达不同的层面，巴尔扎克的吝啬鬼展示丰富多彩的吝啬，像一个不规则的图形，是一个令人着迷的想象。因为福斯特的分析是有问题的。人性是小说的最后深度。中国作家目光到达的层面是社会问题，而不是人性问题。中国作家眼睛亮而没有力度，成不了最好的小说。真正艺术的马是心灵世界的马。中国当下作家的目光太明亮，整天用与心灵脱离的眼睛观察社会问题，直白书写，这是文学最浅的层次，太相信小说的巨大力量。新时期小说就写了房子和粮食问题，如高晓声的《李顺大造屋》，这不是文学最终要关心的东西。文学要关心时间、空间问题，形而上的问题。中国作家关心形而下的问题，眼面前的问题。俄罗斯的作家始终把人性问题和社会问题非常完美地结合在一起，既写到非常深刻的人性问题，也非常深刻地写社会问题，有重量，如托尔斯泰、陀思妥耶夫斯基。中国文学需要瞎子。

五、主题之间的对峙

主题鲜明是不好的东西，小说写存在，越贴近本质，也不可能只有一个解释。《红楼梦》主题现在红学家也说不清楚。好作品就是看那么多人在打架，小说家最成功、最高兴的时候就是看读者打起来。世界有多种解释的可能性。自己读的书70%是哲学书。哲学史太复杂，有若干唯心、唯物主义，冲突常常表现为若干种主义的冲突，哲学家都说底牌在我手里，开始争吵，宗教把一切归结为神，牛顿把一切归结于力，黑格尔讲绝对理念，马克思讲经济基础决定上层建筑，所有理论都雄略滔滔。维特根斯坦认为把事情都说完了，一切回到语言上来，然后到一所中学教书。哲学史揭示，艺术小说史呈示，把主题提示打压到零的状态。作品主题的揭示与掩藏与时代结合，浅薄的时代主题单一，点题是最糟糕的事情。打磨，皮鞋来回打磨越来越亮，小说就是把一切打磨亮。

摇摆的意义。听曹老师讲“摇摆”的最大启示是，当下中国作家与心灵脱节的形而下眼睛太亮问题需要认真反思。大学中文系如何开设写作课也值得好好反思，写作绝非单纯的技巧理论问题。曹老师认为中国文学需要瞎子，中国的新时期的作家眼睛太亮了，亮得只能看到眼前的房子粮食等形而下的问题，这不是文学最终要关心的东西，文学要关心时间、空间、形而上的问题。俄罗斯的作家始终把人性问题和社会问题非常完美地结合在一起，既写非常深刻的人性问题，也非常深刻地写社会问题，有重量，如托尔斯泰、陀思妥耶夫斯基。也正是有了这样的文学视野和认识高度，曹老师才能成功走向世界。

听“风景的意义”

一、风景：小说的重要元素

小说是文学作品中重要的体裁。这是个叙事的时代，而不是抒情的时代，今天的诗人处境很艰难。今天不是个诗歌的时代，诗歌已经成为写诗歌之间的流通的手段。当代的诗歌远远超出过去，写诗歌的人比读诗歌的人多。现在诗人写的文学评论的文章是很出色的，职业批评家严重缺乏才气。今天是个叙事的时代，是讲究具体的物质感的时代。抒情的时代已经过去了。时代的需要不一样，现在诗歌小说的时代是小说飞黄腾达的时代，而风景的描写是非常重要的内容。北大文学创作专业的硕士点只需要写小说，人们为什么不写旋转的天空和大地。恰到好处的风景使得小说增彩不少，可是今天小说没有什么风景描写。绘画重视风景却在重视人物之后，人的发现和女人发现。但是，在东方，风景很大，人物很小，风景远远大于人物的，这是中国的文化特色。中国画里人物处于次要的位置，而只有无边无际的风景。《艺术家的画像》中却认为风景的发现是最重要的发现，对风景成为背景的中心赞扬备至。就小说史来讲，风景是它的血肉之躯的一个部分。长短的风景，一部小说对风景的描写是否仔细会将影响小说的文学价值。一年四季，四时的情趣、春天是破晓的时候最好；夏天是夜里最好，连下雨也有意思；秋天是傍晚最好，风的声音也是有意思的；冬天时早晨最好，能够看到冬天的真实模样。中国的一部《红楼梦》多少景色，许多景色描写是与故事连在一起的，风景是不能去掉的，风景描写是小说中传统的素材，一个又一个画面，而今天的小说没有什么画面了，写景是小说的重要元素了。小说写风景是必然的，因为小说要写人，而人是在风景中脉动的，论文需要角度，有一个刁钻的角度，但是角度不一的风景描写对小说的成功举足轻重。

二、风景描写的若干类型

1. 面对。如实素描，这是客观的描写。油画是画家面对自然的存在，进行如实的描绘。不是已经拥有的油画，画面的风景看到了典型的树叶，有一种真实感。写实主义的风景描写是感受到有人看着风雨、天色、自然界的事实，小说家用文字将其固定。现实主义的风景是充满了物质感的，山川、茅屋等是有形的，是肉眼能够看到的，严格遵循物质原有的关系。《红楼梦》中的所有鸟、花，都是符合自然的原有的秩序。百灵是生活在草地上的，笼子里的百灵就在笼子的底部站着。画眉是生活在树林里的，笼子里的画眉就站在小木棍上。一个现实主义的小说家是一个百科的自然的钟情者。现实主义注重细节，尽可能地呈现自然的细致模样。而现实主义关心的是鸟什么时候发出声音，现实主义作家是一个善于凝视这个世界的人，未经凝视的世界是毫无意义的。浪漫主义关心的是鸟的声音，过于实在的东西对浪漫主义是有害的。现实主义反对为描写而描写，即使再美也无助于情节的推动。现实主义的风景描写是围绕人物而展开的，人物是离不开那山那水和那片美丽的景观的。今天的作品太恶俗了，社会也在变得恶俗。生活已经是这样的了，让人们变得太现实了。《边城》中的翠翠从不想到残忍的事情，她触目青山绿水，自然养活了她，教化了她，环境造人，这是典型环境下的创作。一个生在山里的人和生在水边的人总会是不一样的。人和自然的关系中会出现不同的景观。

2. 心灵的风景。对于浪漫主义，他们发现自然在蛮荒状态中是最美的，对于麦浪滚滚的丰饶性是没有诗意的，因为它是实用的，是可以实现一个目的就是温饱肚子的。而浪漫主义认为不结果实的风景是美丽的，对风景的选择性很强，不考虑实际生活中的作用，只要风景在对于风景的格调上有意义，那么这段风景是合理的，关心的是风景对作品的情调上的相关性。最高级别的词是“美”。这就是美的进程，而现实主义最高级别的词是“真”。在现实主义作家眼里不足提及的废墟之美在浪漫主义作家的眼里是最有价值的，还喜欢病态的美感。贾宝玉就是浪漫主义的欣赏者，喜欢的就是独特美丽，而贾府就是个现实主义的牢笼。浪漫主义是有着饱满的情怀，充沛的意境。浪漫主义的抒情是充满抒情性、神秘的，草木有灵，山水有神。浪漫主义的写景是有感叹的，描写就会中断，进行主观的感受描写，风景与人物是互为知己的。对自然的观察方式是一瞥，是抽象的，笼统的观察。来不及细看就要离去，世界万物仍然是不会被人类细读的。规范化的学术使得学者们无法有个性化的存在。所谓的规范化是打压人的才气的，被我们捧为学术大师的人的论文是非常散文化的，抒情的，而徒子徒孙却在建立规范化的标准。浪漫主义在意的是大自然的精灵，而现实主义在意的是大自然的形状。浪漫主义不在意白杨树，只在意白杨树倒影在水中的影子。浪漫主义写景有宗教情怀，聆听天籁的声音。

3. 风景——一种象征。象征是作家对存在的认识，拿一个东西表达某种意思。所有这个世界的所有之物是有隐喻的，北方的河流不单是地理意义上的河流，象征力量、不同的价值与意义。张承志是中国真正的、最典型的浪漫主义作家。他的宗教情怀，高度的诗意、抒情性，言辞是夸张的。但是不能责怪他是虚伪的，因为这是个浪漫主义语境中的人。小说为什么将浪漫的意境委托给风景？象征是要我们探求混沌背后的思想。

三、风景的意义

1. 引入与过渡：风景描写到底有什么作用？平缓的开头。19 世纪的小说许多都是以风景开头，而现在的中国小说是以床上戏开头。风景的描写可以是整个作品的定调，第一句话是非常讲究的。高明的方法是用非常和缓的方式抓住读者，利用风景过渡。即使是短小的小说也是由一个一个版块组成的。风景是一条船，一组桥。而今天的小说是一个失去风景的时代。风景描写是小说中难度最大的。

启示：

一般大学中文系对学生的写作培养，主要通过“写作”课程完成。尴尬的是，课程结束后，绝大多数学生依然不会写作，有的甚至还在原有的写作基础上退步，中文系毕业的作家屈指可数。于是人们的普遍共识是，中文系培养的不是作家，而是语言文学研究者。听一位著名教授说过，他高中毕业后是怀揣着作家梦想走进北大中文系课堂的，结果成为一名专门从事研究的学者。诚然，中文系学习这样那样的理论，用的都是抽象理性思维，而文学创作需要的是感性形象思维。一个人天天进行抽象思维，创作灵感的火花就无法迸溅出来了，难怪云南民族诗人到北京听了无数专家洋洋洒洒的理论后便也写不出诗来。曹文轩老师令人费解地把作家和学者两种思维特点，截然不同的身份，完美地结合到了自己身上，既是著名的儿童文学作家，又是著名的学者，《小说门》即是曹老师的小说创作理论力作。2016年4月4日，曹老师获得了代表世界儿童图书创作最高荣誉的“国际安徒生奖”。国际安徒生奖评委会主席帕奇亚当娜称曹文轩“用诗意如水的笔触描写一些生活中真实而哀伤的瞬间”。正因为如此，曹文轩老师的小说创作理论课才能上得如此自我和别具一格。仅“摇摆”一词，就让听课的人知道了小说创作的理论要旨，更能获得可以借鉴模仿的创作经验，从而多走出一些学者型的作家。而且，从曹老师作家学者兼具的身份，我们知道了凡事皆有可能。

文学及理论课听课感悟摘录

听戴锦华老师讲“大众文化”

因为研究女性文化需要，几年前购买并阅读了戴锦华老师早年与孟悦合著的《浮出历史地表》，属于女性文学方面的论著，与戴老师可谓神交已久。此次听戴老师讲“大众文化”课，又见识了戴老师对电影及当代文化鞭辟入里的研究。戴老师讲课有着对现实的独特思考，紧扣时代脉搏。印象最深的是言辞犀利、睿智，口若悬河，一气呵成，很有气势，发散性极强。妙语连珠，术语、观点一串接一串地从口中蹦出，稍不留神就让听众捡都捡拾不起来，听得很过瘾。网上百度“戴锦华”一词，那才叫作不寻常，介绍评论极多，最吸引眼球的是“戴爷”之称，学识气势确实让不少须眉汗颜。

听车槿山老师讲“法国西方文论”

车槿山老师讲的是自己翻译的作品。第一次听译者讲自己翻译的西方文论，很是兴奋，因为译者对自己翻译的东西一定熟悉得如数家珍。听后获得一种活态的认知，感受到一种鲜活的生命气息，这是原汁原味的第一手译者资料，别人的理解附会可能又会与译者的原意有很大偏误。大家都知道读书要读原典，听译者讲述的原典更有味儿，理解也更深透。如果只看翻译材料，难以理解内容，经车先生一解释，不但清楚，还能获得更多附加信息。车先生讲课挺有意思，弯着腰随意地走来走去来，喝水也那么随意，根据印发给大家的文论内容，想到什么说到什么，信手拈来。随意说出的话语，仔细琢磨似乎警句辈出，颇具哲理性，还一针见血，如“一般人都是真的，但人干的事是假的”。

听杨铸老师讲“中国古代诗歌理论专题”

听了两节杨铸老师的“中国古代诗歌理论专题”，其中谈到的“言不尽情”与我的语言学很有关系，也可叫作“语言的痛苦”。杨老师指出，语言和情感不完全对应，情感是前概念、前语言，与思想分属于心理结构的不同层次，它没有语言清晰、有条理、规范，但比思想更敏锐“细腻”，丰富。语言是概念的约定俗成的抽象符号，是理性思维的外壳，与概念、思想直接联系在一起，而与情感保持着一定距离。因而使用语言无法直接将情感全部丰富准确完满地表达出来，需要音乐舞蹈与其结合，缓解语言抒情的直接矛盾。教师口语的体态语辅助作用也可从这点加以解释。

听卢永璘老师的“意境论研究”

听说卢老师的课上得好，一听果然不错。卢先生就意境的概念引出了历史上所出现过的界定，并加以分析评判。一是唐代王昌龄的《诗格》，引用了诗有物境、情境、意境三境说。二是引用了王国维《人间词话》中“能写真景物、真情感者，谓之有境界，否则谓之无境界”。还引了朱承爵的“作诗之妙，全在意境融徹，出音声之外，乃得真味”。还介绍了现在各种各样的概说。穷尽各种历史资料，并加以分析判断。第二节课介绍自己下的定义。卢老师在分析资料前先讲了中西方的思维差别，中国传统偏重于感悟式，不像西方是思辨性的。

听温儒敏老师的“文论精读”

温儒敏老师的“文论精读”，听后由衷佩服。温先生在洞察、看透了文学史本质的基础上提出了文学史不能把握文学发展规律的观点，因为文学的发展非单质性，很复杂，文学史要根据遗留的材料尽量复原历史，它的作用是为后人提供一个坐标，换一种视觉去思考问题，活化作品价值，文学史的写作是无定的。听了这次课，对文学史有了一种全新的认识，感觉更客观。温先生的课是博士生讨论课，以后的讨论不让人旁听，此次听课算是难得的一睹风采。

听了温儒敏老师的课后大受启发，仰慕之情油然而生。网络资料查询，温先生，国家级名师，主持国家级精品课程“现代文学”，在中国现代文学名著研究的课程网络版面上明确标示教学目标：“在理解优秀作品的艺术结构的基础上，能够联系社会人生的现实，理解大师名家为人为文之道的价值及其意义，并最终上升到哲学的层面，理解把握名著所蕴含的内在世界，以之提升自己的文学修养。”“适当淡化‘史’的色彩，强调原典阅读，让学生与重要文本进行少而精的近距离接触，以此激发学生的兴趣与自主性。”我们的阅读往往浮于表层，上述话语可以使我们今后的阅读少走弯路。“独立特行，追求真理”，“从作品出发”，这就是阅读作品的新认识。温儒敏老师的“文学史思维范式之一——实证型”，强调写史实证的重要性。

哲学类课程

赵光武老师主持“后现代主义哲学”课程

哲学系78岁的赵广武教授主持的系列哲学课程，由其某个领域学有专长、具有博士学位教授职称的弟子分专题讲授，赵老先生点评，他自己也讲一两个专题。

听赵光武老师主讲“后现代主义哲学的反基础主义倾向”

反基础主义的理论定位：反基础主义不是哲学流派，是理论倾向，或理论观点。后现代讲非中心化思想。反基础主义在思想文化领域里起了非常重要的作用，凡是涉及相对性问题，不确定性问题，还有关于科学的本质以及科学历史地位的讨论，都涉及相对性、不确定性的问题，都有反基础主义的影响。它是各种倾向中的基础部分、基本导向。反基础主义是基础主义的对立概念，彼此规定，相互照应。所以，要研究反基础主义，就从基础主义讲起。

基础主义的内涵：基础主义指的是思想文化中的信念。任何主义都存在不可置疑、不可动摇的基础，哲学家就是要竭力发现这种基础。这在哲学史上是屡见不鲜的。

基础主义在历史上的表现有三个线索：1. 古代柏拉图理论的创始人是古代的基础主义的典型代表。他认为物质世界中的物质是不真实的，只有在物质世界背后的理念世界才是真实的、永恒的。物质世界是理论世界的影子世界，理念世界才是本源世界。理念世界是等级系统层次，有关于具体事物、关于数学科学和关于艺术道德方面的理念，此外还有最高的理念是善，善创造理念的最高源泉。在《蒂迈欧篇》中讲了这个观点，认为世界是造物主创造的。以永恒不变的理念为模型，将运动中的混沌物质按照几何的形体结合为土、火、气、水四种元素，然后形成日月星辰。先产生人类，这样就形成了可见的世界。理念是一切的基础。2. 笛卡尔是基础主义在近代的代表，是二元论的创始人。物质有广延，不能思维，精神能思维，但没有广延。他是解析几何的创始人，将几何问题用代数来解决。引进坐标的概念，建立了平面上的点和数的对应关系。让变量引进了数学，不仅标志函数概念的萌芽，由常量数学进入了变量数学的时代。此外，用还原论的方法。他的基础主义的表现就是“树喻”，把人类的全部知识比喻成大树，树根是形而上学（即哲学），树干是物理学，树枝是医学机械学、伦理学。这样看来，把哲学当成了全部知识的基础。从普遍怀疑出发进一步探讨关于基础的基础问题，他倡导理性追求真理，批判宗教哲学，推动科学发展，根本的方法是理性的普遍怀疑，认为人的理性是生而具有的，是判断是非，不是不可知论，也不是虚无主义。以怀疑为手段达到去伪存真，成为理性的方法论。我们可以怀疑一切，但是除了“我怀疑”就是“我在思考，我在用理性在检验一切”，“有个思想者”这一点是不能怀疑的。“我思故我在”是存在主义的第一原理，主张主观思想决定主体肉身的存在，精神本体论，思考决定思考者。黑格尔是客观唯心主义者，绝对精神包含着矛盾。以思辨的形式通过宏大叙事。现代思想中的人文主义，叔本华是生存意志，尼采是权利意志，弗洛伊德是无意志，海德格尔强调“在者”背后的“在”。

听李少军老师主讲“建构性后现代主义哲学”

“建构性后现代主义哲学”由北大的李少军教授讲授，他是云南哈尼族的第一个博士。听课后特高兴，几句话就把我们听了很多老师的讲述仍不大清晰的后现代问题基本搞清楚了。

前现代，指资本主义前，讲神道，经验哲学。现代，指资产阶级兴起至今，以人道代替神道，落脚点是个人主义。后现代，非时间概念，是一种思潮，是对现代性的反动批判。建构性后现代主义哲学与解构性后现代主义思想的区别在于，后现代主义科学观强调有机、生态的整体性。建构性后现代主义的世界观：在于人与社会关系上，强调内在联系，反对人类中心主义，有机生态自然观，时间观上提出连续性，反对男性中心主义，召唤女性意识。解构性后现代主义以反世界观战胜了现代性世界观，会走向虚无，导致相对主义、虚无主义。

运用这样的哲学观点，可以解释很多东西，如民族婚姻问题、师生关系问题、语言问题、性别关系，甚至国际话语建构问题等等。昨天听课后担忧的平面化时代的复制、娱乐，人们是否需要一种更高的精神追求等问题，今天找到了答案。甚至生态观也是在此哲学基础上产生的。北大很多不同专业的老师都在讲后现代，但好像都无法用一两句话解释清楚，今天则完全不同，毕竟是哲学专业的老师。学了难学的方言、音韵学，突然觉得哲学、社会学、文学、文化学都很轻松容易，这也算是另一种收获吧。

“建设性后现代主义哲学”，解构又建构。要建构的是，试图战胜现代性、世界性，通过修正、建构新的后现代主义世界观，那是一个科学的、道德的、宗教的、美学的、直觉的新体系。价值观回到有机论，把前现代有用的价值观恢复起来，有机结合，有继承关系。

赵光武先生认为后现代主义是20世纪60年代左右产生于西方发达国家的泛文化思潮，它涉及艺术、文学、美学、语言、历史、政治、伦理、社会学、哲学等观念形态的诸多领域。它以西方发达国家第二次世界大战以后已由国家垄断走向国际的跨国垄断阶段，即以晚期资本主义、后工业社会为背景，以逆向思维分析方法批判、否定、超越近、现代主流文化的理论基础、思维方式、价值取向为基本特征，是当代西方社会经济、政治的观念反映，也从一个侧面折射出了当今世界的诸多矛盾与冲突。

听了这么些哲学课，看问题，尤其是后现代的问题清楚了很多，很多课的内容都是相通的。法国文论课讲的“德里达”，就是哲学课常提到的解构主义大师，从后现代的内部结构指出其存在的问题。哲学课提到的个人中心主义和个人主义问题，赵光武老师认为二者是有区别的，个人中心主义满足的是自己的一己私利，多是物欲。舍友叙述的一个人像蚕宝宝食桑叶一样侵蚀他人领地、空间的行为，就属于这样一个低级的层次。人的需要是多层次的，如果放弃精神等层面的追求，人跟动物就没太大区别了。占有别人的空间领地属于物欲低层次，更可怕的是占有别人的精神头脑，但要占有别人精神头脑的人一定要出类拔萃，否则没人理。赵老师还谈到碎片化及社会混乱的问题，哪里有稳定发展的社会，哪里就会带来社会的长治久安。

经 济 学

听厉以宁老师讲“当前中国的宏观经济”

厉以宁先生让大家了解两条曲线，即经济增长曲线和经济滑坡曲线。他认为每一轮经济增长，都伴随着技术的进步，用人的减少。中国就业的特殊性，中国就业问题产生的三个问题：1. 体制上的原因。城乡二元体制，大量劳动力准备进城。现在劳动力是新生代（90年后）农民工，80年代农民工根在农村，新生代农民工进城打工还要改变生活条件，改变社会地位，激烈地争取自己的地位，不会回农村。2. 结构上的原因。西方大学生就业主要在服务业。中国原有工厂朝高精尖发展，面临分流。第三产业结构比重很低。3. 体制中对民营企业吸引大量人认识不足。最近珠江三角洲闹民工荒，农民工进来要感到成本收益的对比，广东多年以来，农民工工资标准很低，对工人苛刻，且没有社会保障，愿意就近就业。湖南、山西林权制度改革。局部民工荒和全国就业形势严峻并不矛盾。倒逼机制逼着产业升级，逼着产业迁移，就近劳动，廉价的劳动力时代正在中国结束。

关于就业问题。二三十时代，西方经济大萧条，英国古典经济学家主张降低工资多招工人，另一派瑞典经济学家提出，解决就业问题不能靠减少工资，而要靠加工资，增加购买力，就业机会扩大。英国、瑞典各找自己的方式行事，瑞典最早走出困境。十多年后经济评价，英国经济学家考虑的是一个工厂的问题，瑞典经济学家考虑的是全社会的问题，增加工资，内需扩大，就能解决问题。就业是靠就业扩大的，就业有了工资就花掉，花掉又给其他人就业机会。盖恩斯经济学也是从宏观上考虑问题，但是独立的，提出政府举办公益工程，解决就业问题。

关于城乡二元体制改革。《闯关东》，清朝中期以后东北开禁，山东人到东北，可以自由在城乡就业。1958年建立了城乡二元体制，从此城乡割裂，农民在不知不觉中下降到二等公民位置。同是义务教育，城乡孩子教育条件不同，农村学校得由农民自己盖，代课教师工资得由农民自己付，城市全由国家负责。早期农民进城务工得要务工证，否则按三流人员遣送回家。农民工提法不合理，承包制未反城乡二元体制。最近着手取消二元体制方法，扭转三种主要形式：转包，出租，入股。中国经济是不得已高增长的，因为中国失业问题太大了。二元体制下农民是假设为充分就业的。

中国经济增长。西方经济膨胀后，拼命搞创新，占领市场经济的制高点。我国的经济增长，在于扩大内需，自主创新。自主创新的途径是：1. 新能源带动了汽车行业。2. 通过新材料的研发带动机器制造业、房地产行业的技术进步。3. 生物科技，生物、医药卫生等行业得到大发展。4，环保产业，低碳化，从空气中吸收碳。5. 新的机器设备和工业的设计，即工业的创意。6. 互联网走自主中国的道路。扩大内需的途径是：1. 扩大就业。2. 提高劳动者的收入，最低工资标准，农民收入的提高。农民收入太低，种稻子买不起冰棍。3. 加大社会保障改革的力度，解除人们的后顾之忧。4. 解决住房问题。买房要还二三十年钱，就没有能力消费了。

原以为经济学的课高深难懂，没曾想厉以宁先生的课清晰明了，生动形象，毫无生涩感。每次上课，光华管理学院很大的阶梯教室都要提早占座位，否则就只能站着听了。印象最深的是，厉以宁先生认为，光华管理学院的学生学经济和管理，要懂得一些道理，而道理总是从一些生动形象的小故事中揭示出来。例如：

1. 鹦鹉的故事。英国一个人到宠物市场买鹦鹉，问第一只值多少钱，要 2000 元，会两门外语；第二只要 4000 元，会四门外语；第三只钱更贵，一门外语都不会，是老板。企业家站得高，看得远，会用人，用人之所长，容人之所短。

2. 袋鼠的故事。动物园袋鼠跑出，加高铁丝网，袋鼠还是跑。要把门插好，做好基础工作。

3. 打扑克的故事。工人上班打扑克，老板生气。光勤恳没用，要了解实际情况。

4. 管牛不管人的故事。汉宣帝时候宰相丙吉出城视察，看到很多人跪着，一问是民间打死人来找宰相申冤的。绕开走，见牛躺着喘气，就去问。朝廷议论，管牛不管人。丙吉说我是臣相要管大事，打人有地方官管，天不热牛喘气可能是季节性生病。要认识到自己的责任、管理、职权。

社会学类课程

听杨善华老师讲“女性学”

杨善华教授此次的“女性学研究”讲的是“西方女性主义思潮的源起和发展”。其主要内容是：女性主义者们把马克思主义的阶级论复制到家庭中，得出男性压迫女性的结论。马克思主义的经典解释是，社会分工的不同造成了男性对女性的压迫。在母权社会，主要从事采集、狩猎，女性在劳动生产中占优势。在父权社会，主要生产是采集、种植，男性在劳动中占优势。杨老师认为，女性争取平等，但也要承认差异。男性内部也是分层次的，也不平等。真正值得关注的是普通女性没有话语权。杨老师的《理解普通妇女》一文被《光明日报》等多次刊载，很有借鉴意义。社会学的观点是，如果不照秩序去做，社会就会乱套。把男权制纳入一个范畴，可以改变。从一个男性社会学者的视角，看到了对女权主义的另一种客观看法。

杨善华老师的女性学、家庭社会学课堂学习内容也很有启发，我还与杨老师进行了交流讨论。电影《被爱情遗忘的角落》中，富于反抗、自由恋爱结婚的父亲，竟然坚决反对大女儿自由恋爱，要用大女儿换亲给她的弟弟结婚。杨老师的解释是，小农生产方式导致他们不能摆脱贫穷，婚姻自由只能是空想层面。我说，中国的传统文化又决定了他们根深蒂固的传宗接代思想，当经济困难的时候，只能牺牲女儿利益来保全儿子的婚姻。婚姻的本质属性是社会性，虽然法律规定婚姻自由，但受社会控制最严。当我问到摩梭婚姻与妇女地位问题时，杨老师讲，他去落水村调查过，旅游改变了摩梭大家庭的文化特点。人们都要去宁蒗看母系大家庭，当地旅游经济中的划独木舟以家为单位轮派，十天能轮一次，大家庭也只算一户，导致很多大家庭分化为小家庭，加速了大家庭的解体。而游客是来看母系大家庭的，这又形成了一个悖论。确实，摩梭大家庭没有了，还能谈什么妇女地位问题。自己的文化变成了赚钱对象，自己成为被看的客体，算是商品经济时代的一种异化吧。当这种文化消耗转型之后，还有游客吗？这样的旅游经济到底能走多远？

后来，我完成了《多民族杂居去摩梭人婚姻家庭变迁考察》《性别话语视角与母亲话语霸权下的无权》两篇涉及妇女问题的论文。

在北大听讲座

北大的学术讲座闻名遐迩，为学子们热烈追捧并津津乐道，《在北大听讲座》就出了 20 多辑。在北大校园里，铺天盖地的讲座海报随处可见，有的贴在墙上，有的悬空高挂。国内国外的名人大咖，大多以能到北大开办讲座为荣。不仅有校方、各院系、各研究机构主办的各种学术讲座，更有北大学生社团请来名家搞讲座，这是一般高校不能企及的。置身于这样的讲座氛围中，你只能抱怨自己没有学会孙悟空七十二变中的分身术，只能在无所不包的各种讲座中精心遴选感兴趣的讲座去听，常常是访学同学相互介绍相约去听。有的讲座随意听，有的讲座要提前占座，有的讲座一票难求。著名经济学家张五常先生的讲座就真正是一票难求，很多本专业的同学都没能听到。听了的同学介绍说，张先生的粤语大家没法听懂，由夫人当翻译。北大的老师们可根据教学需要请来专业名家到校讲座，如为开设传承“昆曲”非物质文化遗产的课程，就请来了“昆曲义工”白先勇先生进行讲座。白先生讲到青春版昆剧《牡丹亭》时，就让女主角沈凤英现场表演剧中的经典片段《惊梦》，学生们惊呼“太美了”“太好了”。白先生不无得意地说：“是我自己选的。”我们有时选择听与专业相关的讲座，如王世元先生的“语言与大脑”，曹灿先生的“朗诵与艺术漫谈”，也听一些开阔视野、了解社会的讲座，如听中央编译局副局长俞可平先生讲“新移民运动与政府制度创新”。

在缺少校园文化氛围的地方高校里，主办方常常抱怨，好不容易请来名校知名学者到校讲座，学生们根本不愿意去听，为避免太多座位空缺的尴尬，只能指派学生坐满座位，学生们还不乐意。访学期间，有访学老师的学生专门利用休息日到北大让老师带着感悟北大，听讲座是一部重头戏，同学们感慨万千，说原来怎么没觉得讲座能给自己带来好处。只要有条件和氛围，大家都能领悟到讲座带来的益处。确实，北大八面来风的各种讲座不仅能开阔视野，甚至还有洗心革面之感。

听张卫东老师讲“昆曲不是戏”

中央音乐学院教授张卫东老师兼任北方昆曲演员，在北大演讲的题目是“昆曲不是戏”，认为昆曲是“文人缔造的文学艺术”。昆曲是从曲的基础上发展成戏的，是一门深奥的学问，与音韵有着深厚的关系。昆腔久衰而不忘，在读书人圈子中不忘，得有古典文学的基础，昆曲演员不在了，艺术还存在。中国的语音汉唐以来结构不一样，昆腔乃声韵之乐，北宋末年随戏曲发展而来。昆腔的根是从《广韵》体制上延续下来的。金朝把宋朝皇帝掳掠到北京，金朝人用汉字，学儒学，保留了很多北宋原汁原味的东西，对拿来的文化非常尊重，最珍惜北宋文化传统。南方的临安（今杭州），形成南方割据的黄金分割点，中国文化有个后置点，割据文化是最好的时候。南方多水多山，但杭州是官话的根，北方出现诸宫调、辞曲小调的形式，临安继承北宋雏形，形成南戏戏文，南戏直接继承宋词文化，祖是宋词。北边拿来用非常认真对待，北诸宫调维护了当年北宋的风格，南方是发展中用，南戏有很多是方言俚语。词在初期创作时来自民间的小歌小令，纳兰性德的词写得很美。昆曲不是来自哪个剧种，古代能执笔撰文的人都是有修养的，随便拿来自己的词都能附上腔调歌唱。

关于昆山腔的出现。唐代音乐文化是由最盛极时候而衰的，避安史之乱到南方，把唐音视为正宗。元朝文人不能参加科举考试，很多读书人心中不平，要展示，就写小令，由善乐的人谱曲，妓女演唱。元朝的文人是老九，用普通俚语编织成文人作品，元朝词作者把古今作品都吃透了。元朝时南戏还在发展，出现南北合曲的情况。南朝很多学者不愿做官，要做隐士，好多文人隐士写作品传承。那个时代不是只唱南曲的昆山腔。北词时代就吸收了南曲的唱法。任何一种艺术都是有根有缘的。元朝出现周德清的《中原音韵》。正声腔调，咬字绝对有入声。正声就是与文相通的，会写诗的人都是通韵律的，画画的人也是通韵律的，也通百科，不分科割裂，如中医，小的枝节会有分类。真正拿到舞台上表演的只有百分之一。京剧是演员表演出来的，由普通文人做整理工作。昆腔直接从古代文人手里缔造出来。曲牌名留下名字的有六七百人，地道的儒学文人。写作小令的词作家都精通音律。明代文人入世为官的很多，文人、幕府、随官、塾师均有。文人有气节，有志向。准文人，最好的文人，罢官，离休，跳出来了，有过仕途，眼界看得开，写出的东西让人百看不厌，如汤显祖的《牡丹亭》《浣纱记》，酸甜苦辣，五味俱全。小文人舞台感觉不错，但不大气，立意不够高远。《红高粱》会让人受不了，拿到外国给外国人瞧肯定会获奖，昆腔现在改编中也改雅为俗。昆腔器乐，是一种合的精神，中国过去的戏曲是干唱，加点锣鼓点子，昆腔有了器乐的伴奏，笛子、箫管、打击乐、丝竹合而为一，最为优美。戏曲最大的特点是以歌舞演故事（王国维语）。昆剧不要噱头，纯以身段、歌舞表演。京剧包容性大，无所不容，有五分之一的昆剧。未来的发展是多元的，昆腔要继承的就是遗产，保住遗产就能发展，最害怕的是昆腔变得连根都没有了，改雅为俗。中国文学出现了巨变，明清以来小说盛行，昆曲失去了生存的条件。庙台社戏是古代文化的传承。地方戏的发展，观众要听什么就演什么，发展了许多地方戏剧。昆曲是立体的诗人。北曲，北京是发源地。

中央戏剧学院张卫东教授的讲座题目叫“昆曲不是戏”，令人有些诧异，不是戏怎么叫昆曲？听解释后方知，是文人缔造的文学艺术。昆腔久衰而不忘，在读书人圈子中不忘，得有古典文学的基础，昆曲演员不在了，艺术还存在。很雅，由妓女歌唱。由于北宋灭亡，南宋小朝廷在临安（杭州）建都150年，形成南曲和北曲，南曲是南迁的文人雅士写的，发展最快，变化大，北曲是占统治地位的金人统治区所作，由于采取的是拿来主义，非常尊重，很好地保留了北宋时期词曲。昆曲与音韵学有着深厚的联系，采用的是《广韵》音韵。王洪君老师的《方言与音韵学》就让大家学昆剧、听昆剧。昆曲的每个字都是一首诗。听后总算明白了一点，后来观赏了两个学生表演的《牡丹亭》片段，王老师又教大家唱了唐明皇与杨贵妃的昆剧。张卫东老师的目的是传承昆剧，批评现在的剧团随意改编，改得没了昆剧了。非物质文化遗产昆曲应重在传承保留。

听曹灿老师讲“朗诵与艺术漫谈”

北京大学每年都要举办五四朗诵艺术大赛，有幸听了如雷贯耳的“小喇叭”主持人曹灿老师的“朗诵艺术漫谈”讲座。曹灿老师认为，朗诵的好处是求职。日本招聘人几乎不要声如蚊虫，语无伦次，语言没有感染力的人。会朗诵，这些问题全解决了。朗诵的基本要求是什么？《文心雕龙》对朗诵的见解是“吟咏之间吐纳珠玉之声”，“眉睫之前卷出风云之色”。前一句指好听，像珠玉，“大珠小珠落玉盘”般有节奏感和停顿感，后一句指面部表情，与今天对于朗诵的标准是吻合的。

有关朗诵的“顺口溜”：“朗诵并不难，主要靠实践。题材选得好，成功得一半。首先找主题，然后再分段。口齿要清楚，四声不能乱。尤其要注意，标点和重念，两样读得准，意思不会变。切忌一道汤，节奏要变换。停顿安排好，感情得体现。手势适当加，眼神不能乱。情感要真实，虚假没法看。练好语言功，多多做贡献。”操作程序有以下几点：1.“朗诵并不难，主要靠实践。”练朗诵、念顺口溜、唱大鼓，通过朗诵知道吐字归音发声等知识。不管是南方还是北方人，朗诵要多实践，实践出真知。2.“题材选得好，成功得一半。”选自己喜欢的、能驾驭的、人家能够懂的、跟你能产生共鸣的。如男士朗诵《致橡树》，那是女生朗诵的，如何理解爱情？小孩朗诵《乡愁》，如何能理解“为什么我的眼里常含泪水，因为我对土地爱得深沉”。演艺界流传：人保戏，演员演得好，被演员吸引；戏保人，故事好，被故事吸引。3.“首先找主题，然后再分段。”任何一个作品，哪怕是四句的短诗，或者是一幅小小的漫画，都必须找出主题，用尽全力，把和主题有关的词句处理好。《乡愁》最后一段是主题，要突出最后一段。前边也要赋予一定的感情，但不能超过最后一段。分一分段的好处在于知道在什么地方使力。如何设计、安排，不要淹掉主题。4.“口齿要清楚，四声不能乱。”不能一拿起来就读，特别有口音的人。说话一定有一个字腹字尾，也就是吐字归音。朗诵千万不要用嗓子喊，用气，如花瓶装水，吸气，不能吃字。绕口令练嘴皮子，遇到这些字的时候能调整你的舌头。5.“尤其要注意，标点和重念。两样读得准，意思不会变。切忌一道汤，节奏要变换。”没符号标点，但有逻辑标点，心理上要有。停连，停顿和连接。同样一句话，因为问话不同，有不同的重音。要做到人我结合（谁有，我有），内外结合（心里怎么想，外边表现一致），上下结合（上句话和下句话的结合）。吃饭也有节奏，先凉菜，再上主食，切忌全是汤。唱歌一样，也不能一个节奏，一个调子。一个作品中必须要有高有低有快有慢。朗诵《李自成》“义送摇旗”，要“紧慢凹凸，起伏波澜，快而不乱，慢而不断”。本来没有生命力的一段话，这么一处理，就有了生命力。声断情不断。最后用点京剧和评书的办法。6.“停顿安排好，感情得体现。”停顿有时是思考，有时是感情需要。7. “手势适当加，眼神不能乱。”不乱看，起到方向的作用，眼睛是灵魂的窗户。手势加深词句。手势在两个耳朵的前方好看，手稍微圆一点，上台要全身放松。言之不足，手之舞之，足之蹈之。看观众的表情感动，反过来刺激自己的感动。视像，读一个老者，眼前要出现一个老者慈眉善眼的形象。脑子里是空的，观众就绝对不会受到感染。感情这事饱满，眼睛里一定会带出来。8.“情感要真实，虚假没法看。”必须要有情。所有的手段都是枝叶，只有感情才是根。要很真心、朴实地跟观众交谈。发自内心地笑，发自内心地哭。但毕竟是艺术，毕竟不是真的。当你在舞台上去叙述这件事的时候，你就不能真喊。如果真大音量喊叫，反倒不真实。如“为了新中国，前进”，把感觉读出来。目中无人，有一道无形的墙；心中有人，要想到观众，有第三只眼睛在审视着你的表演。你必须进入角色，但决不能完全进入角色。一个好演员自己没有痛哭流涕，而要让观众去痛哭流涕。既有真的，又有假的，分寸要掌握好。艺术的东西，一定要借助想象。9.“练好语言功，多多做贡献。”

朗读和朗诵速度上是一样，区别在于一个有表演，一个没有表演。朗读可以照着文本念，朗诵不行，都要有节奏、起伏、感情。朗诵站在台上那么多人看着你。古诗节奏慢，新诗有快有慢，要又快又慢，起伏凹凸。报新闻，现在有的语速也很快，但不乱，别人能听清。

听了曹灿老师深入浅出接地气的演讲，得到的启示是：朗诵艺术有着求职的重要意义，应该认真借鉴学习曹灿老师多年朗诵表演实践中总结出来的易诵易记的朗诵"顺口溜"，提高自己的朗诵水平，并有效运用于自己的口语教学中。

"公私观念"有感

香港大学文化学院一位人类学博士的讲座让人颇有感触。他认为父系文化的传承在中国和日本各不相同。经过大量调查得出的结论是，在公私问题上，中国人认为"公"是肥佬，可以讨便宜，日本人则是灭私奉公。这位香港学者对汉文化圈中的中日文化比较，仅从父系家族血缘延续的角度加以调查分析，少了意识形态先入为主的固定思维模式，或许更为接近生活的本真。但也不尽然，损公济私的现象确实存在，但中国传统文化历来强调个体服从集体，家有家规，族有族规，不得逾越违抗。个体生命的意义在于延续家族血缘，结婚的意义在于生育男性子嗣传宗接代，否则"不孝有三，无后为大"。自然，婚姻也就与己无关了，任由"父母之命，媒妁之言"来决定。为此，抗金英雄陆游为了家族，也就是为了所谓的"公"，不惜休掉自己深爱的妻子唐婉，酿出千古悲剧绝唱。新中国成立后也曾强调"大公无私""克己奉公"精神。香港学者的观点尚值得商榷。

听"百年中国学术思想流变"研讨

2010年3月10日上午，北京大学中文系在北京大学博雅国际会议中心举办"百年中国学术思想流变"研讨会，有幸旁听。研讨会分上下两半场，上半场主持人是王岳川、车槿山先生，下半场主持人是商金林、蒋朗朗先生。上半场专题发言的老师有严绍璗、陈连山、卢永璘、孔庆东、陈跃红，王岳川老师总结，下半场专题发言的老师有陈平原、陈泳超、王岳川、秦立彦、陈晓明。

严绍璗老师的专题发言是《我的五十年学术情愫：关于人文学科内在融通的一些体悟》，回忆梳理了半个世纪以来的学术体悟。在北大五十一个年头，学术定位是古文献，多面手，文化的传递是以不正确的观点来运行的。魏建功建议读点日文，日本人搞了我们很多东西，可以去做，促使我走上了与古文献若即若离的道路。杨先生(？)让我不要丢掉日文和英文，他瘦小的身体中燃烧着对民族文化的希望。任何一种统治都不可能是一个铁桶，只要有兴趣都能找到缝隙。定位在日本中国学和国际中国学研究方向，完成国际汉学的研究。中国学者对国际中国学研究的问题是，以中国的价值观评价外国对中国的研究。要把握这些国家的精神文化状态，否则很难进入到对方中国学的核心地位。本文化是一种多元复合文化，建立了文化变异体的概念。1990年离开古文献专业，转入比较文学专业，进行以日本文学为样本的发生学研究。学术步履中的每一次跨步，都存在必须要走的通道，通道之间是互相贯通的。五六十年代深受中国人文的深厚熏陶，关注原典文本，文本是活物。只要有一种学术兴趣，就会在学术螺旋圈中愉快地转动。

陈连山老师的专题发言是《评民间文学研究中的启蒙意义》，研究启蒙主义思想在民间文学研究中的负面影响。出于启蒙需要，从西方引入启蒙思想研究民间文学，忽视民众思想，滥用评议，现在知识分子重新发现了民众。《走向民间》，周作人、胡适重视民间文学，认为民间文学能自然真实地畅达民众的心声。20世纪后民间文学研究销声匿迹，启蒙理论家未把民众看成平等的，把民众对象看成启蒙对象。周作人甚至把民族看作愚钝的人，必须跟随精英走，这才是社会的进步，使得启蒙有很大的问题。用自己的文学标准去要求民间文学，致使民间文学的价值不高。周作人认为民间文学没有明显的思想价值，语言粗痞。胡适也认为价值不高，存在严重缺陷。问题：1. 滥用作家文学的标准评价民间文学。民众有一套自己的标准，自己的知识体系。加了大量衬字，很活跃。口头文学无稿子，一次听懂，没法高雅。2. 滥用科学理性干涉民众的文学道德，滥用科技理性。周作人认为祖先崇拜信仰灵魂，灵魂不存在，可以消失，迫使中国的宗教信仰消亡。韩国的端午节申遗成功，从中国的城隍出游而来，中国全部消失。康德认为，科学和信仰不同道，信仰不能用科学判断。

卢永璘老师的专题发言是《中国古文论中是否存在“言志派”与“缘情派”之分歧乃至对立》，从朱自清与周作人学术之争说起。朱自清的《诗言志变》，认为诗分为言志（载道）与缘情（抒情）两大派。朱自清认为诗言情是陆机提出来的，但陆机并非言情派。中国文学史根本不存在言志派和言情派。

孔庆东老师的专题发言是《重写文学史的幻灭》。个人文学史，凌乱文学史，重写已死，罪在当即。个人文学史只代表作者个人的学识、立场、价值判断。个人文学史可以相差很大，用哪本做教材很不统一，当下找不出一本很权威的文学史。文学史的问题成了一个疑问。吴富非、洪子成老师的文学史较好，仍属于个人文学史，引起很大争议，主要来源于立场、观念，客观存在的凌乱的局面。1988年提出重写文学史的口号，上海陈思和等，北大陈平原老师等，很多人都笼罩在重写文学史之中，二十多年过去了，现在也仍然没有写出来，发现了过去文学史的种种弊病后，还是觉得原来的文学史好。很多人带着忏悔的态度谈当年写文学史的经历，证明过去的文学史是有价值的。新的未必超过旧的。剔除个人因素，现在是不适合写文学史的时代。文学史的观念是从西方来的，胡适他们引进来的。现在看来文学史破碎了，过去的再不好是完整的，有着一种自信，现在处于一个凌乱的时代。

陈跃红老师的专题发言是《全球化语境下的文学共同话题与提问权利》，探讨学科灵魂苍白问题。中国文学与世界文学的关系，需要一个视野，国际比较文学研究的视野。早期，比较文学在中国是引领潮流的，现在处在彷徨徘徊中，讨论的目标比较游离，理论枯竭，不知道自己的价值。交流都会感到国内的熙熙攘攘和国外左冲右突的对立。是否应偏重于国内的文化背景，对学科方法论的重视问题。把太多的经历放入一个价值追求，方法和方法论混淆，方法论有时间向度和空间向度，对方法论的不重视，人们常常要强调的是怎样做。方法论和本体论很难区分，一件东西可能是匠器，也可能是匠精。从学科的强大话语中找出缝隙。西方对比较诗学的研究是最不成功的。20 世纪王国维、吴宓、钱锺书进行比较诗学研究增加了许多实际内容。近百年来中国学者比较研究，发现问题，发现共同的话题，解构，发现一个对话平台，寻找一个国际跨文化的学术背景，但没有总结，没有认真清理，如对钱锺书的研究浮在面上，很少关注思想。

陈平原老师的专题发言是《“文学”如何“教育”——关于“文学课堂”的追怀、重构与阐释》。进入现代社会，文学合理化、专业化，文学训练的中心不是词章训练，一直是积累为中心的文学研究。文学兼各种文化、知识情怀。思考的不是具体的文学史怎么写，而是学科的建构，建构一个合理的师生文学课堂。对于学生记忆深刻的是教授们生机勃勃的教学，能把课讲得迷人的是有讲稿，更要有发挥。文学课堂，讲演、表演，才情、学问等，文学课应该怎么教？1. 传统教学法。康有为讲课，梁启超等人不断追忆老师的讲课，关于“灌木草堂”讲课的讲稿。梁启超关注教学受老师康有为影响。师生席地围坐，随意发挥，上下句没有关系。学生记录下来的都是一个个大判断，没有论证，下来消化，不围绕一个主题讲述，围绕一个主题讲课是现代讲课方法。2. 大学课堂文学史专业改变上课方式。章太炎对三国两晋文学的研究在今天很有价值，突出了“水经注”等，其弟子陆续登场徜徉。3. 课堂内外的笑声。鲁迅在北大讲课，自己不笑，学生笑得一塌糊涂，冷幽默，北大见证了鲁迅的文学讲义怎样变成一本本书。

4. 新闻学如何进入大学课堂？20年代，民国政府批准开设新闻学课程。北大没开，清华认为要超过北大，必须开北大没开的课程。新闻学关注当下，关注社会，关注国外，但压力大，在《诗经》《楚辞》的压力下，认为没学问。朱自清倍感压力，梦中惊醒，他放弃，其弟子传承，吴祖缃很长时间内用朱自清讲稿讲课。5. 教授们的诗意人生。1930年代的南京，教授们花天酒地，黄侃追忆在玄武湖畔席地围坐，饮酒赋诗，抗战时常被追忆，怀念其优雅。上海的教授看不起南京、北京的教授，有点“商女不知亡国恨”。50年代，有人评价中央大学培养出一大批会写诗附庸风雅的幕僚，中央大学关注的是诗意人生。北大是认认真真做学问。5. 创作能不能教。西南联大的师范学院国文系，副主任是沈从文。沈从文的教学很有特点，薪水比余冠英高，所有系主任只有沈从文小学没毕业，没留学回来，沈从文会认真批改文章。汪曾祺回忆，西南联大开课非常随意，中文系的教授讲周作人的作品，大敌当前的抗战时期讲汉奸作品，说明很宽松。6. 词人的讲台。辅仁大学，德国天主教学校。顾随四十年前的讲课非常精彩，因为学生叶嘉莹整理出来。中文系教授罗庸讲课很好，但只留下一个小册子。6. 史家之《诗经》。史家如何看待文章，文学史家的情怀。只有把课堂带入声音、文字、老师等，才是有效的文学教育。

陈泳超老师的专题发言是《革命和不革命的山歌会》。民众文学于“五四”被发现，另一批人把民间文学过度抬高。大众文学不是最理想的状态，大众文学应由大众自己来写。利用民间文学来宣传文化政策，用理想中创造出的民众来代替真正的民众。民众自身的表达跟知识分子所希望的表达是不一致的。到白毛（常熟）调查，回忆当初的情况和现在的情况。解放前河两边唱两三天山歌，开始时文雅，后来会打起来。解放后，白毛乡长喜爱山歌，用山歌宣传政府思想，对歌不再打架。民歌运动，一半是民歌，一半是宣传歌。当地人回忆，能够记住的歌都是与“大跃进”主流完全不一样的，当时偶尔被当成反动典型批判。歌手是遏制不住自己的创作热情的，“楼上楼下，白菜倭瓜”，怪话多得很。“号子哗啦啦，农民真伟大。”“大跃进”民歌，哪个更真实？都只针对宣传队文化。真实的民众是如何感受新的山歌和旧的山歌的关系？宣传队山歌一阵风就过去了。理想中的民族代替了真实的民众。

王岳川老师的专题发言是《发现东方：从西方文论的中国化到新世纪中国文论的国际化》。一、文艺理论中国化与中国文化西方化。世界上，中国经济领域声音很大，文艺理论就应该失声吗？是不是全世界都按西方的模式走就行了？一个世纪以来，中国文学提出了什么概念？一个世纪的空白，流派、方法上是空缺的。中国人前赴后继地把西方文论加以传播，研究他者的时候离不开他者，但成不了他者。博士论文研究到萨特的情人，而中国大师的声音是被边缘化的。1. 在支离破碎的今天，文论创新方面，中国提不出完整的体系，不得不让出我们的空间。2. 范畴创新，中国创新微乎其微。3. 方法上的创新，中国人变成了思想懒汉，只能适应国际惯例，游戏规则由西方建立。二、中国文论世界化的可能性。只有差异才会被重视，只有差异才会被发展。世界变成同一种声音，是世界的悲哀。上帝造说一种话的通天塔，未建成。回归的是经典，而不是传统。中国文论的世界化必须做好两点，重新清理中国文论家，让普世性的西方慢慢接受中国经验。守陈创新，首先是守，学问道路很艰难，守最难。原创性、标新性。很难见到鞭辟入里的文字，衰落的时代必有破败之象，今天的崛起，要做到盛大气象，走出中国文论气象。

秦立彦老师的专题发言是《新世纪电影的主旋律策略——以刘恒为例》。刘恒，当代著名作家，编剧，有《菊豆》《秋菊打官司》《没事偷着乐》等作品。2000年后新作与过去完全不同，《张思德》《铁人王进喜》，主旋律电影改编。出发点很简单，要感动观众，感动16岁的儿子。《张思德》谨以此片献给我的父辈。刘恒开始认同父辈的价值，对下一代无信仰内心的焦虑，过去是信仰和精神，今天是物质和娱乐。过去的人所能达到的强度和高度是今天所不能企及的。《铁人王进喜》现代版，刘思成，虚弱苍白，与过去的物质匮乏相比，今天的精神匮乏更为严重。张思德是一个战士，刘恒把他描绘成一个苦行僧，给无权者、无力者的安慰。对年迈的哑巴、孤儿，在人际关系中展开。《集结号》主人翁，塑造新的崇高，是粗糙的，《集结号》在支撑主旋律上走得更远，原小说一级跳，三级跳，将争议性的故事弱化，谷子地与团长，加入了很多战争场面的描写，冲淡原来的负罪主题，冯小刚描绘的是战争的残酷。这个电影又绝对不反战，更有效地指出牺牲的可贵。电影中改变了很多陶醉的说法。《建国大业》说明，演员们并不拒绝这样描述历史，一种经过调整的，更符合大众口味的主旋律正在展开。

陈晓明老师的专题发言是《当代中国小说的本土经验的可能性》。对中国当代文学的评价，一直处于群起而攻之的境地。开创、转折、困境、拓路。评价一个时代文学的高度，不是由所有作品决定，而是由少数几部作品。中国去年出版长篇小说3000多部，过去一年几十部、二百部，每年有五六部作品不错就可以了，从文学史的常识出发去认识。如何以我们的文化和传统来认识文学？世界上没有任何一个国家如此开放地学习西方，我们学理中完全融入西方，我们应有一点自我反思的精神和能力，应有一点中国的立场。一部作品写几十个人物，一个故事没开始讲，又讲另外一个故事，一部作品写好三四个人物就行了。很多年批判本土化，始终在变化，在思考。汉语的历史、汉语的文化非常深地影响了汉语的文学，现代作家受西方文学影响再去书写。当今中国的文化要达到的高度，要用中国语言来建构。西方的文学，无论是现代主义、后现代主义，都是在浪漫主义背景下建构的，中国人学写只能是二流货。我们有历史文化存在，在强大的当代政治文化遗产下写出的，有严连科的《受活》，陈忠实的《白鹿原》，铁凝的散文《笨花》。在个人经验文化中写作，有蒋平凹的《废都》《秦腔》。在纯粹的汉语中写作，按汉语的方式来写作，有刘震云的《一句顶一万》。在广阔的背景下写作，有莫言的《丰乳肥臀》《历史变形》三部曲。对中国当代文学的理解要从现实的汉语写作的本身出发，把具体问题放在具体的场域分析，无论小说还是电影。

除主题发言外，老师们还互动交流讨论。孔庆东问："什么是主旋律？刘恒作品中的人，是主旋律的人，主旋律的同路人，主旋律的对立面？"秦立彦答："与官方看法一致，影片得到官方认可，官方投资，创作还是发行组织党员去看。主旋律，重复历史，今天是个好日子。官方对刘恒主旋律的认可，是一个合谋认可。"有人问："为什么左翼观众对《集结号》反感？"有人答："左翼观众也被官方抛弃。"有人问："中国小说的本体经验将向什么方向发展？诺贝尔文学奖？西方化？"陈晓明答："回到文本本身，不能规定出一种标准。紧紧扣住文本，才可能揭示文本，本土性是一个到来，何时到来永远不知道，不断地接近。许多文本不断涌现出来。"

北大中文系老师们的学术交流会，涉及各自学术领域的深层思考，以及对国家文学教育发展的关心，让人感受到令人钦佩的学术钻研精神。然而最难能可贵的是，中文系的老师们延续了百年北大传承下来的学术交流讨论自由之风，正如陈平原老师开场祝词所说的那样："好的大学同事之间的学术对话是最最重要的。"

北师大听于丹老师讲"杜甫"

虽然很多到北大蹭课的北京高校的老师同学都说在北大听课就可以了，北大的课有深度，访学期间还是与访学同学到北师大听了一次于丹老师讲的"杜甫"，主要目的是感受一下北京不同名校的授课特点及文化氛围，算是一次游学体验吧。

于丹老师作为“百家讲坛”的当红学术明星，有着极高的人气，不乏众多不同年龄段的粉丝。北师大艺术楼的上课教室成了“百家讲坛”延伸的开放式课堂，外来听课的人甚至超过了在校开课班级的学生，走道、讲台两侧，教室最后边的空隙，都被听课者从其他教室搬来的椅子填塞得没了缝隙，教室的最后还站着许多听课的学生。无论怎样拥挤，教室前边中间那片空着的座位都没人去坐，后来得知是专为正规学生们留的座位。前来旁听的人，男男女女老老少少，老师学生，社会其他行业工作者，无所不包，身份心态各异。有的只想来亲眼见识一下普通课堂上于丹老师怎样讲课，有的专门来欣赏于丹上课“腹有诗书气自华”的独特演讲口才和风度气质，有的想来分享古典文学的诗意诗情蕴藉自己的人生，个别特殊的旁听者甚至把听于丹老师的课当作生活中不可或缺的重要组成部分。印象最深的是一个走路很瘸、头不能端正扬起的重症残疾男青年，几年如一日跟随于丹老师听课，不停地拍照、录音，甚至还去听研究生们的讨论课，满足于听课的过程远远超过对听课内容的关注。每次都是父亲课前把他送进教室，结束后又接走，于丹老师也总会给他留一个前边的座位。这位生活难以自理的残疾青年，通过听课让生活变得充实，心灵得到慰藉，还能愉快地与别人分享他的听课资料，保持心境的快乐。2007年走红的于丹老师上课能有如此大的吸引力，不仅具备一定的学识底蕴，更在于语言表达方面的超强能力。访学第一学期“百年讲堂”举办的全国德育思想政治工作会议上，于丹老师和李燕杰老师都被请来进行讲座，当时觉得于丹老师讲得很不错，唐诗、老庄作品如数家珍，表情、语气、语调都很有表现力和吸引力，仿佛有着一种与生俱来的语言天赋，比在电视中看到的感觉要好。走近北师大课堂实际听课，又会有怎样的感受呢？

听课的感觉是，于丹老师不属于生活层面的人，她自信而沉静地遥望遐想。这里的“遥望”实际是“回望”，回望诗词大家杜甫，她的授课内容是“接着讲杜甫”。但觉得用“讲”字不大准确，不是一般意义上的“讲课”，应该说自始至终都是在“演说”，沉浸于一种诗性的氛围中，与生活相隔。不像一般老师那样精心组织安排材料，也不需要什么观点意志的统摄，纯粹的发散，由杜甫想到李商隐，想到李白。你无须也无法记笔记，就是诗词与诗词的连缀，外加一点人生感悟。如李白、杜甫是真性人，李白浪漫，李白想入世丢得开，杜甫有担当，想入世丢不开，总是与忧愁与苦难连接在一起，他的诗多数是在夜晚写成的，他说得最多的是“独”“冷”这类词，没有一个人会把杜甫画成一个胖子。我们要了解古人，跟着李白就要喝酒，跟着杜甫就要熬夜。授课中有很多这样的人生感悟，“腹有诗书气自华”，“千锤百炼老杜诗”，“济时敢爱死，寂寞壮心惊”。与人们纷纷逃避战乱不同，“诗圣”杜甫在苦难的时代敢于担当，敢于济世，他的诗能反映出时代的精神。这些感悟由一首一首的诗词及一句一句的锦句串联而成，似乎不是她寻诗词，而是诗词寻她而来，可谓学养丰富。但整堂课听下来，除了滔滔不绝、口若悬河的演讲式授课方式，极好的口才记忆力，并未留下多少引人深思，值得回味的东西。于丹老师背得滚瓜烂熟的诗词不属于你，仍是她自已的，而又不可能给你其他的多少学识启示。

于丹老师上课还很注意语言的抑扬顿挫、铺陈连排，并始终保持着微笑的表情。但这种微笑，优雅中带着矜持，不是平日校园里最常见的那种自然状态下的老师们的微笑。于丹老师独白式演讲的授课方式，也总觉得缺少一种师生间自然的互动交流，虽然同处一室，近在咫尺，总有一种隔离感。猜测可能因为在“百家讲坛”上进行镜像讲授，面对镜像讲课有着表情、身姿、语气语调等方面的刻意要求。长此以往，课堂教学就难免变成“百家讲坛”的幕下延伸，自觉不自觉地沿用着镜像讲座的语势体态。冷冰冰的电视屏幕，本身就把授者和受者两相隔离，任凭你风度优雅，才情翩翩，也难与受众有自然亲近之感。

北大严谨、有深度的课听得多了，听习惯了，再听于丹老师的课就觉得不够味了。当然，于丹老师现身说法地主张熟记古诗词，坚持品味感悟的传统语文学习方式，教学中是值得借鉴的。“青菜萝卜，各有所爱”，于丹老师成名于“百家讲坛”这一大众文化传播平台，深得很多人的喜爱，对大众文化的普及无疑是有益的。

在北大读书

所有国内高校都强调读书，几乎所有高校都有不错的图书馆，但像北大这样在乎读书，又有这么好的读书条件的高校，实在难寻。北大访学，使我当年乐观浪漫的读书幻想变为现实。多年前大学毕业前夕，我们在宿舍放飞“只要有基本生活保障，就一直待在学校里想读什么书就读什么书”的理想时，心里清楚这犹如登月探险般遥不可及。有幸到北大访学，想读的书应有尽有，导师会指导你读什么书及怎样读，访友间也会切磋交流，读书最幸福之处就在于能终日与书为伴。家人到京，背着一包书前去相见，同学同事到京，卡着时间恋恋不舍丢开书本前去赴约。北大访学一年的又一大收获，就是学到了很多新的读书方法，终身受益。读了一辈书，记了一辈子读书笔记，此次访学，又学习运用了一些新的读书方法和电子记录笔记的方式，高效方便，真是活到老学到老。

北大中文系谢冕先生在1997级迎新会上告诫新入学的同学："首先是学习，抓紧一切时间学习。我的经验是，不要抱怨，更不要拒绝老师提供的那一串长长的书单，那里边有的道理，你们现在并不理解，但是要接受它，按照那个参考书目或必读书目，一本一本地读，古今中外都读，分门别类地读。有的书要反复读，细读；有的书可以走马观花，快读，但是一定要读。这叫机不可失，时不再来。""你们到北大来，我第一要劝你们的，是做书呆子。只有先做书呆子，然后才能做聪明人。"

读书条件

北大有着国内其他高校无与伦比的读书条件。图书馆、资料室、书屋是获取读书资源的最佳地方，图书馆、教室又是读书的最佳地点。

图书馆，顾名思义就是搜集、整理、收藏图书资料以供人阅览、参考的机构。北大图书馆是亚洲最大的校园图书馆，前身是京师大学堂藏书楼，被国务院批准为首批国家重点古籍保护单位，所藏书籍数量超过清华，藏书极为丰富。新馆老馆在内部相连为一个庞大的整体，馆内设有很多个馆区。由于专业原因，我最常泡的是二楼文学、社科阅览室，三楼的学位论文室，四楼的文学、社科期刊室，最常去的区域是语言学书籍区，文学、哲学、人类学书籍区，有时也到各个馆区进门的新书区域浏览新书，也会到期刊室翻阅期刊。北大的期刊室不仅分新旧馆，还分文理，我最常去的地方就自然是文科期刊室了，纸质期刊比电子期刊读着舒服。到论文库阅读的是北大学生的学位论文。北大的学位论文只收藏在图书馆内的"学位论文库"，从不上期刊网，能进入学位论文库浏览毕业论文，算是享有特权了。北大图书馆以读者为本，很人性化，很多馆区从早到晚全天候开放，随时有管理员推着车子巡回收取书桌上大家不再读的书籍归架。和北大校园里所有的教学楼一样，图书馆里的饮用水免费任凭取用。偌大的图书馆，去过几次就摸索出了占座位的经验，尽量在开馆后十多二十分钟内进入图书馆，选择离自己读书区域最近，靠墙有插座，最好还在过道旁的座位，方便出入。进入北大学习的第一课，就是北大图书馆工作人员在第一时间安排有经验学识的老师带领大家参观图书馆，介绍图书馆，及图书馆学习的各种实用方法。泡图书馆是我们最充满幸福感的一件事。常常一整天一整天地待在图书馆里，以图书馆为根据地出去听课，吃饭，中午累了就在桌子上趴一下，周末也常常待在图书馆里，从无厌倦之时，访学结束时最不舍的就是北大图书馆。

“国家图书馆”也去借过几次书，只要是中国公民，拿着居民身份证，就能办证借书，很觉温馨，尤其是公民身份和意识得到了强化。但路远，借的本数及时间限制严格，专业书不如北大图书馆查找借阅方便，尝试体验过两三次后就不再去了。

北大另外一个借书看书的地方就是各院系的资料室。第一次与李小凡导师见面，李老师就向我介绍了中文系资料室，里边全是有关中文的书籍，借阅查找都很方便。

北大还有一个得天独厚的读书条件，就是有很多的书屋，可以买到其他地方买不到的专业书。北大校园内开设有很多复印店，买不到以后又用得着的书，就借出去复印，虽然质量较差，也不失为获取图书资料的好办法。

怎样读书

“余幼时即嗜学，家贫，无从致书以观，每假借于藏书之家，手自笔录，计日以还。天大寒，观冰坚，手指不可屈伸，弗之怠。录毕，走送之，不敢稍逾约，以是人多以书假余，余因得遍观群书。”这是明初学者宋濂在《送东阳马生序》中以自己借书抄录苦读的事例激励同乡后辈马生刻苦学习。然而今天学子们所面临的问题却是书籍浩如烟海，该读哪些书以及怎样读的问题。北大的谢冕先生已给大家开具了读书良方，那就是按照老师提供的长长书单，一本一本地读，分门别类地读，有的要反复细读，有的可走马观花地读。访学期间经过诸多的切磋讨论，总结出一些适用于自己的读书经验。如读书的形式可以分为三种情况，一是分类读，二是为解决某个问题查找相关资料读，三是随意读。具体读书要注意以下几点：

一是直接读翻译的原典原著。说自己的体会感受，尽量避免阅读二手资料。如学习语言学，就得读索绪尔的《普通话语言学教程》，萨丕尔的《语言论》，福柯的《规训与惩罚》等现代语言学理论。哪怕每天只读那么一点点，那么一段两段，日积月累，滴水成河，就会由量变带来质变。

二是为写文章而阅读。阅读时揣摩写得好的文章的结构，尝试拆散后还原人家的结构，比较分析人家为什么会这样写，与自己写的有什么不同。写文章时，先可学着人家说，然后接着人家说，最后自己说。接着人家说，得对人家说的内容了解得非常透彻，发现还有某个漏洞时才能说。自己说是最高境界，也是最困难的。最忌讳的是把自己写的东西归入或框入人家的某个观点之下。北大的温儒敏、陈平原等知名教授，都是把别人的东西吃透了，形成自己的观点，从而掌握话语权。写的前提条件是阅读积累，正如古人所说的“熟读唐诗三百首，不会吟诗也会吟”。

三是除了导师列出的阅读书单，还可以这样读书。查看《新华文摘》类核心期刊所登载文章后边的参考文献，能上这些期刊的文献资料都不会差。还有就是多看期刊，能获得很多新的观点。当思路穷尽、修改文章无着的时候，多读是解决问题的最佳途径。

怎样记笔记

俗话说：“好记性不如烂笔头。”访学初期，我的读书笔记沿用传统的纸质笔记，不久改为电子笔记。与纸质笔记相比，电子读书笔记的好处颇多：一是可以分门别类地存放，需要时直接调出复制粘贴，容易修改；二是传送携带方便，可以发送至邮箱中储存，也可以用优盘、移动硬盘等拷走，还免去了再次整理录入的烦恼；三是快速高效，录入速度大大超出纸质笔记，便于修改及增加想法感悟。最开心的是，无论走到哪里带上电脑就能工作，省去了难以携带很多书籍纸张的烦恼。当然，也有弊端，用电脑时间久了，肩颈酸痛，眼睛酸胀，手指酸麻，步行穿越圆明园成了我们最好的缓解方式。电子读书笔记，书籍或期刊名，作者、出版社、出版地点、出版时间等资料信息必须记录完整。

访学期间主要读与自己研究或教学相关的资料，如：语言类读了徐通锵的《语言学是什么？》、赵元任的《语言问题》、本杰明·李·沃尔夫的《论语言、思想与现实》、美 沃尔特·翁的《口语文化与书面语文化》、王岳川的《文化话语与意义踪迹》、石毓智的《语法化的动因与机制》；教育类的读了滕星的《多元文化教育——全球多元文化社会的政策与实践》、毛文凤的《神性智慧：生态式教育的形上之维》、王茜的《生态文化的审美之维》、石云霞的《新中国思想理论教育60年》；哲学类的读了俞吾金的《实践与自由》等。

梅洛《看得见的与看不见的》读书笔记

前边讨论到阅读经典原著问题，下面就访学期间阅读梅洛－庞蒂《看得见的与看不见的》情况作一个介绍。

《看得见的与看不见的》是梅洛-庞蒂的代表作，主要观点是：“语言和世界间并没有一种绝对的界限。语言是哲学探索的工具，哲学是对意义的揭示，这种揭示就是对存在的一种透视感悟。在这种感悟中，人所进行的文化力量的运作，必须把语言作为揭示的中介。甚至可以说，没有语言的介入，哲学思考和意义揭示几乎是不可能的。”梅洛-庞蒂还在《看得见的与看不见的》中追问：“最充满哲学意味的那些言语，并不包含在哲人所说的话语中。因为，哲学作为一种对不可测量的存在的发现，究竟是用逻辑语言表达合适呢，还是用日常语言或非逻辑语言作为传达的直接的中介意义的手段呢？……语言不仅仅是作为一种交流的等价中介物，而应该通过语言去进行一种意义的创造。”

语言等同于思想的对应物，因为说话是对思想的表达。思想不是内心的自语，思想不在世界语词之外，而在世界语词之中。所以，无论我们是在说话还是默不作声，在内心深处都有一种语言的暗流。说话具有“意向性”，是一个真实意义的运作。言语包含着意义，而且又赋予了一种新的意义。语言自己描绘出意义，而说话的意思操作着这个语言世界的方式，它能够像一个动作那样把意思表达在一个共同的心理根基上。梅洛-庞蒂从知觉、肉体的现实状态强调关于母语的重要性，认为只有“母语”源自我们的生命之根，揭示出一个表现灵魂的话语体系，其他的语言只能作为母语表达思想的补充。一种语言的充分意义永远不可能在另一种语言中得到翻译，人们可以用几种语言说话，但其中只有一种是其永远生活于其中并能完全领会的语言。人们安于这种语言所表达的世界，因为他永远不会同时属于两个世界。

这里触及两个问题：一个是“语言交流”问题，它属于深层文化内核，触及文化的魂；一个是“语言传统”问题，即这种传统赋予的表达意义及其意义的转移准确地衡量着这种语言的表达能力。人掌握语言，同时，语言也以它独特的结构方式使人处于文化的掌握之中。语言的明晰是建立在语言幽暗的意义背景中的，所以语言不说任何外在之物，只说它自己的本体状态，语言的意义与它本身不可分离。

语言是一种征候，它表达思想，传达身体话语，传达生命的内在骚动。语言是身体的衍生运用，是思想和文化精神世界的呈现物。丧失了这种文化的把握和言说能力，人们只能处于“失语症”之中，人把握了语言，人就把握了这个世界，操纵语言就是操纵人。

梅洛-庞蒂还在《符号》一书中，分析了符号的语言问题。语言活动使“符号”成为能指，意义就只能交叉地出现，并似乎只能在词的间隙当中出现。如果“符号”只能在他“符号”上面呈现出某种东西，那么它的意义就进入到语言之中。言语永远作用于语言的底蕴，它只是说话的一个浪花，为了理解它，人无须向某种内在语汇求教，只要顺从它的内在逻辑，就可以揭示语言晦暗不明的意思。同样，分析思想问题，在找到表达的词语之前，思想就已经成形了，只需要找到词语把它“翻译”出来。但是困难在于，一个思想者很难找到一种语言将他所思完全表达出来，而只能通过有限的语言慢慢引导思想的生成。因而。意义是语言的全面部运动，人的思想永远游荡在言语活动中，思想透过言语活动，就如同动作越过它的运动轨迹的原因。

《语篇韵律的规划及表达》读后感

中国社会科学院语言所网页上郑秋豫女士的学术报告《语篇韵律的规划及表达》，给我带来启发并引发感慨。报告中这样界定口语：“口语是语言讯息、副语言讯息和非语言讯息的综合，特点是‘言不尽音’。再就是存有大量语音讯息，无法透过文字或符号撰写，也无法以小单位的串接平滑来解释。这些讯息表达的媒介是声学语音的超音段成分，一般统称韵律。”“从赵元任先生用大波浪说明字调与语调关系的角度出发，指出音高、节奏、音质、强弱、边界停顿都为韵律现象；语篇韵律单位则从声学语音讯息界定从音节、韵律词、韵律短语、呼吸词、上达多短语韵律语段。各级语篇韵律单位都具有音高、节奏、音质、强弱、边界停延、边界停顿的基型模板，因此语流韵律的研究需从每一韵律单位的基本预设、相邻平滑、上层单位覆盖与跨单位呼应所产生的互动切入，而各单位的相邻互动与上层覆盖均得以从信号中厘清、多层级的叠加也可计算。”

报告中有关口语韵律的研究很专业，很深入，并非一般人心目中简简单单的话从口出认识，口语多角度多侧面研究的价值不言而喻。如果将讲座中的一些理论观点迁移到口语教学中，在注重内容的有效表达基础上，对“言不尽音”及语音韵律等问题多加关照，可以高屋建瓴地理解把握语音所特有的表意特点，避免口语表达中的机械僵硬和简单化。

学 术 探 微

北大访学，每天置身于听课、听讲座、读书的浓郁学术氛围中，学术熏陶使得学术思维变得异常活跃，写下了很多有关学术的小短文，算是学术探微小练笔吧。

“被捐款了”社会语言现象透视

“被”字句是一种表被动的句式，一般有被迫、遭受之意，如“他被批评了”“书被撕坏了”。但在近年的使用过程中却频繁出现了看似矛盾的变异，如“被捐款了”“被愿意了”。“被”表被动，“捐款”“愿意”又表明是一种主动行为。从社会语言学角度加以考察，“被捐款了”类型的异常表达方式折射出的是当代特有的社会文化心理。“作为一种社会语言现象，它实际地反映出了人们的所思所想。”

语言与社会有着共振同变的关系，社会变迁总会在语言层面留下深浅不一的印迹，这些印迹是时代变迁的忠实记录和历史见证，其中最活跃的要算词语了。从人名来看：“淑芝”“淑珍”寄予了传统文化价值观的厚望，“跃进”则打上了“大跃进”时期的烙印，“抗美”和“援朝”打下的是抗美援朝的烙印，“文革”和“向东”打下的又是“文革”的烙印。改革开放后的名字可谓百花齐放，个性突出，有父母姓氏叠加的“唐李梦枝”，有洋气十足的“伏尔加周”“大卫”等等。静观改革开放以来的词汇变化，新事物的井喷引发了新词的井喷，并以迅雷不及掩耳之势更迭交替，真是你方唱罢我登场。“蚁族”“伪娘”“试婚”等新词一时间亮瞎了人们的眼睛，现实却是今天还引领时尚的“青蛙”“恐龙”，转眼便成了明日黄花，昨天还说“心情不好”今天就变成了“郁闷”，昨天还唱“重复着从前的故事”，今天则需把“故事”说成“叙事”。

当代社会语言急剧变迁不容忽视的一个原因是，现代化进程中世界地球村的出现开阔了人们的眼界，人们得以在松弛的心态下自由自在创新性地使用语言，创造出新词，把旧词翻出新意，使用一些新的表达方式表现自己的心灵感受。与网络结下不解之缘的年轻人常常以调侃、开玩笑的方式发泄心中的不满，有着轻喜剧般的幽默。“被捐款”类型的句式，既是年轻人现代心理价值观的向外投射，亦是后现代娱乐文化思潮的一种体现，同时还是年轻人对现实生活的一种解构。“被捐款”本是颇具主观能动性的自觉自愿个人行为，却常常演变为某些政府单位组织的公共行为，变相为“捐款摊派”，属于一种隐性强制行为，于是“捐”成了人们反感又不能不参与的公众组织行为。“捐”与“不捐”不由自己决定，捐多捐少也有所顾忌，捐少了怕人嘲笑，所捐款项超过领导又怕招致意见。本来“捐”

是一种充满人文情怀的慈善活动，我国自古就有“老吾老以及人之老，幼吾幼以及人之幼”的博大胸襟。但由于人们思想水平、价值观念水平的参差不齐，对“捐”的含义理解往往会出现偏差，行为方式也势必一脉相承，而这种献爱心式的“捐”的偏差有着厚重的历史文化渊源的积淀。中国几千年来的文化格局是家国同构，其主要特点是重视集体，忽视个体，个体生存的目的就是延续家族香火，个体被淹没于集体中。家长一以贯之的是“一言堂”，亦即家长意志，家长意志完全可以代替孩子的意志。就连结婚也是家长、家族之事，奉行的是“父母之命、媒妁之言”，婚姻当事人要做的仅是接受安排的“乖与顺”。这种家长意志放大到“家国同构”的政府机构就成了“一言堂”，人们受屈伸冤不能靠法律解决问题，只能寄希望于包公式的青天大老爷。当代一些电影电视剧上出现的某某大领导亲自过问批示，贪赃枉法的下级官员终被绳之以法，其实是封建传统清官意识的现代翻版。

现代化进程导致人们思想观念的日趋民主进步，但传统封建事实的积淀是根深蒂固的。虽然倡导尊重个体的自主权，“被捐款”语言现象透视出了以集体的名义掩盖个人诉求的现实，亦是人们的一种无奈表述和发现问题的善意提醒。同时我们也要看到，现代网络信息时代，语言的霸权权威被解构，语言的运用越来越宽松自由，在彰显个性中富于创造性。民主进程有着自己的步伐，各个阶段都与社会发展的速度相匹配。唯物辩证法认为，没有一个失去个性的普世价值，在多元的社会中，普世了，就又变为一种强权，霸权，陷入反强权，自己更强权的怪圈。随着个体、民主、人权得到越来越多的尊重，“被捐款”也将变成“捐款”，语言句式的再度变化表明公民的真正个人意愿得到了表达。

北京的雪震得不再会写诗

一个冬日的早晨，与云南的访友小邓一同穿越圆明园通道前往北大校区，谈及她几天前参加同乡聚会时两位民族作家培训班成员的感悟。民族作家培训班囊括了我国所有的少数民族，除汉族外，每个民族一个作家，全班55个民族55个作家。作为一个高规格的培训班，聘请了很多著名的作家、学者前去授课讲座，我们追逐听过课的北大戴锦华教授也要去讲学。云南的作家显然水土不服，适逢北京下了两场雪，那位民族诗人便在同乡聚会上感慨：“北京的两场雪震得我不再会写诗了。”用通俗的话说，叫做一下子找不着北了。他觉得，学者们这个理论、那个理论地介绍，如果用这些理论来分析，笔下的诗歌根本就不是什么文学作品了。

这里涉及的实则是文学理论与文学创作的关系问题。记得陆俭明老师讲课时说过，进中文系学习的人当不了作家，是搞研究的。确实，作家的本质是“创作”，创作需要的是生活、感性和感悟。搞研究的本质是“学问”，做学问需要的是学识、理性和严谨，鞭辟入里的分析。民族诗歌本来就是在田间、山坡劳动中踏歌而行时形成的，是情之所至的自然情感的真实流露。以民族生活为底蕴的民族诗人，在高端培训班被铺天盖地的各种理论理论了数日，加之空间转移失去了创作的源泉——民族故乡，创作灵感缺失也就不足为怪了。不禁想起这样一句话：“得到了天空，失去了大地，理论的障碍导致文思枯竭了。”但也不尽然，这位民族诗人一旦回到原来诗歌创作的土壤，不仅创作的热情会恢复如前，还将有一种不易察觉的提升转变。当然，也有不少民族作家由于工作关系失去了原有的创作土壤，就成功转型成为文学研究者了。

不过，做学问便不再会写作的观点也并非放之四海皆准。学贯中西的钱锺书先生不仅有学术造诣极深的《谈艺录》《管锥编》，还有著名的经典长篇小说《围城》。这部小说寓意丰富，诙谐幽默，妙趣横生。“城外的人想进去，城内的人想进来”等话语，今天还常为人们津津乐道。北大曹文轩教授，也真正做到了创作与学术的完美结合，既有享誉世界的儿童小说《草房子》，还有见解独到专门研究小说艺术的《小说门》。

可见，文学理论与文学创作的情形形形色色，但创作必须以生活为源泉是颠扑不破的真理。

理论学习

“任何研究者都是在一定历史条件和文化背景下，借助于独特的视角和方法来解读文本，因而在其理解中必然有其主体性的因素在内。”（丰子义《走向现实的社会历史哲学》，武汉大学，2010）当我们在学海中畅游了很长一段时间，需要深入分析某一文本、分析某种文化现象、解决某些实际问题的时候，发现自己零零星星掌握的理论完全无助于形成自己独特的视角和方法，于是对理论渴求的愿望就变得越来越强烈和迫切了。于是访友们竞相恶补理论，互相交流借鉴。鉴于专业缘故，我主攻一些导师推荐的语言学经典理论，也看一些著名的哲学理论和文学理论，也浏览一些声誉良好的人类学理论。语言是人类最重要的交际工具，具有全述能表的功能，哲学观点要靠语言阐释，文学要靠语言创作，人类学考察离不开不同族群的语言，哲学家、文学家、人类学家往往又兼为语言学家，美国著名语言学家乔姆斯基同时又是一名哲学家，《神曲》作者意大利诗人但丁还写有《论俗语》研究方言，美国著名语言学家萨丕尔同时也是一位人类学家，研读上述不同学科有关语言的理论，为自己提供了一个较为开阔的语言学视野。运用潜心学到的各种理论，反观并尝试分析自己曾经的分析困境，发现分析阐释已比过去明晰透彻多了，有很多不吐不快的话想说出来，并激发起对很多习以为常的事进行理性思考和再认识的欲望。

事物总处于运动发展变化之中，但只有当渐变到达一定程度才有可能发生质变，而在质变之前你常常难以察觉到其间的变化，这种变化是持续思考和不断实践所得的。艾思奇先生这样描述雷峰塔的倒掉："因为它是古塔，迷信的愚民都以为里面一定有什么神灵，把它的砖块偷回家里，希望可以消灾降福，于是不知从什么时候起，雷峰塔的砖便一块块地被人搬走，而它的基础也一天比一天不稳固了，最后自然到了不能支持的一天，而终于倒塌下来。"雷峰塔可以经得起几十、几百，甚至几千次的砖块拆迁搬运，但哪能经得起几万次呢？到了最后，增加一根稻草也会使看似高达强壮的骆驼轰然倒地。人的发展、做学问最需警惕的是，由渐变到质变的过程向截然相反的两个方向发展：一是温水渐热煮青蛙般的自行毁灭，也就是俗话所说的"冰冻三尺，非一日之寒"；二是蝴蝶羽化超越升华般的辉煌。作为普通的大众常人，在防止学习热情日渐消弭的同时，也切忌追求羽化般的辉煌，在自己的学术领地充实地畅游即可，理论学习也需持之以恒地保持这种精神和劲头。

在我所接触到的访学团队的团友中，理论需求的程度各不相同：有的本身就在理论中遨游，再提高性地利用理论去分析运用，得心应手；有的则因解决问题的需要才学习理论，以理论指导实践。不管哪种情况，访友们都从自己的专业实际情况出发，孜孜不倦地学习各种经典理论，努力提高理论素养，互帮互学，不甚感怀。

文学的真谛

文学如果没有了真善美，就会变成纯粹编字码的游戏，一种人类发泄的艺术样式，赚观众的眼泪。商业文化是观众有什么要求就写什么拍什么，完全按照商业来操作，有需求才有生产。文学评论家赛尼亚说："优秀的小说应该传递四个方面的信息：一是对现实和社会生活的反映和批判，二是对历史和文化的揭示和扬弃，三是对人本身的存在和人性善恶的多维思考，四是对人类的终极关怀。”她还说：“四流的作家只是简单或肤浅地图解现实，不过供人消遣和休闲罢了……三流的作家透过现实已窥视到历史和文化的影子……二流作家直抵丰富、复杂、多维的人性，从物质层面向精神层面探索。许多小说为什么没有生命力，就因为他们还处在时代与现实的包围中，还没有冲进历史和文化的内核，更遑论人性。一流的作家，是世界级的大作家，不仅穿透现实、历史和人性本身，而且关怀人类存在的意义。”“在理解优秀作品的艺术结构的基础上，能够联系社会人生的现实，理解大师名家为人为文之道的价值及其意义，并最终上升到哲学的层面，理解把握名著所蕴含的内在世界，以之提升自己的文学修养。”我们的阅读往往浮于表层，可以为我们以后的阅读指点迷津。“适当淡化‘史’的色彩，强调原典阅读，让学生与重要文本进行少而精的近距离接触，以此激发学生的兴趣与自主性。”“独立特行，追求真理”，“从作品出发”，所有的人都活在传统中。

现代性和后现代

校园里有关“现代性”的问题仿佛无处不在，如雷贯耳，人文社科的访友们都极力想弄清到底什么是“现代性”“后现代性”等术语概念，于是群策群力寻觅答案，攻克难关。不同专业的访友看了不同的书，听了不同的课，集体交流讨论，逐渐形成一些看法。

现代性是有规律、线性的，理想追求是把彼岸变为此岸，后现代性是无规律、多元的，理想追求是乌托邦式的。如想通过努力，过上有房有车周游世界的舒适生活，是现代性的。而思考追求这样的生活到底为了什么，我现在已很幸福了，干吗非要那样的生活呢，则是后现代性的。现代性与后现代性并不存在时间上的先后顺序，现代性中其实已蕴含着后现代性。后现代不讲求统一的标准、规律、答案，认为现实是多变的，什么结果都有可能出现。车槿山先生上课时举过一个例子：狗是怕人的，狗有恐惧、害怕、有点害怕、不害怕几个变量，狗的恐惧与愤怒的变量不可预测，它是会夹着尾巴逃跑，还是会咬人呢？温儒敏先生也说，文学史要总结规律是不可能的，只能尽可能地接近历史。人们对世界的认识始于混沌，分块认识后才有所清晰，继而又发现更多存在的问题，再回到混沌。

人们对世界的认识总是处在不断的变化之中，哲学思想观念影响着人们的行为方式。后现代作为一种思潮，解构现代性，本身又成为一种规律，落入曾经反对过的俗套，一段时间后又会有一种新的思想观念取而代之。这亦如社会发展的朝代更迭，一个朝代的问题堆积到无法解决的程度，就会有一个新的朝代出现取而代之，如此反复，不断向前发展。

传播漫谈

传播是指社会信息的传递或社会信息系统的运行。信息是传播的内容，传播的根本目的是在人与人、人与社会之间进行信息传递，从而接受或反馈信息。多年前父亲住院，同病房一位老先生告诫大家“钱要藏，病要款”，他治疗前列腺的药就是别人听他“款”后介绍的，又便宜又有效。云南方言中的“款”相当于普通话中的“说”，比如“款款我家云南呢方言，笑死你了”。“病要款”，属于一种信息的向外传播行为，外界知晓后会做出相应的信息反馈，或可从中筛选出有价值的信息。口口相传是人类早期最主要的传播形式，人们在一代又一代的口头传承中掌握了前人积累下来的丰富生产生活经验及社会文化价值观，也从而创作出无数魅力无穷的作品。云南石林县彝族支系撒尼人的叙事长诗《阿诗玛》，改编为同名歌剧电影后享誉海内外。数千年前文字符号的出现，使得人类的传播行为超越了时空限制，获得了前所未有的革命性发展。传播的形式多种多样，有时是无意识的潜移默化，有时是有意识的刻意为之。如父母日常生活中言行举止的潜移默化就属于无意识传播，标语口号则是有关某种意识形态的有意识传播。为让人喜看乐受，有意识传播还往往用上各种修辞手法。

在现代信息传播世界里，纷繁复杂的信息良莠杂陈，须细细甄别。

现代化与文化多样性

随着西方近代工业技术所导致的现代化思潮在全球的蔓延扩散，昔日相对封闭独立的族群社区遭遇了突如其来的全球化、一体化风暴，还没顾得上认真审视、思考，就主动或被动地卷入到了现代化的滚滚洪流中。现代传媒使得域外文化极大地冲击着人们的视听感觉器官，改变了以往自娱自乐的休闲生活方式。现代技术使得人们从昔日繁重劳累的生产生活中解脱出来，耕田种地、洗衣做饭变得不再艰难。现代化的教育方式在广泛提高人们学识水平的同时，又极大地更新改变着人们既有的知识结构。在享受现代化所带来的便利与舒适时，人们又自觉或不自觉地改变着原有的思维方式、价值观念，及生活习惯。接受并反思现代化是当代文化的一大特点，许多有识之士意识到全球化、一体化正使得人类千百年来形成的丰富多彩的文化变得越来越趋同，如果任由文化的同质化趋势向纵深方向发展，五彩缤纷的世界将会变得单调乏味。更为重要的是，从人类文化学角度审视，人类创造的各种独具特色的文化并无高下优劣之分。再从生态学角度审视，生物物种的多样性使得自然界的生物丰富多彩，并能避免近亲繁殖所导致的物种蜕变风险。于是保护与传承传统文化得到了前所未有的重视，国内国外都成立了多种文化遗产保护协会，把文化遗产分为物质文化遗产和非物质文化遗产两类，从有形与无形的角度进行有针对性的保护，在维护文化多样性的同时实现文化生态的平衡与和谐。

文化变迁越来越快速，文化多样性的维护也越来越具挑战性，应对的措施策略也应该与时俱变。

生 态 位

“生态”(eco-)一词源于古希腊字，意思是指家(house)或者我们的环境。生态通常是指一切生物的生存状态，以及生物彼此间、生物与环境之间环环相扣的关系。在人类反思工业文明对生态环境的破坏、倡导绿色文明的今天，“生态”一词已变得炙手可热，涉及范围已越来越广。

与舍友范老师讨论高师语言的和谐问题时，生态学理论研究出身的范老师提出可以用生态位理论加以分析。生态位是生态学理论的一个重要概念。生态位理论又叫“格乌司原理”，也叫“生态位现象”。下面这个小故事可以让我们了解生态位理论的产生：“一天，在俄罗斯的某座城市里，有个戴眼镜的中年人，走进一间实验室，将一个叫小核草履虫和一种叫大草履虫的生物分别放在两个相同浓度的细菌培养基中。几天后，这个中年人发现这两种生物的种群数量增长都是呈S形曲线。接着，他把这两种生物又放入同一环境中培养，并控制一定的食物，16天后，培养基中只有双小核草履虫自由地活着，而大草履虫却消逝得无影无踪。在其培养中，中年人对现场进行过仔细观察，他没有发现有一种虫子攻击另一种虫子的现象，也未见两种虫子分泌出什么有害物质，只发现双小核草履虫在与大草履虫竞争同一食物时增长比较快，将大草履虫赶出了培养基。于是中年人又做了相反的一种试验，他把大草履虫与另一种袋状草履虫放在同一个环境中进行培养，结果两者都能存活下来，并且达到一个稳定的平衡水平，这两种虫子虽然也竞争同一食物，但袋状草履虫占据食物中不被大草履虫竞争的那一部分。”“如果把‘生态位’作进一步的解释，那就是在大自然中，亲缘关系接近的，具有同样生活习性或生活方式的物种，不会在同一地方出现。如果它们在同一区域内出现，大自然将会用空间把它们各自隔开，如虎在山上行，鱼在水中游，猴在树上跳，鸟在天上飞；如果它们在同一地方出现，它们必定利用不同的食物生存，如虎吃肉，羊吃草，蛙吃虫；如果它们需要的是同一种食物，那么，它们的寻食时间必定要相互错开，如狮子是白天出来寻食，老虎是傍晚出来寻食，狼是深夜出来寻食……在动物世界里没有两种物种的生态位是完全相同的，有些物种亲缘关系接近或相似而使生态位部分重叠，这时就会出现严酷的竞争，如一山不能容二虎。如果强者进入弱者的生态领域就会出现‘龙陷浅滩受虾戏，虎落平川遭犬欺’的状况；如果弱者进入强者的生态领域中就会出现大鱼吃小鱼、小鱼吃虾米的状况。因此，强者只能在自己的生态位上是强者，弱者也只能在自己的生态位上才能自由生存。”

蔡运龙在《自然资源学原理》中这样解释生态系统：“自然界的任何范围，只要有生命有机体与非生命物质的相互作用，并在其间产生能量转换和物质循环，就是生态系统。生态系统是由植物、动物和微生物群落，与其无机环境相互作用而构成的一个动态、复合的功能单位。人类是生态系统中一个不可分割的组分。生态系统研究的主要内容包括生态系统的组成、结构、物质能量的联系、生产力、动态及管理等。”并说：“从自然资源角度来看，人类生态学的一个基本原理是：任何生态系统对其所能支持的生命物质总量都有一个自然极限；在这个自然极限范围内，人类文化的调整起着极大的作用。”

全球一体化所导致的弱势语言濒危消亡问题越来越令人担忧，高师语言也毫不例外地存在着强势与弱势的竞争，运用生态位理论，可以让不同语言处于互不干扰的不同生态位置，使不同语言都能够和谐相处，生存发展。后来，我运用生态语言学理论撰写了《语言态度与高师语言生态和谐》的文章发表。摘要是这样写的：“语言态度在很大程度上决定着人们学习使用某种语言的有效程度。高师学生语言态度个案调查显示，普通话认同度最高、英语次之、方言最低，但英语学习花费的时间精力最多，情感性让位于功利性，语言生态现状已超出了语言可以自我调控的‘生态域限’。语言生态和谐意识指导下的有效调适，有助于建构以普通话为主体的多语和谐生态环境。”

教师“自称”语用功效探究

人类生存公式：人——符号——语言。在人和世界的联系中，语言符号成为根本的纽带。

人是具有社会性的群居动物，言语交际是社群联系不可或缺的纽带，称呼语则是日常交往中沟通人际关系的信号和桥梁。从社会语言学的观点来看，称呼行为具有极其丰富的社会和文化内涵，它可能是社会中权势性和平等性的象征。称呼语不仅具有一般的人际指示功能，而且具有重要的礼貌标记功能。作为一种礼貌标记语，称呼语一方面能够表明发话人对受话人的态度，另一方面也能够指示交际双方所处的特定的人际关系。称呼语的选择可以充分体现人与人之间的权势、等级社会关系，也能体现会话交流双方的感情、亲疏关系、短暂态度等方面的变化。

师生关系中教师的自称语往往蕴含着丰富的社会文化内涵，传统意义上的教书先生被传统文化中的“天地亲君师”观念捧上了高高的至尊文化圣坛，又由“差序格局”派生出来的“师道尊严”规约固化了师与生之间的不平等尊卑关系，先生对学生的体罚训诫甚至被视为天经地义之事，这在倡导建构“和谐师生关系”的今天遭到了摒弃，但师对生的权威意识并未得到有效消解，从教师对学生的自称中我们便能深切地感受到福柯所谈论的话语与权力关系。

语言与相应的社群文化发展水平息息相关，某种文化中，英语的自称只有一个简单的“I”，它不太汉语中的自称复杂丰富，汉语的自称内涵丰富，自称就有以下几个类型：

对等关系的熟人、同事、朋友：我、本人、兄弟、兄弟

非对等独立关系的客人、长辈、上级：小弟、孩儿、晚辈、学生、鄙人、卑职

非对等的下级、晚辈：老、老爷我、老子、本经理、本处长

人称代词用于日常的交往活动中，人们都免不了要称呼自己。先要考察语境才能决定如何使用称呼语。由于称呼语具有不同的礼貌等级，选择某一种称呼语就能决定语境的礼貌和正式程度了。

京城称谓

说起有关圆明园宿舍管理员大姐的称谓，还有一段有趣的插曲。我延续访学上海复旦大学时称宿舍管理员为“阿姨”的习惯，仍然叫看似比我年长几岁的两位北京大姐为“阿姨”。那位性格开朗点的大姐忍到第二次被叫时就认真告诫我：“别这么叫，叫大了，我们年龄也差不多，叫姐就行了。”我急忙打圆场，说我们云南都比着孩子这么叫。一问年龄，大姐

1960年的，比我大三岁。舍友丁老师告诉我，北京人都喜欢叫姐。果不其然，我到中关村买上网本，那些热情过度显得有点油滑的年青姑娘小伙子，对我一口一个姐，好不亲热，相比起云南售货女孩冷不丁冒出的“小姐”“美女”让人舒服一些。在云南，一次想买一条牛仔裤，年轻的女售货员一口一个“小姐”，把我叫得浑身直起鸡皮疙瘩：一则我不再年轻，被称为小姐马上联想到文学及影视作品中那些刁钻古怪的老小姐，难免有些抵触。二则云南的“小姐”称谓与江浙一带的“小姐”含义不同，云南的“小姐”或许受广东沿海一带影响，暗含从事色情行业的坐台嫌疑，江浙的“小姐”完全可以泛指任何一位女士，没有任何贬义色彩。多年前听人说起云南一个歌厅里，有打杂的服务员，有陪唱的歌女，另外还有一群穿着时髦惹眼的女孩。时髦惹眼的女孩会自称“我们小姐……”，以区别于洒扫的服务员及陪唱的歌女，每晚得到的钱多就高兴，钱少就沮丧。当然，她们的收入是歌厅中最高的，自称“小姐”时或许有点优越感。但如果称呼打杂的服务女孩为“小姐”，她们会以不理你来表明自己的身份，如果叫她们“小姑娘”则会很高兴。此外，小姐也会指穿着时尚，显得比较洋气的年轻女性。记得一次与同事们外出吃饭，一男同事叫一个看似刚从农村出来显得有些粗笨的传菜女孩为小姐，另一男同事笑言：“怎么能叫小姐，要像某某某那样才能叫小姐。”某某某恰好是在座的一个时尚洋气的女同事，大家立马异口同声地“对对对”表示赞同，前面那位男同事也赶快承认叫错了。可见小姐的含义，不同的地域有着不同的理解，差异甚大。

再回到“大姐”的称谓上。称呼“姐”显得亲切，可以拉近彼此的距离，但如果彼此不是足够熟悉，“姐”前边加个“大”字就要顺口得多，尤其我这样没有姐妹，甚至还没有女儿可叫的人，面对陌生人“姐姐”这个词是不大容易说出口的。在北京，出门常有年龄大小不一的人对你“姐姐”“姐姐”叫得欢呢，商场里尤其叫得自然，听着也顺耳。这种拟亲称谓，可以看出北京人更愿意体现亲情，把人的称呼都往亲缘关系上靠，与中国人“家天下”讲究亲缘家族关系应该不无联系。还有，面对年龄大的女性叫“姐”，可以使听者觉得自己还年轻，心情舒畅。

但北京毕竟是全国的政治经济文化中心，官本位的思想观念也较其他地方浓，管我们宿舍的大姐她们都自称“楼长”，写个通知最后的落款也是“楼长室”。而上海叫女性宿管员为“阿姨”，她们听着也乐意。因为江浙一带商业经济气氛浓郁，分工明确，给家里做工服务的一定是叫“阿姨”，称呼女性宿管员为“阿姨”也就再正常不过了，并不一定特指年龄。记得在一个寒冷的冬日里，在圆明园校区吃完早点，围上围巾，算是全副武装地来到圆明园。值班室的年轻女工作人员怕冷躲在亭子里，又怕有人不买票混进去，于是非常尽职地、警惕性极高地扫视着为数不多的进大门的人。我展示着手中的月票，她很不信任地、尽力认真仔细地辨认着我手中的月票是否有假，最后示意让我进去了。但我怀疑那么远的距离，在没有望远镜的情况下，她是不可能看清我月票上的数字的，只是尽力做出那种极负责任的习惯性姿态而已。联想到访学复旦大学时骆玉明老师谈到京城政治文化，说北京街道上的老太太们个个都有极高的政治觉悟和警惕性，胡同里谁家来了人，她们就一定要查个水落石出，看你是否有破坏首都安全的嫌疑。而上海人绝对不管不牵涉自己的别人家的事。北京作为800年的古都，有着极严格的等级制度，哪怕生活底层的人，对上可以毕恭毕敬，一旦手中掌握了权力，哪怕是看门、守水房的，都有可能把手中的权力发挥到极致，说好听点是尽职，说不好听点是我终于也掌了点权力了。对外地人更有一种皇城臣民得以骄傲的遗韵。可见，北京的称谓积淀着丰厚的京城文化内蕴。

称谓在博大的中国有着不同的文化含义。有的以大为尊，愿意被人往大里叫；有的人喜好年轻，愿意被人往小里叫。一同事说，他们在北京叫一个年龄看着有点大的男士为爷爷，他说不敢当，最多叫叔叔。对于称谓，北京人算是比较严格复杂的了，交织着不同的称谓系统。要使称谓适情适景，少不了作一番调查研究呢。

学习杂感

大约比昨天早了五分钟进入图书馆，馆内人并不多，绝大多数同学都到教室上课去了。静寂中不时传来“哗啦”“哗啦”的翻书声，以及敲击键盘的“嘀嘀嘀”声。中午就不同了，想占一个靠窗有电源插座的座位很困难。我一向喜欢的那个宽敞角落中的座椅，还是被那位女生占据了，此情形已经连续两天了。真是“莫道君行早，更有早行人”。这个座位不挨过道，相对安静，又紧靠我常看的语言学类书架。那位浑然不觉的女生不可能留意到我此时的刻意“关注”，就独享这份对有着相同座位喜好的女生的“关注”乐趣吧，随便找个座位即可。

穿越圆明园，一路与访友们谈着有关做学问的事情。英语专业的访友曾老师说她的导师蛮厉害，叫她要读翻译过来的原典，看别人读后理解的书没意思，话都被别人说了。她的导师讲课总是将各种揉透了的理论融会贯通于教学中，驾轻就熟地运用各种理论分析各种文学现象。细读英国文学，导师会引导学生分析“荒野”意象会出现在什么情况下，普遍的答案是大多出现在生死离别之时，于是马上联想到《雷雨》中的雷电暴风出现在喜剧中的暴风雨即将来临之时。本科生上课往往追逐老师的教学语言，访学的老师和研究生上课追逐的是导师为什么能这样讲，看过很多理论书籍后，不仅能知道老师用了什么理论，甚至还能知道老师接下来要说的是什么话。谈到翻译，说国内好的翻译家很难找寻，百年来就出了一个傅雷。翻译人员必须精通中英文，还要有好的感悟领会能力，有经验的人一看就知道是什么人翻译的。伍晓明翻译的《二十世纪文艺理论》就非常好，《水浒》在英文中就被翻译成“一百零五个男人和三个女人的故事”，实在是语义的极大贬值。对《二十世纪文艺理论》中的一句话感悟尤深：“每个作家所写的东西都是自己的隐形自传。”分析文本时，既可以从作品中研读作家，也可以从作家的生平经历中研读作品，互文互补，二者兼顾。作家总是把自己的情感体验诉诸笔端，表达理想愿望、心智情趣、意识价值等等，要么直抒胸臆，要么借助具象，要么理性抽象，区别仅在于表达的情形方式不同而已。

感觉自己最近的学习好像看3D立体画，开始时怎么也看不出立体效果，着急没用，唯有坚持不懈地使劲盯着看。眼睛都看得有些酸涩了，突然眼前呈现出一幅美妙的立体画面，好似神仙变出的戏法，那种兴奋与喜悦竟不知如何用言语来表达，因为语言也难以尽意了。闯过了视觉障碍关，以后无论怎样把3D立体画横摆竖放，扫一眼即能穿越平面直达立体，有时难免奇怪这么轻松容易的事当初怎么就无法超越呢。孙悟空的火眼金睛是在太上老君炼金丹的八卦炉里练就的，而不是凭空得来的。有了这样的生活感悟，当我们再看到那些看似高不可及的学术大师时，就会想到，他们当中除了天资极佳的少数外，绝大多数可能有着与你我同样艰苦的学习经历和体验。为了一眼直抵3D立体画效果，不知要苦闷彷徨多少个日日夜夜，“勤能补拙”，“熟能生巧”，对常人来说是颠扑不破的真理。同时，当看到暂且不如自己的后学之人，一定要想到，这就是当初的自己，或许当初的自己还不如他们呢，只要肯努力，未来的成就难以估量。假如他们是自己的学生，一定要有足够的耐性，引导他们少走或最好不走自己曾经走过的弯路，共同探讨未来的发展方向并身体力行，切忌以“我过的桥比你走过的路还多”而盲目倨傲，裹足不前。信息化时代已失去了倚老卖老的空间，何况做学问需学品与人品德艺双馨。做学问欲入门，不知比看3D立体画要难出多少倍，需要足够丰厚的学识储备，这种储备还需从浩如烟海的书堆中刨出的值得研读的精品中获得，在纸质和电子书籍泛滥的时代，开卷并非皆有益。经过种种历练和磨难，人虽然还是那个人，但观念意识、思想方法已发生了非同寻常的变化，成为既为己又非己的全新自己。

语言既是人类交际表达的最重要的工具，更是人类心曲直接流露的依凭，语言运用绝不能以纯技术理性的观点把语言看成死的器物，而应该看到活活泼泼的鲜活生命力。如果语言的学习仅限于技术的机械训练，就难免会陷入工具理性主义的窠臼。

3 艺术感悟

北大艺术氛围浓郁，在全国高校中应属首屈一指。“百年讲堂”常年演出各式各样别具一格的国内外经典艺术，芭蕾舞、现代舞、话剧、京剧、越剧、昆剧、音乐会、相声等应有尽有，各种新片大片及时播放，国内国外不同流派风格的演出令人眼花缭乱。“百年讲堂”内放映的电影很多都是首映式，影片放映完毕，制片人、导演、演员常常就在现场与观众们交流互动。此外，还有很多电影人带着自己相比小众的电影作品到北大的教室里放映，向同学展示及介绍自己的创作构想，只要愿意，寻着海报上的地址就能找到。“百年讲堂”还是面向社会的高雅艺术传播中心，在社会上产生了极大反响。北大还开设有一些艺术欣赏课，如彭吉象先生的“艺术学概论”，李道新先生的电影艺术欣赏课，戴锦华教授也常在“大众文化”课堂上介绍电影艺术的赏析。访友们不仅能在北大尽情欣赏艺术，接受各种艺术的熏陶，艺术欣赏水平也相应得到提高。高雅艺术进校园，为北大学子们提供了得天独厚的艺术熏陶条件。票价远远低于北京其他各大剧院，还有专门针对学生的二三十元低票价，凭证件购买。

访学期间，访友们无不兴奋异常地在这个艺术的圣殿里疯狂欣赏和恶补各种艺术，享受这难得的视听盛宴，第二学期才稍有减缓。我们就曾观赏了《红色娘子军》《雷雨》《原野》《锁麟囊》《罗密欧与朱丽叶》等中外著名戏剧，观看了《开国大典》《杰克逊》等影片，欣赏了各种国内外著名演奏家演奏的钢琴、大小提琴、笛子等乐曲。因为在北大，大家才能够轻而易举地零距离接触到其他地方难以企及的高雅艺术。

艺术熏陶

音乐会熏陶

欣赏“英伦韵——英国酷勒弦乐团与钢琴家柯雷莉亚·伊茹森音乐会”，感觉非常好。如果说前些天欣赏的中国留德归来的三位青年演奏家的三重奏有点青涩的话，这次欣赏到的音乐就是娴熟自如的了。三个小提琴和一个大提琴演奏家年龄全都在五十上下，女钢琴家估计也在四十上下，这样年龄段的艺术家表演，表现出的艺术已是炉火纯青，有一种说不出来的蕴藉舒爽感。这些艺术家非常敬业，除了中场休息15分钟，整整从7点演奏到9点，最后谢幕又表演了一小段五重奏。这场音乐会，感触最深的就是来自英伦的成熟音乐魅力。艺术，一定要经过经年累月的积淀，才能到达一个高的境界。

“荷兰拉丁爵士乐探戈舞之魂，多媒体情景音乐会”，爽极了，可以说是感觉最好的一次。这种音乐随意，突出个性，注重与观众的互动交流，随意狂放但不疯狂，很有度。观众听着听着就会情不自禁地随着强烈的节奏感舞动起来，非常投入，也非常放松。而听其他音乐会，大气都不敢喘。纯属两种不同的艺术风格，原来音乐还有这样一种欣赏方式。

芭蕾舞熏陶

中央芭蕾舞团的50周年团庆新年音乐会在“百年讲堂”举办，中芭团长冯英亲自担任晚会的讲解。演出了很多中外现代古典芭蕾舞剧，如《祝福》《牡丹亭》《卡门》《胡桃夹子》《罗密欧与朱丽叶》等，还有交响曲、交响芭蕾等。这场演出内容丰富，阵容庞大，充满喜庆色彩，平日看的芭蕾节目比较单一，这是一场综合性的芭蕾大餐，中芭的演员们几乎倾团出动。唯美高雅得让人凝神屏气，害怕不协调的一丝响动会破坏欣赏的情致及氛围。中芭的演出，形体美，舞姿美，音乐美，编排美，伴奏美，完全是一场“美”的视觉盛宴。中国芭蕾舞团的这场演出，是“为了未来的纪念”。百年讲堂和中国芭蕾舞团，十多年来一直践行“高雅艺术进校园”，对芭蕾舞在高校的普及起到了至关重要的作用。

俄罗斯普希金芭蕾舞团的《睡美人》，感觉芭蕾舞就是西方的艺术，西方人表演自己的东西，得心应手。中国的芭蕾舞表演也确实不错，但还是有模仿西方艺术的痕迹，有一点点“隔”的感觉。《睡美人》舞剧取材于法国诗人沙尔·佩罗的名作《沉睡森林里的美女》，是俄罗斯19世纪末大型神幻芭蕾的顶峰，被誉为“19世纪芭蕾的百科全书”。该剧一共分为三幕，分别是《恶咒》《幻影》《婚礼》。普希金芭蕾舞团命名于1937年，创作、编排和演出了《堂吉诃德》《胡桃夹子》《水晶鞋》《天鹅湖》《一千零一夜》《斯巴达克》等一系列经典芭蕾舞，并以其雍容华贵的舞台、娴熟精湛的技艺、俊美靓丽的造型而蜚声全俄，在国际上也享有盛誉。

法国与中国的芭蕾明星们合演的芭蕾节目非常出色，这是中法文化交流节的一项活动。其编排颇有创意，集古典芭蕾和现代芭蕾于一身，在注重整体效果的同时，更注重双人舞、独舞效果，通过足尖艺术形式表现出了现代社会人们的苦闷、徘徊、多变及发泄，但不乏追逐光明的特点。法国巨星的表演挥洒自如，确实有大师风度，从表现的内容而言，我似乎比过去多读懂了一些。这出芭蕾是我看过的很多场中最经典、最丰富、阵容最强大的，观众虽不多，但掌声却经久不息，凡是来的，应该都是真爱芭蕾或者想了解芭蕾的，当然也不乏想接触芭蕾的人。比起流行歌手，我对芭蕾舞演员、戏曲演员充满了深深的敬意，他们是纯艺术的坚守者。

京剧熏陶

台湾国光传统剧社演出的京剧《金锁记》，把曹七巧人性的扭曲，以及对他人的压迫演绎得淋漓尽致，看后非常压抑。京剧演绎出了张爱玲语言的俏皮风趣、尖酸刻薄，情节的发展张弛有度，戏剧冲突强烈。但演得太成功，太有感染力，心里感受到的几乎只有曹七巧的变态与疯狂，以至于观看后都不愿多想多谈。《金锁记》剧情单一，它没有《原野》的多向度多内涵，可以分析的角度受到一定限制。张爱玲反映的是被压迫妇女苦难生活的一个侧面，女性作家对女性心理的刻画揭示比男性作家把握得更为精准，描写也更为细腻。张爱玲对曹七巧的悲剧命运分析让人信服，认为有曹七巧个人的原因，更多的是社会因素。曹七巧个人长相不错，有高嫁有钱人家的愿望，最后在金钱的诱惑下，成为金钱的奴隶，被金锁给锁住了，标题"金锁记"直接揭示主题。曹七巧自己不幸，也要让所有的人不幸，自己吞咽的苦果一定也让要自己能控制住的人一起吞咽下去，哪怕自己最亲近的子女。金钱对人的异化到了无以复加的地步。

电影熏陶

看完《建国大业》电影，觉得王岳川先生的评论很有道理，一部讴歌建国大业的影片，涉及诸多开国元勋，得靠娱乐界明星去支撑，也算是一种电影界的悲哀了。影片给人的感觉是，以轻松娱乐的心态去拍摄有关国家民族大业的宏大叙事，影星的加盟更多是为了吸引观众的眼球。影片对历史线索、历史事实是遵守的，但引不起观众对厚重建国历史的深沉思考，轻松愉快是电影拍摄的初衷。王宝强、范伟、葛优、冯巩这样的笑星一出来，引来的便是满场欢笑，电影的娱乐功效无疑是达到了。建国60年，历经坎坷不断发展壮大，轻松自由也是一种自信的表现。对蒋介石的表演倒还客观，所涉及的历史应是洗刷、过滤、精选后的历史，让人觉得蒋介石就是该败，不败就没道理，这也是艺术创作所必需的艺术加工。

接着看了两场新人电影，看得真是累，整整三个小时，又不是什么经典片。第一部是《爱有来生》，讲了一部亦人亦鬼的爱情故事，想模仿“聊斋”但又找不到那样的味儿。一对因为双方家庭仇恨的情侣，在复仇的过程中最终相爱，女方死前告诉男方来生再来找她，女方忙着投生去了，男的不敢去投生，害怕女的来生找不到自己，一直在那棵银杏树下苦苦等了50年。女方建立了自己幸福的家庭，但在冥冥中感觉有什么人召唤着她来到这座宅子，得以相见，男方看到心上人生活得幸福也就心满意足了。另一部电影是法国幽默剧《求偶二人记》（名字不准确），两个离了婚没家的人，在寂寞孤独中相伴求偶，闹出种种笑料。这样的片子以后不看了，没多少意思。

从北京电影学院兴高采烈地回到宿舍，因为刚参加了一场别开生面的国际电影交流会，观看了贾樟柯导演的参展电影《二十四城记》。北京电影学院和美国驻华大使馆共同举办的这项美国电影学会的20/20项目（ATI Project20/20），是一个旨在通过全世界电影制作者以他们的电影为平台，促进文化交流、加深相互理解与合作的电影交流项目。美国电影学会20/20电影交流项目作为一种全新的文化外交方式，得到了美国国家艺术基金会（NEA）、美国国家人文基金会（NEA）、美国博物馆与图书馆事业局（IMLS）和美国总统艺术与人文委员会的共同支持。美国电影学会电影节（AFIFES）与参加20/20电影交流项目的各国合作伙伴共同努力，为美国和世界各国的文化提供了一个展示的平台，为各国的观众和艺术家们创造了相互学习和交流的机会。应邀参加美国电影学会20/20电影交流项目的导演都各具特色，他们的作品通常并不遵循商业片的主题和套路。通过参加与自己作品有关的讨论和研讨等活动，导演们承担起文化大使的任务，让美国和世界各国的观众都能了解到别国文化的不同侧面。美国电影学会20/20电影交流项目的宗旨是，通过电影这种超越了语言和国界的艺术形式，向各国观众显示不同文化间的共性和对比差异及尊重。2010年是该项目创办第四年，美国驻华大使馆新闻文化处很高兴能与北京电影学院美国电影学会合作，举办这次电影学术交流展映活动。参展电影有《我们之中的偶像》（93分钟，美国，2009）、《二十四城记》《蓝调之歌》等。

豫剧音乐剧熏陶

晚上看了郑州师院与河南豫剧一团合演的大别山“豫剧音乐剧”《大别山的女儿》，演出效果非常好，完全超乎我的想象，原以为就是赠票观赏的政治说教节目。《大别山的女儿》不同于常规的豫剧，一改以往传统的唱腔和表现手法，融入了歌剧、豫剧、舞剧、音乐剧等多种不同的艺术元素，不仅对剧情结构、音乐形式、舞美设计和表演方式进行了全新的梳理和改编，还对传统的革命故事进行了全新的艺术处理，集艺术性、观赏性、娱乐性于一体。豫剧音乐剧《大别山的女儿》描述了1934年大别山红二十五军北上抗日后，党组织转入地下斗争。由于叛徒出卖，红梅岭党支部7名党员惨遭杀害，李玉梅在老支书用胸膛的保护下死里逃生，更坚定了革命信念。她成立党小组，发展新党员，团结和带领党员发动群众，坚持与敌人展开英勇斗争，最终处决了叛徒，粉碎了白匪军围剿游击队的阴谋，保全和壮大了革命队伍。李玉梅等光荣牺牲，谱写了一曲感天动地的革命理想信念之歌，具有深刻的爱国主义教育意义。

就类型而言，观众喜欢动作片，戏曲和战斗片都属于此类片，观众都喜欢看。《大别山的女儿》改编后的综合戏曲形式深深吸引住了观众。不禁想到，中国电影已经不可避免地需要跟新中国独特的意识形态氛围进行对话，并在此基础上构建一种既能为主流意识形态所接纳，又能为普通观众喜闻乐见的类型体系，《大别山的女儿》无疑是成功的范例。

诗歌朗诵会熏陶

北大举办的“未名”第十一届诗歌朗诵会，题目叫作“过去　空间　未来”。多年不读诗，不关注诗，晚上所有出席会议朗诵自己作品的诗人一个都不认识，今天算是补了诗歌这一课了。在当今相对浮躁的语境下，北大人还能坚守诗歌的纯文学性，搞诗歌朗诵会，真是不容易。北大据说是新诗的发源地，充满诗性，培养了众多诗人，也熏染了一代代学子。朗诵会所发资料有很多是纪念自杀早逝的北大校友诗人海子的。1993年海子去世后，北大的未名湖诗会定于每年3月26日举办，成为包括大型朗诵会、讲座、专场朗诵会在内的为期一个月的诗歌节，更是一场诗歌的盛会。“未名湖是诗歌的海洋，诗人都藏在水底。”诗歌朗诵会上很多诗人都浮出水面登台亮相，展示北大诗歌创作的最新动态，以润物细无声的方式进行着诗歌教育。几个朗诵自己诗作的诗人均谈道，写诗到达一定程度，就想让诗歌语言与自己的生活发生联系，也就是真正表达自己心里想表达的东西，对此我深有同感。未名诗歌节对北大乃至整个中国诗歌界都产生了重大影响。

影视剧艺术赏析

文学艺术与影视艺术

艺术以不同的形式反映社会生活，文学凭借语言，音乐凭借音符，舞蹈凭借形体，美术凭借色彩线条，影视凭借形象、声音。不同艺术形式之间又可以相互转化，文学艺术可以转换为电影、电视、戏剧、美术、舞蹈等不同的艺术形式，使受众得以实现同一主题多种艺术形式的互补性审美欣赏。大众最为熟悉的要数根据电影文学作品改编拍摄的电影电视剧。

文学是语言的艺术，具有全述能表的功能，反映社会生活有着无数种可能，有时溢于言表，有时难以言说，有时言不由衷，有时言不尽意，有时又一切尽在不言中，凡此种种，恰是语言表意的多样性和不确定性，成就了文学艺术可资咀嚼品味鉴赏的无穷魅力，但语言符号理解上的难度又往往成为一些受众品味鉴赏中难以逾越的鸿沟。把文字符号具象化，即把文学艺术形象转化为可视可感可触的电影电视戏剧中的鲜活人物形象，可以使抽象灵动难以言表的文学意蕴变得具体生动丰富，能够轻而易举地让受众心领神会，俘获受众心灵。天津话剧院在北大“百年讲堂”表演的曹禺《原野》话剧，“石偶”形象丰满内涵丰富，金子的泼辣放荡及仇虎的复仇者形象都得到了恰到好处的活化。由中国古代经典文学作品改编的脍炙人口的电视连续剧《水浒》《西游记》《红楼梦》《三国演义》等，大都还有电影和戏剧，《红楼梦》就有同名电影同名电视剧及同名越剧，令观众百看不厌。这些经典名著中的某一人物今天已定格为观众喜爱的某一演员塑造的形象，如孙悟空就是1980年版六小龄童扮演的孙悟空，林黛玉就是1980版《红楼梦》电视连续剧中陈晓旭扮演的林黛玉、王文娟在越剧中扮演的林黛玉。即便后来又有艺术家翻拍演绎，也难获得同样的认同度。一方面有先入为主的首因效应，更主要的是老艺术家更有倾心打造精品的意识。此类影视剧长播不衰，不时唤起观众曾经的审美记忆，倍感亲切自然。当然，影、视、剧艺术形象也并非毫无缺憾，比如语言符号生动细腻描摹出的人物形象的复杂心理，一旦转化为某一演员演绎的具体艺术形象，必须借助文字符号才能细细鉴赏领悟想象的心理空间便会丧失，成了空洞的能指，只有靠画外音或旁白加以弥补。

先看文学文本还是先看影、视、剧艺术作品，顺序的先后常常影响着我们的审美体验。假如先细读了文学文本再欣赏影、视、剧艺术，往往会对未尽作家创作之意的太具体直观的艺术形象耿耿于怀。假如先欣赏了影、视、剧艺术，再细读文学文本时，很多活化的艺术形象 便会争先恐后地浮现于眼前，干扰大脑对文字的品味赏析，及想象联想思绪。不过，对比欣赏同一主题的不同艺术形式，可以弥补单一艺术形式欣赏之不足，实现多种审美体验的互补，在对比中更深入地理解作品，形成自己富于个性特色的见解看法，难说还能激发起自己艺术创作的欲望及激情，毕竟一百个人心目中就有一百个哈姆莱特。对比欣赏，有时先看文学文本再找演员演绎的艺术作品欣赏，有时是先看了演员演绎的艺术作品再找来文学文本仔细欣赏。我以为，孰先孰后大可不必拘泥，视情形而定，最好圈定于艺术精品范围内。学生时代看钱锺书先生的《围城》如醉如痴，觉得极其精彩，多年后看陈道明主演的同名电视剧《围城》，亦是赞赏有加，再来一番二者交融贯通式的对比性欣赏，更明白了钱先生的写作意图和改编者的创作意图，审美感更强烈。影视剧艺术属于艺术的二度创造，如果有时间和精力，对比鉴赏同名文学和电影、电视剧等不同艺术作品，可以打通各种艺术感受上的藩篱，获得多方位的审美愉悦。

芭蕾舞剧《红色娘子军》观后感

心存怀旧情绪，晚上七点在“百年讲堂”观赏了中央芭蕾舞团演出的经典芭蕾舞剧《红色娘子军》。熟悉的故事情节，熟悉的人物，熟悉的旋律，熟悉的《红色娘子军连连歌》，儿时反复追捧过的银幕上的“红色娘子军”深刻记忆完全被从心底唤醒，看着这个剧情期待着下一个剧情，期待中又不免为党代表洪常青的牺牲等感慨焦急，随着剧情哼着耳熟能详的《红色娘子军连连歌》和《万泉河水清又清》等歌曲，情绪可以用“亢奋”二字来形容。作为全民观看“样板戏”时代的过来人，不仅进行身临其境的唯美再度审美，还感念回忆现在年轻人无法理解的我们曾经经历的童年快乐时光。为看一部反复看过的露天电影，常常不惜走很远很远的路，有时一张白色的幕布悬挂在场地的中间，正面有人看，反面也有人看，有的坐着看，更多的人站着看。当时的电影不外乎《红色娘子军》《红灯记》《智取威虎山》《白毛女》《沙家浜》，以及《英雄儿女》类等革命英雄主义电影。

在那个业余生活单调的年代里，观众们关心的不仅仅是幕布上的内容，也沉醉于追逐电影的过程享受中，热情程度丝毫不亚于过年过节。记得一次上一个学前专业班的课，发现这个班只有班长一人是男生，便笑言他是这个班上的洪常青，没曾想第二次上课时，这位班长专程问我谁是洪常青，说另外一位60后的老师也说他是洪常青。于是向学生们简单普及了一下这方面的常识。并让有意了解的学生到网上搜索一下。

芭蕾艺术孕育于意大利，降生在17世纪后期路易十四的法国宫廷，被称为“足尖上的艺术”。由于舞姿造型要求唯美，具有观赏性，又被称为时间和空间的艺术，像音乐那样受时间制约，像雕塑那样占有一定空间。《红色娘子军》的演出唯美高雅，观众在热情饱满的情绪中享受了一场难得的视觉盛宴。演员们身轻似燕，轻盈灵动，且不乏诙谐幽默，如女战士和炊事班长抢烟锅一节。舞台背景与舞台实景浑然一体，每幕的色彩背景设计都能恰到好处地表现剧情。如清华“出逃”一幕，黑沉沉的南霸天“南府”雷雨交加，电闪雷鸣，突然切换为娘子军驻地的、晴天丽日，给人一种未曾意料到的强烈视觉冲击，观众们不约而同地鼓起掌来。蓝天白云、阳光灿烂，象征着革命军队的勃勃生机和活力，好一派“解放区的天是明朗朗的天”的绚烂景象。洪常青英勇就义的场面，更有一种红色火光映衬下的雕塑般的壮美。洪常青不屑于南霸天的威逼利诱，视死如归，毅然走向大树刑台，脚下原先光洁的舞台突然有大堆柴火熊熊燃烧起来，红色火光映衬下的洪常青高举手臂、昂扬向上的雕塑般造型，以革命英雄主义的壮美深深震撼着观众的心灵，观众在高涨的视觉美与崇高美的交织审美情绪中，唯能用热烈的掌声来表达此时此刻心中的愉悦与感动。

中年以上的观众颇能理解《红色娘子军》阶级斗争年代的革命政治话语叙述方式。邻座的老先生说：“老外不了解那个特定的历史文化背景，根本无法理解怎么就把南霸天的个人财产给分了，拿了。”他还感慨不已地说道：“这些旋律太熟悉了，这些曲谱我全抄过。”“古有花木兰，替父去从军，今有娘子军，扛枪为人民”的《红色娘子军连连歌》，反映了数千年来深受男权和阶级双重压迫的妇女们，不仅翻身得解放，还参与到了滚滚的革命洪流中。不仅中年以上看得懂的人爱看，年轻的不大了解这段历史文化背景的人也爱看，老外也爱看，超越了时空的限制。《红色娘子军》是中国芭蕾史上的一座傲人里程碑，它破天荒地塑造了英姿飒爽的“穿足尖鞋”的中国娘子军形象，将西方芭蕾的技巧与中国民族舞蹈的表现手法结合，创造出了民族芭蕾的世纪精品，并成就了中西文化在芭蕾艺术领域完美融合的世界奇迹。《红色娘子军》多年来深受人们的喜爱，自1964年9月26日在北京首演以来，累计突破2500场，观众人数超过350万。

不禁联想到，中国精粹戏剧艺术的演员们凭借几十年的功力演得那么辛苦，演得那么有艺术水准，曾一度离开国家的扶持就难以生存，而流行歌手们往往一曲即能红遍大江南北，出场费动辄数成万元。中国芭蕾舞团与北大"百年讲堂"的结缘，就源于那段芭蕾舞团找舞台都困难的艰难时期，中芭每年坚持送芭蕾舞高雅艺术进北大校园就是这段佳话的延续，也是对芭蕾高雅艺术的传播弘扬。随着国家的重视和人们艺术欣赏水平的逐步提高，相信包括芭蕾舞在内的戏剧艺术将会吸引越来越多的年轻观众。

类型电影漫谈

类型电影是当今中国电影发展的方向和潮流，指在风格、主题、结构，甚至角色形态上表现出类似趣味的影片。类型的划分可谓仁者见仁，智者见智，如爱情片、伦理片、喜剧片、古装片、武侠片、枪战片、科幻片、动漫片等。有学者指出，类型电影是未来电影发展的方向，观众能从熟悉的电影类型套路的细微变化中获得审美愉悦。好莱坞类型电影一直引领着全球电影的发展，在国外各种类型电影充斥中国市场的全球化一体化进程中，当代中国电影不可避免地要学会与世界电影接轨，相伴相生。同时，中国电影的发展还必须与中国独特的意识形态氛围进行对话，并在此基础上构建一种既能为主流意识形态所接纳，又能为普通观众喜闻乐见的类型体系，即尝试一条既反映主流意识形态的主要信条，又能呈现出一些被社会忽视、排斥的文化价值的电影途径。从某种程度上说，当代部分电影中的"主流意识形态"已被放大到无处不在的地步，个人的情感和欲望难以在影片中得到呈现。

电影追求票房，由电影艺术的商业性所决定，而票房的高低又从一个层面反映出人们对电影的喜爱程度。李道新先生在《类型的力量》一文中列出了中国电影史上的阶段性盈利影片，它们依次是《天仙配》《梁山伯与祝英台》《渡江侦察记》《平原游击队》《董存瑞》《神秘的旅伴》和《南岛风云》。这7部盈利影片无一例外都是类型片。前两部电影是故事性较强、具有神话特点和充满传奇色彩的戏曲片。戏曲片在中国的成功堪比美国的西部片，中国人的怀旧情结和文化寻根梦，大多在戏曲片中得到了传承，它是民族文化的最集中反映。后五部电影是紧张曲折、令人回肠荡气的革命战争和革命历史为主要题材的惊险片和战斗片，这些影片反封建、反压迫、反侵略，主人翁为民族独立和人民解放而英勇战斗甚至壮烈牺牲，完全符合“主流意识形态”。这两类影片的成功，在很大限度上还应归功于戏曲片和战斗片这两种相对独特的电影类型及其为影片本身带来的丰富性。改革开放以来，类型电影的力量更为强劲，并赋予了一些新的内涵。《集结号》应是中国电影战争类型片中的一部划时代作品，它让中国电影重新回到了主流意识形态中英雄所处的特定时代，同时赋予了非常深厚的一种人道主义的蕴含。

此外，无论何种类型的电影几乎都以动作取胜，电影动作还能体现出一种文化。德国哲学家卡西尔在其《人论》一书中认为：“人是符号的动物。……符号化的思维和符号化的行为是人类生活中最富于代表性的特征，并且人类文化的全部发展都依赖于这些条件。”同时，“在语言、宗教、艺术、科学中，人所能做的不过是建造他自己的宇宙——一个使人类经验能够被他所理解和解释、联结和组织、综合化和普遍化的符号的宇宙。”可见，人的表达都是通过符号化的方式来实现的，也就是说，任何喜怒哀乐的情感都需要通过特定的动作和表情来呈现。当我们观看电影的时候，我们相信，电影里的任何动作和表情都是有意义的，尤其在那些以动作构成叙事框架的动作片里，动作更具特定的意识形态性和经济学价值。这也是类型电影的引人入胜之处。

英国 TNT 剧院演出的《罗密欧与朱丽叶》

出自英国莎士比亚手笔的著名戏剧《罗密欧与朱丽叶》，由英国 TNT 剧院在北大“百年讲堂”演出别有一番情趣。TNT 剧院创立于 1980 年，是世界级国际巡演剧团。演出整整进行了 3 个小时，中场休息 15 分钟。这出享誉世界的爱情悲剧，被英国人演绎成悲喜交织的多幕话剧。道具的简单程度令人叹为观止，仅靠两块活动挡板不停地移动转换，就变幻出了不同的时空场景。至于演出的效果，各国媒体的评价已给出了最好的答案：

“TNT 剧院《罗密欧与朱丽叶》堪称当代英国莎翁剧中最令人满意和最具表现力的作品。”(英国《戏剧世界》杂志)

“纯粹的戏剧力量……道白、表演和戏剧完美得无以复加，高超的演技成就了如此精练、动人的《罗密欧与朱丽叶》。”（斯洛伐克《真理报》）

“TNT 剧院《罗密欧与朱丽叶》在悲剧与喜剧间切换自如，优雅浪漫却不乏生动风流，一如莎士比亚原作。戏剧魔术般的表演使得角色甚至风格在瞬间自由转换，演员的卓越演技成为最大看点，自如流畅到全无表演痕迹。导演保罗·斯特斌让我们相信，至少在戏剧中还存在真爱。”（德国《明斯特日报》）

“至纯至真的爱情却在死亡中达到高潮，朱丽叶尤其让人心碎……美丽的作品让人难以忘怀，直击莎翁作品的核心。”（德国《法兰克福评论报》）

“牢牢把握住莎翁悲剧的节奏，急速前进直至毛骨悚然的高潮……精彩的表演赢得最热烈的掌声。”（德国《南德意志报》）

“快节奏的惊悚剧却有现实的哲理深度，所以TNT会获得如此的成功。”（希腊《雅典新闻》）

“莎士比亚经典的完美演绎，展现了作品所有的情感和哲学深度。”（捷克布拉格《RRAVO》）

“充满生机，魅力超凡的剧院。”（美国纽约《乡村之声》）

“折服中国观众的是简洁却绝不简单设计中蕴含的巧妙想象力以及整个演出纯正的英伦风格和强烈的喜剧震撼力。”（《北京晚报》）

“表演行云流水，潇洒自如中却深藏功力。舞台简洁至极，朴实之中却凸现庞大寓意，对比英国人驾驭戏剧的能力，我们深受启发，却又自认不如。”（《新京报》）

“一个卓越的例子：如何将莎士比亚戏剧演绎给现代观众。”（日本《时代周刊》）

面对上述评价，虽有“眼前有景道不得，崔颢题诗在前头”的敬畏之心，我还是想说说观戏后的粗浅感受。

东西方文化差异导致生死观相异甚殊。西方人对死亡看得不似中国人这么重，比较坦然，如决斗死亡被视为正常之事。莎翁的另一名剧《哈姆莱特》中充满着死亡的阴影，接二连三发生死人悲剧，最后以哈姆雷特王子的死作为结束，一切似乎都理所当然，或许目的是通过死亡“把美丽毁灭给人看”，以达到观众心灵震撼的强烈悲剧效应。有人说中国没有真正意义上的悲剧，就算为爱情而死，《梁山伯与祝英台》也要有个美丽浪漫的翩翩起舞化蝶结局。

再有，欧洲人大多个性张扬，富于冒险精神，属于海洋文化精神。罗密欧与朱丽叶倾心相爱，不顾家族间的深仇大恨，执着、大胆追求爱情，牺牲生命也在所不惜，最终凭借爱情悲剧的巨大力量化解了两个家族的世仇。中国人是内陆文化，内敛沉稳，较少张扬个性，个体服从整体，个人意志消弭于集体观念中。同为爱情悲剧，焦仲卿与刘兰芝，梁山伯与祝英台的悲剧性比起罗密欧与朱丽叶，就显得温婉含蓄多了，体现着不同的民族风格特征。

英国TNT剧院演出的《罗密欧与朱丽叶》，让我们欣赏到了一部不同寻常的莎翁表演艺术作品。

话剧《原野》观后感

著名戏剧家曹禺的戏剧作品有着丰富的内涵寓意，情节跌宕起伏，冲突复杂尖锐，人物个性突出。《原野》上述特征皆明显，还特别注重对人物内心活动的细致描摹。天津被称为话剧之乡，天津话剧院在北大“百年讲堂”演出的话剧《原野》真是不错，只是看得有些压抑。《原野》讲述了一个发生在旧中国农村冤冤相报的复仇故事。刚看演出时听着演员反复念“仇（chóu）虎”“仇（chóu）虎”，很是诧异，不可能犯这么大的读音错误吧？在姓氏上“仇”应该念（qiú），后来觉得只能这么念，复仇的老虎嘛。剧中人物心理活动丰富复杂，“复仇”成功，也就是残害别人成功后，往往自己内心又不得安宁，结局悲惨，可以说是害人又害己。如仇虎杀死从小一起玩大的焦大星后随即精神崩溃，卧轨自杀结束了自己年轻的生命。剧中人物关系复杂，冲突不断。夫妻情、三角恋交错纠缠，仇虎与焦大星既是朋友又是情敌，金子不爱无用的好人丈夫焦大星，但又同情怜悯不愿其被伤害，也不愿情人仇虎被伤害，展现了人性的复杂多面性。婆媳关系更是冲突不断，金子的瞎眼婆婆凶残狠毒，极尽所能地骂儿媳是狐狸精，勾引儿子又养野汉子，甚至用巫蛊手段诅咒儿媳死亡，最后反倒害了自己的宝贝孙子，悲剧色彩浓郁。懦弱的焦大星夹在母亲和妻子两个强悍的女人中间里外不是人，妻子逼其说出与婆婆同时落水时先救谁的两难选题答案，婆婆则逼儿子责罚儿媳。凶悍焦母、活阎王父亲培养出的却是焦大星这样懦弱善良甚至有点窝囊的儿子。剧中人物的性格圆形丰满多向度，焦母是扭曲的恶的化身，凶狠，恶毒，残忍，又是一个视儿孙如命的封建传统社会的普通母亲，扭曲的爱最后反倒搬起石头砸了自己的脚，落得个子丧孙死媳走他乡的孤凄下场。金子漂亮野性，能说会道，敢作敢为，敢爱敢恨。“丈夫不是自己挑的”，道出了她不能主宰自己婚姻的无奈与不满。金子敢于大胆追求真正的爱情，追求幸福美好的生活，向往遍地是黄金的乐土，具有敢于同命运挑战的叛逆精神，散发着奔放的原始野性生命力，有人誉其为“放歌于原野的野性生命”。

剧中的火车有着明显的象征意义，可以通往充满希望的遥远地方。但那些戴着墨镜的很怪异的造型，开始看时莫名其妙，不知为何物，更不知有何用意。后来慢慢发现，它们是一群身份不固定的旁观者，剧情需要什么角色就扮演什么角色。它们有时是冷静的旁观者，洞察着原野上发生的一切，有时又是人物心理的代言人，需要时还可以是阴间的小鬼，挂衣服、鸟笼的架子，火车的车厢，森林里的树木等等。这些形象怪异丑陋，非但不讨厌，甚至有点可爱。这些怪异的造型初次出场，让人感到的是新奇和惊讶，总想探清这些是石偶还是什么偶的出现有何意义，后来查资料方知是陶俑。陶俑们全知全觉，事事亲自参与，色彩灰暗近似石头，与悲剧的暗淡阴郁气氛协调一致。它们的出现加深了观众对戏剧情节的理解，也使只有六个人出场表演的舞台不再单调寂寞。此外还有一个穿着黑衣黑裙的女性在关键时刻会出现在朦胧的纱幕后面，拉着低沉的大提琴营造有些忧郁悲怆的背景音乐。

在图书馆随手翻阅了刘利群、曾丹娜等主编的《国际视野中的媒介与女性》，其中张蔚、姜志燕撰写的《从女性影视的发展看女性对传媒的影响》一文中提到，“影视中的女性形象是男性所认识和期待的女性”。突然联想到《原野》中曹禺对花金子的塑造，花金子性感、泼辣，具有原野妇女原始的放任与纵情和敢于反抗的精神，全然不同于一般遵守三从四德妇道的传统妇女，这不正是男性作家对女性角色的一种期待吗？剧中集多种男性期待于金子一身，既要她色艳，还要她情真。但金子这类美艳泼辣的女子犹如有毒的罂粟花，男性心之向往却又充满难以驾驭及受伤的恐惧，于是这些红颜便成了“祸水”。在金子这个毒性十足的“狐狸精”面前，残酷的焦阎王，凶悍有力量的仇虎，善良懦弱的焦大星，无母多病的无辜男孩，无论什么性格的男人，都无不死在花金子的面前。尽管死因各不相同，但都与金子有关，金子都是间接诱因。只有同为女性、凶残狠毒、双目失明的焦母，在视为生命的全家人相继离去后还能活着。焦母代表的是理性，总在说狐狸精会害人。男性代表的是情感，哪怕前边有生命的危险，他们也无法抵御诱惑一定会全力去找金子。懦弱的焦大星对金子欲罢不能，在金子亲口告诉她有外遇的情况下，几经痛苦，最后还是请求只要金子不离开，她跟别人怎么都行。《原野》中表现出的男性作家对金子的角色期待，是蒲松龄《聊斋志异》中自荐枕席有情有义的狐妖，王实甫《西厢记》中美丽的相国小姐崔莺莺对张生以身相许故事的延续。剧中不乏对封建礼教的反抗意识，但这些形象由女性作家来塑造又会是怎样一种情形？

电影《杜拉拉升职记》中的当代女性风采

文学场域中的女性文学包含由女性书写和男性书写两层含义，电影场域中的女性电影也可以指女性编导拍摄和男性编导拍摄两种类型。女性书写女性编导的女性电影，深深镌刻着女性独特的生命体验和心绪密码，这是男性书写男性编导的女性电影难以企及的。女性电影的自我言说、自我表现，有着女性获得自由解放的现代价值意义。热播电影《杜拉拉升职记》是实力派女性作家兼导演徐静蕾根据女性作家李可同名小说改编、导演，并亲自主演的女性电影，通过外企白领杜拉拉的职务升迁过程，展现当代职场女性的精神生活风貌。

在电影艺术传入中国的近百年历史中，电影中的女性形象绝大多数为男性所塑造。新中国建立前电影中女性形象的生存发展及需要常被误解曲解，所处文化氛围充斥着男性话语的霸权，要么妖娆妩媚，要么受尽屈辱与欺凌。新中国建立后电影中的女性形象从丧失自我中走了出来，女性解放问题受到高度重视，“男同志能办到的女同志也一定能办到”等男女平等观念在女性电影形象中得到充分体现。《李双双》中的李双双便是女性追求自我解放走出家门参与社会生产的典型代表，近乎“超男人”的形象基本可以说是解构了女性的身份和概念，性别体验让位于责任感。《天云山传奇》中的冯晴岚、宋薇，虽然工作独立却围着男性转圈成为男性的附庸，冯晴岚更是成为男性欲望的化身，具有富于献身的“女性”抑或说是“母性”特点。这一时期的电影大多属于男性编导拍摄完成的女性电影，有着深厚的历史男权文化背景。

在父系话语建构的中国传统纲常伦理宗法文化中，女性被迫缄默于地心，成为被男性言说的“第二性”“他者”。女性在集体无意识中也把男性道德价值观念内化为自己行动的指南，即使偶有班昭这样的知识女性发出自己的声音，也仅是充当了父权文化的代言人。马斯洛把人的生存需要由低到高分为生理、安全、归属和爱、尊重、自我实现五个层次。有史以来，人类在满足基本物质需求后都在苦苦寻求精神层面的超越，探寻自我解放的道路，女性也不例外。适逢技术高度发达的后现代文化时代，各种艺术失去了往昔的尊贵与尊严，艺术表达不再是少数文化精英所掌握的话语特权。从事艺术创作的门槛大大降低，只要愿意，人人都可以拍摄电影电视。进入社会急剧变革的21世纪，女性作家和女性电影编导异军突起，涌现出了徐玫、黄蜀芹、彭小莲、徐静蕾等优秀女性导演。女性导演拍摄的女性电影改变了男性言说的历史，凭借女性视觉及女性感悟使电影中的女性形象在谋求自身解放自由的道路上走得更远。

“女性一经男性启蒙走得更远。”在《杜拉拉升职记》中，徐静蕾导演凭着自己独特的女性心灵感悟与体验，精准把握时代脉搏，叙述着完全不同于男性导演影片中的女性生活，富有现代气息和时代色彩，更为客观真实地反映着女性自身的发展道路及精神风貌。镜头紧紧锁住“DB”职场，所有的故事都在这一既定的时空中发生发展，并不与社会家庭产生多少瓜葛，是一个当代外企白领紧张刺激而又富有个性激情的生活场景。故事情节简单，人物关系亦不复杂，更无历史厚重感。影片中的女性具有明显的后现代色彩，完全以卓尔不群、特立独行的个性气质在职场中拼搏驰骋，实现子君“我是我自己的”发自内心的呼喊。影片中的女性白领青春靓丽，神采飞扬，步履匆匆，执着向前，在时空画面不断转换的快节奏生活中苦苦打拼历练。最具代表性的细节是，杜拉拉一路小跑，既要走路锻炼，又要维护职业女性的气质形象，于是脚上运动鞋、高跟鞋的替换只能在大街上匆忙完成，成为一道引人关注诧异的都市奇景，所产生的喜剧效果让人忍俊不禁。影片中的女性白领承受着巨大的职场竞争压力，或升或炒，随时随地都有发生的可能。在她们的字典中没有“做不了”这样的词语，“一定”“马上”是行动的座右铭，“时间就是金钱，效率就是生命”体现得淋漓尽致。初入职场没有丝毫背景的杜拉拉，凭着富有创意的踏实肯干工作韧性，获得了一步步升迁的机会，成为一名专业干练的HR经理，具有励志效应。

《杜拉拉升职记》既是一部事业励志片，又是一部爱情片，事业与爱情双线发展。影片中的女性白领在紧张工作之余都在寻找或精心经营属于自己的那份情感归属，但又有着一种提得起放得下的豁达大度。在杜拉拉、玫瑰和王伟的三角恋爱中，玫瑰与王伟这对曾经的地下情侣因为真心相爱不得不违反“不能两人都在一个部门工作的”公司规定，刻意隐瞒同居的事实。当玫瑰获知杜拉拉与王伟的爱情时，毅然放弃自己打拼多年来之不易的职位另谋出路，王伟也离开公司去从事从未尝试过的导游工作。这些白领青年对待爱情的态度是，和则相聚，“不在乎天长地久，只在乎曾经拥有”。既追求个性自由，又不愿伤害他人，这是当代青年精神境界的一个侧面。

《杜拉拉升职记》中的女性，几乎对待所有的事情都提得起放得下，刚毅，果敢，决绝，又不乏人文关怀的情怀，传递出一种深厚的道德人伦力量。玫瑰在与王伟分手后，当得知王伟母亲病重后，仍远赴美国探视王母，在大度超脱中彰显着人性的光辉。三角恋中三人之间的关系也是，爱情不在友情在，成不了爱人成密友，在关键的时候都能为彼此考虑着想，宜己宜人的行为值得赞叹。

追求自由，实现两性平等，是千百年来人类孜孜不倦的探索与诉求，从《杜拉拉升职记》中，我们看到了传统社会被压迫及边缘化的女性，充满独立精神的可喜的变化，人类正在自我解放的道路上阔步向前。这是人类文明进步发展轨迹上的一个新的高度，也是一个新的亮点。影片告诉我们，杜拉拉等当代职业女性的洒脱大度在很大限度上取决于经济的独立，经济独立才能个性独立，独立的程度又与女性受教育程度有很大的相关性。今天常能听到“干得好不如嫁得好”“当全职太太”等言论，《杜拉拉升职记》给了我们很多的启示。

汉唐乐府《韩熙载夜宴图》示范版观感

汉唐乐府《韩熙载夜宴图》示范版演出，票售得很火，差点买不到，看完后却小有遗憾。示范的意思是，琴师和舞师在台上表演后请台下的观众上台学表演，第一个觉得还行，后边再叫观众学表演就觉得太水了，花了那么多钱就看这些，还插科打诨。主持人是湖南卫视的汪涵先生，在年轻学生们中特有人气。主持人问观众为什么来看演出时，一名女生直接答道“喜欢你”，年轻学生对汪涵的狂热喜欢程度远远超过了这出戏的创办人陈美娥女士。感觉请娱乐性主持人在一定程度上会损害该剧的严肃性和高雅性。看完演出后，一个老先生说：“为什么就不能开口唱几句？”陈美娥女士说要过几天在梅兰芳大剧院演出时才唱，大家怀着极大的热忱来观看演出，是不是有吊胃口、做宣传的嫌疑？当然，也有一定收获，就是整个演出很舒缓，优雅，很有吸引力，看后心情舒畅，知道了古代文学中提到的箫、琴、琵琶、鼓等乐器，有横弹的琵琶，有竖箫，有由几块木片组成的乐器，有脚鼓等等，也知道了一些基本演奏动作。《韩熙载夜宴图》是陈美娥女士在台北组建的汉唐乐府（南管乐团）根据《韩熙载夜宴图》这幅古画改编而成的集音乐、舞蹈和歌曲于一体的演出。媒体上有人这样评论：“感谢这些台湾的艺术家能为我们复原千年的古代佳作，我们也许不能评估现在在我们面前的这台演出和一千年前韩熙载在家里表演的歌舞音乐有多大不同，但可以肯定的是，陈美娥女士和汉唐乐府带给我们的是对中华璀璨文明的无限遐想。2009 年 10 月，联合国教科文组织政府间委员会第四次例会正式将南音列入人类非物质文化遗产代表作名录。”

迟小秋与程派京剧《锁麟囊》

迟小秋领衔主演的京剧《锁麟囊》，真是不错，观众评价名角就是名角，与一般的演出就是不同。《锁麟囊》是程砚秋先生的程派代表作，久演不衰。迟小秋是著名的程派传人，以外行欣赏京剧的听感，觉得她的唱腔浑厚沉郁，似乎有点接近男声，非清丽温婉型，或许这就是程派特有的声腔特点。宣传海报上评价迟小秋全面专业，嗓音纯正，扮相大方，演唱中十分注重声、腔、意、气的运用，宗法程派艺术娴熟，又能结合自身条件发挥音质所长，因此在演唱上既有程派浓重的寓刚于柔、幽咽委婉的特点，又有雅丽清馨、圆熟优美的艺术个性。她文武兼备，艺术功底深厚，表演地道，纯熟，感情细腻，身段和水袖颇见功力，能巧妙地运用身段和水袖表现人物复杂的心理活动，富有很强的表现力和感染力。《锁麟囊》讲的是：登州富家之女薛湘灵出嫁之时，其母予之锁麟囊，内藏珠宝。薛湘灵与贫家女赵守贞同日出嫁，中途遇雨，花轿同在春秋亭内暂避。赵守贞感家境贫寒，世态炎凉，不禁悲恸，湘灵闻知，慨然以锁麟囊相赠。六年后，登州遭水患，薛周两家逃难，湘灵与家人失散，流落莱州，遇旧佣胡婆，携至当地绅士卢胜筹所设粥棚，逢卢为子天麟雇保姆，湘灵应募，伴天麟游戏中，百感交集。天麟抛球入一小楼促湘灵去取，湘灵登楼，见己昔日之锁麟囊供奉桌上，不觉感泣。卢夫人即赵守贞，见状盘诘，知为赠囊之人，敬为上宾，助其一家团圆。迟小秋的整个表演活灵活现，把观众深深带入剧情中。

程派唱腔传人还有中国京剧院的一级演员李海燕女士，2005 年在复旦大学中文系访学时就曾在“天蟾逸夫舞台”看过她与另一位青年京剧表演艺术家李军对演的《红鬃烈马》。河南的一位访学老师说，李军邀请李海燕从北京到上海演出，一般都要自己陪演，这是一个惯例。我们当时也是高雅艺术普及进校园活动的受益者，校内 5 元钱一张的“天蟾逸夫舞台”京剧票，极大地调动了我们观赏京剧艺术的积极性，并从此爱上了原来认为慢悠悠不大关注的京剧。在上海，我们看过孟广禄先生的演出，看过一些折子戏，也看过梅派大青衣史依弘的演出，以及中国京剧优秀青年演员研究生班毕业生的专场演出。领悟了国粹京剧的无穷魅力及博大精深后，对这些执着坚守京剧舞台的艺术家们充满了敬意，真是台上一分钟，台下几十年功啊！当年偌大上海“天蟾逸夫舞台”里的寥寥几排京剧观众，几乎全是年长的老票友，我们这些三四十岁的访学同学在里边已属惹眼的小字辈，深感传承京剧艺术的不易，任重而道远。北大观看迟小秋表演的《锁麟囊》的观众几近满场，或许北京的土壤更适合京剧生长，或许是人们对京剧艺术的认识及喜爱程度有了很大的提升。心中坚信，只要艺术唯美，推广力度得当，一定会有越来越多的年轻观众喜欢上古老的京剧艺术的。白先勇先生凭着执着的昆曲义工精神，联手两岸三地几十名艺术家，精心打造青春版昆剧《牡丹亭》，到国内外高校巡回演出，抓住了多少年轻人，甚至老年人的心！我们当时的访学同学就曾结伴从复旦步行至同济大学，免费连续三晚如醉如痴观看《牡丹亭》的演出，被深深折服。北大访学又碰上白先勇先生携团到"百年讲堂"演出《牡丹亭》，毅然买下碟子，以后让自己的学生也了解欣赏中国传统的戏剧艺术，也学做一下戏曲义工。白先勇先生说："昆曲是我们这个民族表演艺术的最高成就，需要全民族共同协力去保护、推广和弘扬，就像保护我们的文物青铜器、宋瓷、古画一样。"现在的高校学生，不仅要知道流行音乐，也必须具备一些中国传统戏曲的基本素质。

电影《迈克尔·杰克逊：就是这样》观后感

舍友丁老师认为该看看《迈克尔·杰克逊：就是这样》纪录片，了解一下这位流行音乐巨星的生平。随着杰克逊不久前的猝逝，人们对他的关注越来越多，我也不例外。《迈克尔·杰克逊：就是这样》讲述了迈克尔·杰克逊生前彩排时录制的数百小时影像，以及迈克尔·杰克逊和最亲密的朋友合作的故事。人们对杰克逊的评价是："即便仅仅是排练片段，所有的迈克尔·杰克逊的歌迷和观众朋友们依然可以从中领略到流行音乐之王的认真和专业，一瞥整台伦敦演唱会的幕后制作和天才构思，并在他娴熟的演唱、改良的舞步及新拍摄的高清音乐录影中收获到顶级的视听享受。""《迈克尔·杰克逊：就是这样》这部纪录片不仅是向观众展示天王的惊人歌舞技艺，而是他如何思考——通过行为动作和人类之间传达的信号来看世界。该片仅仅提供了关于迈克尔·杰克逊的艺术生涯的一小部分，但是足以表现这部纪录片的美好。主要是赞颂迈克尔·杰克逊的歌舞能力之强，令人惊喜的是表达方式并没有流俗地走悲情路线，而是让人忽略了他死时的年龄和之前报道中所提的困扰他的疾恙。"

第一次看介绍杰克逊的电影，觉得摇滚乐热烈，节奏感强，有着一种近乎疯狂的发泄，很觉震撼。感慨迈克尔之所以能受到那么多人的追捧，最重要的原因就是音乐与人融合成了不可分割的统一体，音乐即人，人即艺术。而平日看到的大多是艺人在表演艺术，有的甚至演出天赋极高。在影片中看到的应算是迈克尔·杰克逊演出前的准备过程，他的合作者评价他是完美主义者。杰克逊非常熟悉自己的音乐，在流行音乐家中显得很突出，他不停地叫乐手调音，找准自己所要的音准，并强调，我一定尽力让你们听到同唱片上一样的音。联想到当今舞台演出不时出现的不出声对口型的所谓演出，其对待艺术的态度不言而喻。杰克逊极富创造性，演出设计非常有创意。他尤其喜欢极富震撼力、冲击力的场景、效果，舞台周围会突然出现火光的升腾，或激越得让常人难以适应的快节奏现代舞，却又突然猝不及防地戛然而止，让观众受到冰与火极端两极对立的强烈交错冲击。杰克逊的每个关节都能舞蹈，所有细胞都是音乐、艺术的细胞。见识了杰克逊演绎的真正摇滚乐，才明白怎么会有那么多年轻人为看他的演出不惜排好多天的队购票，原来那是现代青年减压的一种好办法。丁老师说，过去买过杰克逊的碟片，杰克逊皮肤很黑，后来慢慢漂白，先由黑到棕，再由棕到白，面部也到处都整过容，或许对他的身体会造成一定影响。虽然杰克逊在50岁壮年之际猝然离开这个他奉献过无数艺术佳作的世界，但会在喜爱他的人心中永存。

贾樟柯电影《二十四城》口述纪实

后现代技术至上及文化产业化、商业化的语境，催生了一批又一批高票房收入的商业大片，其场面宏大，特技突出，远离现实，远离生活，假借一个个历史朝代的符号，肆意演绎与历史毫不相干的娱乐内容，似乎在回溯历史却又疏离甚至亵渎解构历史，貌似表现历史却又前无联系后无延伸，色彩艳丽，内容思想苍白，甚至低俗。《我的唐朝兄弟》《无极》等片就不同程度地具有上述元素。另一类关注现实的片子又过多地表现当代人的现实际遇，如房子、车子、消费等太物质的烦恼，表现方式是人物形象的塑造。贾樟柯的电影总能在喧闹奢华务虚中另辟蹊径，用最传统的叙述方式述说着普通人、甚至底层小人物的生活故事，拥抱现实，延展希望。《二十四城》延续了贾樟柯电影独特的小处着眼，关注普通人普通生活的视觉，不以技术造就的宏大场面、声音色彩的强烈刺激取胜，以纪实采访的形式使用人类最为古老最具表现力的原始口述方式，让叙述者成为叙事的主人，发出自己的声音，而不是惯常的被叙述者、被言说者。作为电影艺术的纪实片，既尊重现实，又有一定的艺术特点。

社会生活像一条奔流不息的历史长河，每个人只是这条历史长河中的一朵不起眼的浪花，无数的浪花共同构成一个引人注目的浪潮，在周而复始的不断轮回中延续着历史的时间长度。贾樟柯的《二十四城》反映了402厂的南迁历史及当代的转型变迁，截取了新中国建立后1952—2008年这个时间段，属于我国大型军工国有企业发展转型的断代史，中心是人，讲述的是这个历史层面的人的故事。影片通过不同人员的口述，还原历史的真实，避免历史的断裂。从中可以感受到政治宣教式的话语权威。在那个特殊的历史时期，即使让你言说，也只是假借你的口说出需要你说出的话，需要你说的大多是充满豪情壮志的革命话语。孩子丢失不必找回，不能误了乘船，实行统一的军事化管理。随着时代的变迁发展，人类的文明进步，人们开始关注人性的发展。《二十四城》中的口头叙述，不只是简简单单的口语符号，更是我们生命中的重要部分，是脱离文字的口述历史，可以让我们找寻回生命中的一些重要印迹。今天我们欣赏高度发达的技术的时候，发现我们原来还会说话，而且能直抒胸臆。中国传统的民歌，如《诗经》使用的就是纪实抒情的手法，电影中的口述艺术是传统艺术的延续。人类学、语言学更关注口语的叙述，越是技术至上的时代，我们越怀念几乎是与生俱来的我们原初的口头表达能力。电影艺术总要表达导演一定的理想及情趣追求。贾樟柯精心设计构架，让不同的叙述者从不同的侧面表现一个明确的主题，这是人类学电影拍摄中常用的手法，导演、采访者隐匿于幕后，让观众成为真正的叙事主角。

《二十四城》的最大特点是以集团作为观察点来回溯历史。这种口述记忆是历史共时层面的集体记忆。亦真亦假、亦实亦虚的两条线索交织穿插，既有时间的延续，也有空间的交错。影片中的虚线用三个不同时代“厂花”的个人历史记忆衔接成一条完整的时间链，通过个体生命历程反映出我国不同时期的历史特点。厂花们的工作、婚姻、家庭无不与所处的时代同呼吸共命运。第一代厂花口述的历史背景是：1952年抗美援朝时期，兵工厂撤到大三线，被称为“三线厂”，402厂作为飞机制造厂奉命由沈阳搬迁至成都。实线用402厂真实人物及一个演员的出现衔接口述，增加共识层面的历史记忆宽度，丰富历史的内涵。电影中的口述让人真假莫辨。影片中向真人采访的口述史应该是真的，演员表演的口述史应该是假的，但作为非实录式的电影艺术，所有的人物形象都不外乎是一种塑造，表现出对普通人的生命关注。这也是《二十四城》能入选美国电影学会20/20项目的原因之一。

观青年相声演员演出反思

在“百年讲堂”观看李金斗主持的青年相声演员演出的相声节目，原以为会不错，开头也曾跟着笑，但到了最后，实在忍无可忍了。总体感觉是“俗”，俗到不可忍耐的程度。没有思想，没有内涵，低级庸俗地抖所谓的笑料。主要表现在以下三方面：一是思维及知识储备的贫乏导致语言的低水平重复。整台晚会，“死狗”一词使用的频率最高，有一个节目全部都在讲“死狗”的包装，其他还有四五个节目也涉及“死狗”内容。电风扇风吹不转，停电倒转的例子，也在两三个相声节目中用到。“网络红人”凤姐也说了好几次，生拉硬拽，不知道自己用这些词是为了什么，还乱“捅”新词。二是没有素质底蕴，试图创新又没法创新，只是在形式上做点文章。糅进唱歌、表演、魔术、戏剧等艺术样式，不但起不到为相声增色的作用，还喧宾夺主。“望夫成龙”节目纯粹成了小品式的表演，更有抄袭模仿郭东临小品的嫌疑，淡化了相声的语言艺术本质。三是语言低俗。“掐死你”至少在四个节目中用过，并老拿死去的相声演员调侃，这是对老一辈艺术家的极不尊重，甚至亵渎。如以戏谑的口吻说，让侯耀文、马季、侯宝林他们到那边教你，多少给人带来对死亡恐惧的联想。还用内裤燃烧、打屁股等言语表现低俗情趣。他们相互之间极尽贬损之能事，最后一个节目竟拿 71 岁的著名相声艺术家李国胜老先生开涮，说什么智力与小孩是同班同学，姥姥舅舅与驴并提。

相声艺术任凭这么糟蹋，估计观众会越来越少，老相声艺术家看了一定会痛心疾首。老一辈相声艺术家德艺双馨的品质值得年轻相声演员们好好学学。即便抖“包袱”，也要抖出点儿让人心领神会后会心一笑的包袱，而不是低级庸俗重复的胡编乱扯。此时方明白，原来银屏上的相声都经过了严格的筛选过滤，《百年讲堂》里上演的某些相声，是充满低级庸俗的纯自然主义作品。

电视连续剧《蜗居》观后感

热播电视连续剧《蜗居》看了好几集，觉得太写实，太物化，生活的目的就是为了一套房子，没有艺术作品应该有的精神追求及超脱旷达，很无聊，但又忍不住看了几集，一是纯粹的消遣，二是就算不喜欢也要明白为什么不喜欢。戴锦华老师说，她作为一个电影艺术的研究者，看《暮光之城》看得想吐，还得看，才能进行评论。追求什么样的生活，完全取决于自己的理解和心态，人们总希望自己的生活变得更好。《蜗居》中的女主角把买房当成自己唯一的目标，节衣缩食，就算买到了，生活还能有多少意思？物欲甚至让青春靓丽的海藻成为腐败高官的小三。曹文轩在上“小说门”课程时说过，现在的作家眼睛太亮了，眼睛仅仅盯着购房、物价等生计方面的问题，应该具有更高的关注。

4 文化交融

杨振宁先生在《西南联大启示录》中回忆西南联大两位老师的指导奠定了他终身发展的基础。他又常跟研究生说，一个研究生在念书的时候学到的东西，多半的情形下都是从同学那儿学到的，不是从课本上，也不是从老师那儿学到的。同学辩论问题可以持续不断，可以辩论得很清楚，跟老师不可能见面那么久。杨先生回忆在西南联大读书时，有一天他和同学在昆明的茶馆辩论哥本哈根的解释是怎么回事，离开茶馆也一路辩论，返回宿舍直至灭灯还不停地辩论，最后干脆点上蜡烛，翻开《量子力学的意义》念关键的几段，再讨论，看看到底懂了没有。

同窗学友一般都以同学相称，如小学同学、中学同学、大学同学。在林林总总的同学中，访学进修的同学最为特殊，不同年龄，不同地域，不同专业，心中彼此认可同学身份。但相互称呼时，不像过去的同学那样相互直呼其名，对年少者往往姓前加“小”字相称，如小王、小孙，对年长者一般在“老师”前加姓相称，如孙老师，王老师，而访学同学基本都是来自全国各地高校的老师。北大访学一年间，结实了很多天南地北的访学同学，有舍友，有慢慢形成访学团队的团友，还有曾一同出访过其他学校的老访友。

北大访学，不仅触及了严谨高深的学问，睿智思辨的思维，还结识了一群精神相通、相趣相投、年岁相当或相异、性格差异甚大的学友。大家抛开繁杂的工作，抛开琐碎的家务，抛开一切羁绊，心无旁骛地进入北大学习。共同的学习目标，共同的学习热情，使大家自然而然地熟识相知起来，格外看重彼此的“同学”情缘，相互鼓励帮助，相依相伴遨游于学海中。访学同学中，有马列、民族学、语言学、文学、经济学等各种专业，专业差异使大家得以取长补短，开阔视野。也曾携手外出旅游，我们称之为“泛访学”。访友间的交融互动成为我们访学生活中的重要组成部分。访学的同学太多，接触最多的是同住在圆明园住宿区的访学同学。

访学一年，相互影响最大，有时如影随形的同学主要是宿舍舍友，及我们自己成立的松散型“访学团队”的团友。大家南北东西不同文化特点交融碰撞，学术、泛学术生活过得丰富多彩，妙趣横生，情谊深厚。由于地域专业的差异，访学同学之间的交流也算得上是跨文化交流了。

民族文化学习交融

在访学同学中，天南地北的女访友们同住一排平房，新疆访友最多，主要是维吾尔和哈萨克两个民族。与其他省区全是高校老师的成员结构不同，新疆既有高校老师，还有一部分广电系统的媒体人，有的已是第二年在北大访学了。新疆的访友们，经常穿着色彩鲜艳的民族服装，相互说着其他访学老师一无所知的外国话似的民族语，再加上活泼开朗的天性，走到哪里都是一道靓丽的风景。在相处一年的时间里，与新疆的同学们发生了一些语言文化交流的趣事。

跟维族老师学维语

云南访友邓老师与新疆维吾尔族具有古典美的古丽老师同居一室，与古丽老师的接触自然也就多了起来。

一日清晨七点多，我与邓、古丽两位老师一起到圆明园晨练。古丽老师的普通话标准流畅，交流无任何障碍。我好奇地问：为什么维族女孩大多叫“古丽”？古丽老师耐心地解释道，“古丽”是“很香的小花”的意思，希望女孩们像花儿一样美丽。我说还有另外一个老师也叫“古丽”，要是很多“古丽”在一起，怎么区分呀。古丽老师又解释，那位老师是哈萨克族，哈萨克族也信伊斯兰教，命名都要找《古兰经》里有的名字，“古丽”在哈萨克语中也指花。古丽老师又说，新疆女孩名字“古丽”前都要加其他成分，她自己叫“热依汗古丽”，还有“阿依古丽”“阿尔特古丽”等，很容易区分。后来到网上查了一下，“古丽”指花，加上不同的限定语就是不同的花了，“热依汗古丽”是十姊妹花（又说是“盛开的花”），“阿依古丽”是月亮之花，“阿尔特古丽”是金花，属于通名前加专名的结构方式。我又问起关牧村唱的《吐鲁番的葡萄熟了》中的“阿娜尔汗”是什么意思，古丽老师说好像是石榴花，后来网上查验了一下，确实是石榴花。看来，维语中不独是“古丽”指花。不同民族的人们在给孩子取名字时都颇费斟酌，都想在名字中寄予最美好的希冀和愿望，新疆女孩名字中用得最多的“古丽”，与白族女孩常用的“金花”，汉族女孩具有普遍性的“梅、兰、竹、菊”等名字，有着异曲同工之妙。古丽老师告诉我，维族家庭里的家务事主要是家庭主妇做，男的会辅助，她家里的事也主要是她做，这是一种民族习惯，到清真寺也是男的去，女的不去，女的在家里做“礼拜”。同汉族一样，采用的也是“男主外，女主内”的社会分工形式，似乎也存在着男尊女卑的两性不平等。说起新疆令人羡慕的歌舞，古丽老师说，新疆的音乐一响起，人们就会情不自禁地要动，要跳，看来能歌善舞是新疆人民的一种本能。据说，访学的新疆同学们常常自发组织一些节奏感强、快乐无比的歌舞晚会。圆明园校区不远处的伊斯兰餐厅也售卖新疆同学们最爱吃的“馕”，我们也会买来当糕点吃，香脆中带韧性，还能较长时间摆放。

晨练的最大收获是学了最简单的维吾尔族问候语。平日里觉得新疆的访友们，男的长得帅气洋气，女的长得漂亮洋气，说话弹舌音多得近乎俄语，他们的出现常常会有一种浓浓的异国情调。我们也想学几句维语，古丽老师教了我们几个最常用的问候语：

早晨好：edisem

你好：iaksim

见人可连说：edisem　iaksim

晨练结束返回宿舍的路上，古丽老师说有一个维族男老师等在我们女宿舍门口找她拿东西，让我们用“iaksim”跟他打招呼。我们既担心唐突，又害怕发不好音，古丽老师热情地鼓励我们说，那位男老师听了会很高兴。我们决定活学活用，现蒸热卖，鼓起勇气用维语向那位不熟悉的男老师打招呼。路上，古丽老师又教我们重复了好几遍。见到那位高大帅气的维族男老师前，云南老乡邓老师从古丽老师的左边跑到右边来挽住我的胳膊，似乎在相互壮胆，当我们勇敢地异口同声地高声问候“iaksim”时，维族男老师惊诧了好几秒钟，随即高兴异常，也用“iaksim”和我们不知道的词向我们问候，古丽老师站在一旁微笑着翻译，我们初战告捷的兴奋劲儿就不用提了。后来的一次晨练，又与这位高大帅气的维族男老师在圆明园相遇，男老师主动出击，用“edisem”“iaksim”等向我们热情问候，我们也连忙熟练地用相同的问候语问候，他还教了我们几句稍微复杂点的维语，当时很高兴地记住了，可惜后来忘了，应了那句老话“好记性不如烂笔头”。受到鼓舞，我向古丽老师请求，教我们一两首原汁原味的维族歌曲，什么时候我请客，带我们到她们维族吃饭的餐馆感受一下地道的维族饮食文化氛围，古丽老师爽快地答应了。但后来由于各自事情的繁杂，以及他们多是民族内部的大集体活动，这些计划未能实现。那天我们晨练回到宿舍后，我打完早点进入宿舍外走道，与端着脸盆的邓老师碰了个对面，她的第一句话就是：“刚才的词我又忘了。”我告诉她“iaksim”，相互一乐，我们学得多投入，多用功啊。

一天，在圆明园公园看到天鹅夫妇正在抱窝，我们脱口而出说道：“孵蛋。”没想到普通话非常流利的古丽老师突然问我“你们怎么说？”“孵蛋。”我重复了一遍，她下意识地记下了。她说有时候讲普通话用什么词要想一下，要翻译，不像用自己的母语不用想。运用两种语言确实不同，母语是自己的精神血脉，从小在潜移默化中习得，母语之外的语言需要刻意学习翻译。古丽老师碰到的情况是向目标语过渡中存在的普遍问题。

与古丽老师的语言文化交流，使我们的访学生活变得丰富多彩起来。

教维族老师学汉语

访学第二学期一个晚上10时左右，宿舍敲门进来了一位不速之客，她说她叫杰恩斯古丽·努斯拜，在新疆一个地方电视台哈萨克语编辑部工作，又是一朵民族之花。其实我们同住一排平房，天天见面微笑打招呼，只是没有认真说过话。我和舍友丁老师热情接待．无事不登三宝殿，这位哈萨克古丽同学应该有什么事才来找我们，我们一定尽力帮助解决。

古丽：我来宿舍交流一下，学学汉语。

丁：你过去不太出来吧，你的汉语讲得不像其他老师那样流利。

古丽：我是第一次来北京，她们是维吾尔族，教汉语的，大学就学了五六年。

我：你上学期是怎么学汉语的？

古丽：上学期就听课学习，没太注意学说汉语，这学期我交钱进培训班学习普通话了。

古丽给我们看了她在普通话培训班的学习资料。

我：你现在这么起劲地学习普通话，是想用汉语播音，集采编播于一体？

古丽：假期人家介绍“安利”，原来没注意，现在觉得很好，“安利”能帮自己练口语。

古丽极力想表达练习普通话的好处，但表意太复杂，有些言不由衷，词不达意了。她说学普通话，“对身体方面有一个健康”，“对经济……”找不到合适的词语，在丁老师的启发下，说了个“双赢”，后来又说出一个“收益”，我补充说还有交友的价值，应该叫“三赢”。古丽忙说“就是，就是”。丁老师分析，母语不是汉语，不能表达复杂的意思，只能附和说“就是，就是”。我们明白，她是想说假期有人介绍她推销“安利”产品，她觉得推销安利产品很好，要推销就得学习普通话，推销又能帮助练习普通话，出去推销有利于身体健康，还能有经济收益。

我：这么（进培训班）练普通话是经济利益的驱动，反过来推销交流又促进了普通话练习。

古丽：你刚才说了一句好话，是什么？

我：经济利益的驱动。

丁老师：汉语就会说，你刚才说了什么。

我："好话"在汉语中有歧义，一是指"好听的话"，二是有求于人"说好话"。

古丽：说了一句我知道意思，就是表达不出来。我们说的就是感觉最好的东西都说好，以后可以记下用。

我：这叫语言的痛苦。想表达表达不出来。

丁老师：太鲜活了。（指学习母语外其他语言的鲜活例子）

古丽：鲜活是什么意思？

丁老师：鲜活就是新鲜的，像活着的鲜鱼一样。

我：别人没有用过说过的，最新鲜的例子也叫鲜活。

古丽：你得到了这样的鲜活。

我以自己作为普通话测试员教授普通话的经验，告诉古丽应该怎样准确发音，她刚才词不达意的话汉语应该怎样表达。又告诉她，汉语复杂，语义表达不能着急，要慢慢来。学习母语之外的其他语言，就得像小孩学习语言一样从头开始，从最简单的字、词、句学起，一点点积累增加。

从古丽学习普通话的鲜活例子中可以看到，在全球化、商品化时代，普通话作为民族共同语的作用越来越大，在一定程度上能增加经济收益，越来越受到少数民族同胞的重视。另外，有了学习的驱动力，学习者就会抛弃心理障碍，一改往日的内敛和羞涩，主动沟通，积极交流，哪怕言语不畅。有了这种铁的面皮，语言水平就会大大提高。古丽学习普通话的经历，确实为我今后的语言教学提供了鲜活的案例。

为了鼓励古丽的汉语学习积极性，我们都买了古丽推销的"安利"牙膏。

国际文化交融

北大的"国际文化节"，场面很是宏大，乐队阵容也非常强，还有非常专业、庞大的摄像、音响设备，用的是长臂伸拉旋转自由的摄像器材。"百年讲堂"前的广场上搭建了很多小格小格的活动板房，按汉藏语系、印欧语系、阿尔泰、韩朝、日本、高加索、南亚、南岛、亚非、尼日尔—刚果、美洲印第安分区，我们参与了"环游地球村"的活动，到各个国家的展点盖印，每个圆圈内都用该国语言写上“你好”二字，有不少国家的留学生还要教你用他们的语言说“你好”。荷兰和智利用的都是“Hola”，我跟着学了瑞典、朝鲜、越南等国及台湾地区的话，当时还得到朝鲜等国同学的表扬，可过后自己全给忘了，但通行证上印有的表音单词还能读出来。盖印，多数国家的同学一到即给盖，少数国家的要你跟他念“你好”一句话，只有新加坡的最难，先看太挤，要回答问题绕开了，后来再去人还是多，只好挤进去，两个秀气的女生特别认真，问我的问题是“新加坡最成功的商人是谁？”于是在拥挤不堪的人群中挤到前边去找墙上的介绍，终于看到是“陈嘉庚”。但我拿着的是两张，邓和我的，她们还要我回答一个问题，最后答错了，只好让邓自己进去，问她的问题很简单，说出一个新加坡的名人，她顺口答“陈嘉庚”，顺利过关。一直没找到越南、柬埔寨的点，后来费了点工夫终于找到了。智利的有一张通行证没盖上，当时没发现，又找了一阵才找到，终于盖上。韩国的同学还让我们品尝了她们的饮料，像中国的米酒，有6度，吃了用糯米、粳米做的似年糕的甜品，还吃了一个小小的圆形的似蛋糕类的东西。当然，还品尝了欧洲一个国家同学提供的巧克力糖，很好吃。在德国的展房拿了印有很大的“德国”字样的以红色为主色调的购物袋。其间还跟几个非洲国家、土耳其还是伊朗的同学留了影，相机电池用完了，后来是用邓老师的手机照的。非洲那个黑黑矮矮的小伙子看好多女性与他留影，很热情，也开开玩笑：“有那么多女人和我照相。”包括我和邓在内。不知是土耳其还是伊朗的女生头上包着纱巾，非常内秀，非常可爱。这回长了见识，认识了一个叫“佛得角”的国家，我很奇怪，问这个国家在哪，我从来没有听说过，展台帮忙的中国男生说，我也没听说过，指着地图给我看，是印度洋靠近非洲好望角的一个岛国，人口仅50万，相当于澳门人口那么多。各个展点都有很多介绍自己国家的图片资料等，拿了一些资料，埃及的多几份。还拿了一个非洲国家的一根长黑色似中国某种豆荚的香料。邓要了一根，黑人同学慷慨地让她拿了。我拿了一根小的，他笑道：“要是每个人都拿，我们展台上就没有了。”历尽一个多小时的艰辛，盖了近60个章，终于游完地球村，又到“百年讲堂”盖了“北京大学第六届国家文化节”的印章，最后来到终点站，在通行证上填了“最佳展台”“最佳美食”“最佳舞台表演”三项内容，领到了一本精美的印有“北京大学”字样的纪念本，打开是北大的图片和日历。

这样的活动每年办一次，北大的学生活动真丰富。

他山之石可以攻玉

911舍友文化交融

我们911宿舍的三个舍友分别来自辽宁、安徽、云南，丁老师的专业是马列，范老师的专业是生态学，而我的专业是中文。本来还有一位舍友，但从未进来住过。舍友们常常在宿舍里有一搭无一搭地闲聊散聊，聊着聊着就会聊出一些意想不到的收获灵感，如文理学科间的交叉渗透学术理念，论文的框架构建等，写文章必须想好了再写，否则写了半天发现不是自己想写的。还聊出对生活的态度看法，彼此给予一些启示，如尽可能把自己的兴趣爱好和工作结合起来，让工作充满乐趣。

书读少了

"书读少了"这句舍友范老师的至理名言一直铭记在心，并不时转赠予自己的学生。当时在宿舍为自己写文章思维凝滞、大脑罢工的状态苦恼不已，博士后范老师轻轻一句"书读少了"把我指点出迷津。她说她也碰到我类似的苦恼，到北京后去见原来的导师，导师给她开出了诊断书是"书读少了"。实践证明，这种读书治疗写文章凝滞毛病的方法屡试不爽。在读相关专业书籍的过程中，常常受到书中观点的启发，碰撞出思维的火花，一不留神就文思泉涌。于是每天都多读书，写文章前更是先读相关的典籍期刊，有了触动再去动笔。后来苦恼主要是怎样才能写得新颖独特，流畅凝练了。当我苦恼于想写一篇高师多种语言不和谐的文章，又找不到新的突破口时，范老师告诉我一个属于她专业范畴的"生态位"视角，并介绍我看她手里的生态书。后来写成了一篇《语言态度与高师语言生态和谐》的文章，完成夙愿。

马克思主义大众化

舍友丁老师是马克思主义学院马列主义专业的老师，在一年的学习生活中，竟把我"马克思主义大众化"了。她常常动员我去听她所涉领域的课程及讲座，到马院听了几次只对内部教师及博士们讲授的外来专家课。还跟着她去听了著名经济学家厉以宁先生讲授的经济学课，果真像她说的一样，一点不生涩难懂，通过一个个生动形象的小故事让人轻而易举而又饶有兴趣地掌握住相关经济学内涵，以至于张五常先生到北大讲课时也想去听，但一票难求只好作罢。我写语言类的文章，有时想有点新的观点，丁老师建议我可以与她专业领域的马克思主义大众化内容相结合，从马克思主义大众化艺术语言的角度进行分析。后来看马克思的一些论著的时候，才知道马克思主义理论的博大精深和千年伟人的旷世胸襟，深被折服。后来我开玩笑说，我也被丁老师的“马克思主义大众化”化了，成了半个马列主义老太太了。丁老师说马克思是一个有思想有理想的人，我们“文革”时把他的思想推向极端，包括毛泽东思想，“文革”把人们的思维秩序打乱了，太政治意识形态化了，使得人们不信任，不如转而抓经济抓钱。今天倡导马克思主义大众化，是在补课，为过去功利主义为政党服务补课，在做刚传入中国时我们就应该做的事。

当时还写了很多有关马克思主义大众化的片段：

1. 高校课堂历来是传播马克思主义的主要阵地，积累了丰富的教学实践经验，但当代大学生对马克思主义类的思想理论课并无多大兴趣。传播者必须细细探寻个中缘由，做到上什么山唱什么歌，方才百战不殆。当代大学生置身于各种高科技文化信息的包围之中，面临多元化多样性的文化选择，他们思维活跃，个性张扬，有自己独立的诉求、愿望，教学中没有令他们折服的内容和教学艺术手段，是难以俘获其心灵的。博大精深的马克思主义思想理论体系传播也必须与时俱进，走下高深艰涩的纯学术圣坛，走符合当代大学生接受心理特点的大众化传播道路，突出群众化、普及化特点。传播的方式和媒介多种多样，但具有交际工具和文化双重功能的口语最为重要。

2. 传播语言的亲和力和感染力能感动受众，激发受众兴趣。亲和力，顾名思义，就是亲切感，和众的能力。感染力是指引起别人产生相同思想感情的力量，启发智慧或激励感情的能力。马克思主义大众化传播语言的亲和力、感染力，是指通过生动形象的传播语言，使对方感到一种亲密无间的“磁力”，乐于接受传播者所传递的马克思主义信息。话语意义与受者对意义的理解，属于一种语言建构活动，话语意义是主体的认知在交际的过程中建构出来的。要使高校马克思主义传播语言具有亲和力、感染力特质，就必须依托当代中国马克思主义大众化话语体系的建构。

3. 语音是语言的外显形式，是音义的结合体，千变万化的语音形式可以赋予各种思想观念以丰富的生命情感意识，这是任何冷冰冰的高科技都无可比拟的。中外历史上都极为重视语言的功效，“触龙说赵太后”就尽显了语言的奇效。以教师为主导的高校马克思主义传播要真正做到大众化，让大学生受众愿意接受，绝不是教师独掌话语霸权高高在上的传经布道，而是师生间平等的双向沟通交流，教师必须在自己的语言亲和力和感染力上下足工夫。语言的亲和力、感染力是指通过颇具亲切感的语言，让对方在感受到一种亲密无间的磁力的基础上产生共鸣。只有教师对自己传播的内容了然于心，才能通过平易、晓畅、通俗、风趣的语言让受众领会其话语要旨及精髓。

最后，我写成《马克思主义大众化艺术语言的内涵及其特征》一文，并在后来的教学中适时引导学生要用心领会马克思主义理论。

学习生活交融

我们911宿舍舍友也会开展批评和自我批评。一次，宿舍内闲聊，范老师自我检讨说："我吧，有时也会暴露出女权主义的倾向。我女儿说，'妈妈，你哪天回家不高声批评，我们反倒不习惯了。'"我说："我孩子小的时候，我总是用一种追求完美的标尺去要求批评他，后来越来越逆反对立，最后在'交流'栏目青少年儿童专家的批评指导下，才改变心态不断调整，帮助孩子度过关键的青春期。"在家庭中，我们身为母亲常常会把一些教师的角色意识带入家庭，存在着角色转换的问题。

丁老师有句至理名言"不要拿别人的错误惩罚自己"，成为我们生活中的座右铭。每当访友为责任不在自己的事生气郁闷的时候，丁老师就笑着用这句话前去开导，总是效果斐然。生活于大千世界，郁闷生气总是与愉快喜悦相伴相生，排遣的方式可谓多种多样，有老庄的逍遥超脱，有阿Q的"儿子打老子"精神胜利法，但丁老师的开导更具哲理性，更能使大家豁然开朗。换一个视角，竟又是一片新天地，可以保持心情的长久愉快。有一个故事说，一个钓鱼的人守了一天钓竿也只钓到几条小鱼，仍旧高兴于自己的收获，第二天钓到下午还是只钓到与头天数目相等的小鱼，有人问他战绩如何，他高兴地回答："我只花了一半的时间就获得了与昨天一样的收获。"换一个角度看问题，就能使我们身心愉快。

由于年龄相仿，孩子都在外上大学，我们在一起还聊家庭、孩子。小年轻就完全不一样了，聊怎样找对象，聊恋爱中的喜怒哀乐。最早在宿舍住过几天的年轻老师，听着我们的话都有点奇怪诧异，有着明显的代沟。当我们了解了彼此的大致情况后。范老师有天说我是成功人士，我听了很觉奇怪，我没有哪一点优秀突出，怎么能称得上是成功人士？范老师说你这样看，家庭里先生孩子怎么样，与双方大家庭的关系怎么样，综合起来是不是成功人士。我恍然大悟，原来成功并不仅仅是某一方面的拔尖突出，如学业优秀等。后来我们一起去几乎水泄不通的阶梯教室感受一下孔庆东老师的教学风采时，孔庆东老师说，老舍在作家中的排位总是在前四五名徘徊，不大引人注目，也从不会掉下前五名，每次都这样就厉害了。联想到自己的家庭、事业，学业、工作不算很好，也还算比较好，孩子不是很优秀，也还算比较优秀，先生的事业及家庭责任感不算最好，也已不错，经济上不富有，也并不困难，老人长寿，两边家庭和睦。用整体综合指数这么一分析，小有一种幸福感。过去在家里我和先生也曾开玩笑感慨说过：知足吧，生活已经很善待我们了，以后应要好好回报社会，但从来没好好理性分析过，仅是直观感受。范老师带有哲理的视角，让我重新审视自己的学业生活，发现原来也还算成功。其实，幸福简单，就看你如何看待。

国庆长假，舍友们相约着一起参观观复博物馆和中国电影博物馆，到天津旅游了一天，参观了“南开大学”。由于看过满族女作家《豆汁记》小说的缘故，还一起去品尝老北京特有的，初尝似乎带点馊味的豆汁，更增添了品味小说的乐趣。

社会文化现象透视

丁老师说北大哲学系两个具有博士学位的年轻副教授以互动调侃的方式解释一些社会文化现象，同学们听得哈哈直乐。说到网络红人“凤姐”文化现象时，他们认为根本不属于值得评论的层次。凤姐最近又出雷语：“鲁迅也比不过自己。”有人评论，“上嘴唇挨天，下嘴唇接地，中间不着边，说话无边无际。”“凤姐”走红网络，无非是自己媒体娱乐出名的需要。媒体做推手，推出那么一个网络红人，所用的是极端差异化对比手法。“凤姐”一米四的个头就要找一米八的对象，又说自己上推三百年，下推三百年，无人可比，不说五百年是因为自己低调，学习的极致是爱看《故事会》《知音》，无非是为了吸引人们的眼球，看来可对出名炒作策略作一番探析。芙蓉姐姐是自己炒自己，“凤姐”是网络推手推出的，两人的娱乐化同中有异。能存在就说明有需求，从一个侧面反映了今天的低俗浮躁之风。最近关注度高的是“凤姐”一词，语言与社会文化的关系是同步共生的。

丁老师还谈到，人力资源管理就是最大限度、最合理地调动人的潜能，使人力资源得到最佳搭配。我说就像炒菜吧，要把配料拿来做最好的调配，掌握好火候炒出最好的菜。丁老师连说“对对对”。语言也一样，语码，一个个的字放在哪儿，就看你怎么组合调配，有的成为语言大师，有的组合得文句不通，这个体现的就是水平了。

丁老师还交流了北大人对北大师生的调侃式看法：

本科生不带嘴巴只带笔和纸，耳朵带了一半；研究生全带耳朵不带嘴巴；博士生全带嘴巴不带耳朵，无纸张无笔基本上持否定态度（特狂）。

老教师特别谦虚；中年教师特别傲气；青年教师特别狂。青年教师一路读到北大，留校在北大，鄙视一切，满桶水直往外冒。最喜欢对学生说，这个你也不懂啊？这些书你也没看过呀。我都研究了那么长时间了，你还不懂。青年教师觉得自己研究、学了那么长时间，什么都搞懂了。中年教师发现很多知识是交叉的，还要去搞。老年教师发现，原来我懂得的不算什么，还得谦虚地学习。

访学教师只带耳朵，不带嘴巴，是来学习的。

访学学友文化交融

读翻译原典原著

英语专业的曾老师在学习生活中给了我很多的启示。她说她的导师蛮厉害，让她读翻译过来的原典，说看别人读后理解的书没意思，话都被别人说了。她的导师讲课时将各种揉透了的理论融会贯通于教学中，强调细读文本就是要深挖细究。细读英国文学课上，引导学生分析“荒野”会出现在什么情况下，当然一般都出现在生离死别之时。我马上联想到了《原野》中的荒野、《雷雨》中的雷雨暴风往往出现在苦闷彷徨绝望之时，曹禺堪称以景寓情的高手。曾老师的导师能够驾轻就熟地运用不同理论分析各种现象，而听课者又有不同的层次境界，本科生追逐的是老师的语言，研究生追逐的是导师为什么能这样讲。曾老师说本学期看了很多理论书后，就知道了老师用的是什么理论，而且知道老师下边要说的是什么话。还谈到了翻译，好的翻译家很难找寻，百年来就出了一个傅雷。翻译人员必须精通中英文，还要有好的感悟领会能力，现在一看就知道是什么人翻译的。伍晓明翻译的《二十世纪文艺理论》就非常好，我听了也想买来研读一下。《水浒》在英文中就被翻译成108个男人和多少个女人的故事，是语义的极大贬值。

写得多了，对今早曾老师念的《二十世纪文艺理论》中的“每个作家所写的东西都是自己的隐形自传”一句话感悟尤深，研究作品可从作品中研读作家，也可以从研读作家开始研读作品，这或许算是一种互文。我们都会把自己的情感体会诉诸自己的笔端，表达我们的理想愿望、心智情趣、意识价值等，可以是散文式的直抒胸臆，也可以借助一个个具体的具象表达抽象理性的内容，区别仅在于表达的形式不同。这一切说明，语言既是人类交际表达的最重要的工具，更是人类心曲的直接流露，语言所展示给我们的是活生生的人的心灵轨迹。我们从事语言教学工作，决不能以纯技术的观念把语言看成死的器物。语言能凸显出作者心智的灵性，接受语言教学的学生们更是活泼泼的鲜活生命，我们的语言教学就是要把语言中的作者心曲展现出来，让整个教学课堂充满“活”起来的生命灵动感。如果我们仅限于机械的语言技术训练，就会陷入工具理性主义的窠臼。

我和小晋有个约定

河南的小晋老师，与我同属中文专业，都在中文系访学，常常结伴学习交流。我们相约早上从圆明园穿行，彼此都严格遵守着共同的约定。有事会相互告知，几乎未曾有过丝毫的违约和懈怠。高强度的学习运转，虽然身心愉悦，但毕竟很疲很累，时间久了，就算有韧性有毅力，也难免偶尔会想放缓一下匆匆前行的步履。但彼此的约定好似浩瀚宇宙夜空中监督着我们的一双双充满爱意而又严厉的火眼金睛，使我们心存畏惧，不敢爽约偷懒。彼此的约定，又让我们情有所牵，心有所系，真诚忠实地信守着那一字千金的无形诺言，这是一种潜在隐形的鞭策鼓励，使得我们简单的约定变得神圣无比。

我们不停地调整着我们的出行时间，由原来的6：50变为6:40，因为一步赶早步步皆顺，一步赶不上趟步步被动，生命的节奏也完全与此吻合相通。区区10分钟的调整，我们得以不用担心学五食堂、燕南美食的早餐告罄，还能够随心所欲地在图书馆找到自己喜欢的有电源插座的座位，二楼人文社科语言类书籍区域一个较为隐蔽的角落，便是我心中的风水宝地。有说有笑的同行不仅能使时间变得短暂而轻快，更能在沟通交流中分享着彼此这样那样的收获，碰撞出未曾料想到的智慧火花。

我们同住圆明园校区18间平房女生宿舍，每天早晨我从自己的11号宿舍到走廊尽头的水房，路过小晋她们的5号宿舍，都会刻意留心宿舍门是否已经打开，是否已亮着灯。“一听到走廊上走过来的脚步声，就想着是你过来了。”小晋也与我有着相同的感同身受，或者叫心有灵犀。因着彼此的神圣约定，我们进入水房的时间一般相差不过两三分钟，无论谁先一步走进水房，都会投以会心的微笑。宿舍楼的很多人还在睡觉，我们走路时轻手轻脚，即便交谈也尽量轻声细语。每天在教室在图书馆，高凳高桌地数小时保持着一个固定的用电脑姿势，肩颈酸痛，有时甚至腰腹也跟着酸痛，眼睛酸胀，很多个早晨，都想放缓一下节奏，晚走几分钟，多赖在床上几分钟，但因着我们共同的约定，从未提及。

一个周六，当几乎所有的人都还在静静休息的时候，我们又在既定的6:45分出发了。图书馆12点闭馆，我去了人大找小杨，又回到北大见了从昆明来的昔日同舍学姐。晚上小晋给我送来负重背回的《帝国的话语政治》《理论之后》《大众哲学》，那是我们中午一道在博雅书屋购买的。小晋告诉我，下午她本想去教室看书，但看不进去就打游戏了。看来血肉之躯比不上钢筋铁骨，即便钢铁机器也有上油保养的时候。问起次日的出行时间，她说睡到自然醒，不谋而合，心中大悦。今早更是得寸进尺，就待在宿舍，让自己彻底放松，想写就写，想读就读，想睡就睡，想看电影就看电影，过一个自在惬意的休闲周日。现在能看到的这小段文字，便是我斜躺在床上休闲的"成果"与见证。

普普通通的相约，普普通通的承诺，使同样普普通通、平平淡淡的学习生活因诚信、哲理、情趣等内蕴而变得富有诗意。乘兴为文，将这难忘的约定固化成长久的弥足珍贵的文字记忆。

晚上与我们11号小家的另一半丁老师有一搭没一搭地闲聊，说起与小晋有了深度"约定"接触后的感触，丁老师在点头认同的前提下突然冒出一句："你喜新厌旧啊！"这小小的"醋意"反倒使我有了一些小小的"得意"，"谁为新谁为旧？你们俩是对立面呀？""那倒不是。"快乐良久。我们访学团队不期而遇的同学相聚，使得我们的访学生活就有种说不尽道不完的意趣，自己所能做也是最需要做的，就是用心细细品味，慢慢咀嚼享受。

小晋老师的"中国作家北大行"之蒋子龙

访友们会互相发一些自己写的小文章。看完小晋发给我的有关听蒋子龙先生讲座的文章，直觉是，蒋子龙说得好，小晋写得好。

今天下午，北京大学中文系举办的"中国作家北大行"系列活动请来了文坛宿将蒋子龙。蒋子龙可谓我这一代人精英文学的启蒙老师，《乔厂长上任记》《赤橙黄绿青蓝紫》等可谓我纯文学的最早读物。如今已年届七旬的蒋子龙一直笔耕不辍，宝刀不老，先后推出《人气》《农民帝国》，书写着他的人生思考和现实关怀。他刚刚从"走进红色岁月"的陕西行回到天津，匆匆赶来的蒋子龙不见半点疲倦之色，退居二线的他没有了紧箍咒的束缚，行事、为文、讲话也就更加随心见性。两个小时的讲演中，他嬉笑怒骂，谈笑风生，对当代文坛的现状，当代作家的精神面貌，文坛的危机与出路，自己的责任和担当等有许多发人深省的真知灼见。比如他说，现在是全民书写的时代，文学无门，处处是门，文坛无坛，处处设坛。文学沦为谋生的工具，作者追求文字的狂欢，文坛疯狂地发胖，充满了泡沫和虚假；影视与文学联姻，腐蚀了一部分作家为市场而写作，影视改编不尊重作家，糟蹋文学经典，以华丽的场面支撑没有灵魂的内容，侮辱国民的智商，降低艺术的审美；世俗文化强盛，精英文化疲弱，甚至向世俗文化媚俗。精英文化是向社会提供核心价值和文化理想的，没有精英文化所建构的理想，我们的生活永远在摸着石头过河；“泛文化”时代，灵魂写作弱化，导致我们的灵魂无处安放，精神家园荒芜，社会的、伦理的、道德的问题层出不穷；“同质化”时代的大多作家在不停地复制自己，但也有部分作家，如贾平凹、迟子建、陈忠实等，坚守自己的立场，不断超越自我，他们正是中国文学的希望。面对商品化充斥的时代，蒋子龙从没有放弃自己的社会担当，他给自己的定位是用笔扮演清洁工的角色，用文字打扫垃圾。他还指出，经济选择适合自己的文化，文化决定经济的品位，当今文化没有赋予经济应有的品位，经济上不能形成文化品位，就只能被动挨打。如今中国28个产业中有21个被外国控制就是明证。中国当代作家思想苍白，作品缺少关怀和超越，缺少情趣和智慧，导致文学越来越边缘化，但这种状态并不是说我们的时代不需要文学。他慷慨而言，中国文学必须有希望，一个民族不死，文学必须有希望。

但对于北大的学生来说，蒋子龙也许属于过去时代的作家，他们追捧热衷的是韩寒、郭敬明等新潮作家，所以到场的学生少之又少，稀稀拉拉地散落在偌大的会场，简直出乎我的意料。难道我们真的已经把文学放置在我们的生活之外了？难道我们真的不再需要精英文化的引领了？我怀着悲壮与悲悯的心情听完了老作家的演讲。

被约定

发了两篇短文给老访友老娅婕，她高兴地回复：“写得真好啊！我就写不出来，将来出书了一定要给我两本，一本放昆明（老家），一本放呈贡（新家）。记住，这也是一个约定呵！”面对学经济的人的表扬，我很有自知之明。我回道：“得寸进尺，不过我乐意。我仅会给引发我写作此文的人发一下拙作，明白你的位置了吧。”这也算是昨晚陈平原老师说到的感恩之心了吧。老娅婕的哪能叫什么“约定”，约定须得双方愿意，她这叫一厢情愿，单方面定出规则，让我遵守执行，很明显的强权意识，“指令性计划”，还美其名曰叫“约定”呢，名不副实。她宣泄了自己的主体意愿，却漠视了作为客体的我的主观感受，我感觉自己是“被约定”了，伪公平之下的不公平。“被”除一般的被动特点外，表意有着无限的可能，具体语义只能随语境情势而确定。有的“被”是真正的无奈、不乐意，这里的“被”是一种朋友间无拘无束的真情实意，心怀一种轻松的调侃愉悦情趣，语用者的情态心境被活化跃然纸上。人际交往中，越熟知要好的朋友越是随心所欲，越是陌生有距离就越是故意拉开距离，越是礼貌周到处处谦辞敬语。具体语用中，传统固定的句式未变，但随着社会文化心态的变迁，语言常常会被创造性地翻新出很多未曾有过的新意。人的感悟与语言的多变互动交织，使得语言永葆青春和活力。无论形式怎么变，“被”字怎么被语法化，语言的本真还在于表意，符号的意义在异乎寻常地淡化。

美在无尽想象中

秦罗敷的美吸引了担者、禾者，但谁都不知其具体的美。《登徒子好色赋》，增之一分则太长，减之一分则太短，也未曾让我们识其庐山真面目。美的形式可以多种多样，可以具体，也可以空灵飘忽。“一千个人中就有一千个哈姆雷特”“青菜白菜，各有所爱”，每个审美主体都有着自己独特的个人心理感受和体验。用具体的可以言说的实在的美去对应无尽的审美需求，审美感受不贬值反倒是一件怪事。郭德纲的相声，极尽夸张地描写一个土匪喽啰下山抓“压寨夫人”，一见面吓得说“给你钱你走吧”，又粗又笨又瓮的声音却说：“我不走，我是来成亲的。”土匪头子让部下娶为妻，部下宁可自戕成仁也不屈从，最后派人用车送“压寨夫人”回府，土匪吓得连车都不敢要了。观众笑了半天，也不知道这位女子丑到什么程度，特洛伊战场上的海伦也从未直接描述过她的美丽。美的描述不能太实，得留有余地，文字的曼妙就于塑造的灵活性和创造力，可以留给读者无尽的想象。

人生价值观交锋

最难忘的访友交流，要数晚上济南邱老师在5号宿舍带给大家的震撼力了。邱老师个不高，还胖，貌无惊人之处，甚至可以说其貌不扬。可往宿舍一坐，便是全体人员的中心，一出口便把全体人给吸引住了，并且很少有人有插话的机会。邱老师是济南名人，常被请到电视台录制节目。她给我们讲述了一场有关杨振宁和翁帆祖孙婚姻的电视论辩赛。邱老师方是反方，正方被人看好，因为多元社会需要宽容，年龄跨度再大的婚姻大家都可以理解。结果却出乎意料，反方大获全胜。邱老师的观点是，不赞成这样的老夫少妻婚姻，年轻人应该找年轻人结婚。她是这样辩论的：年轻女孩，你有勇气找一个你爷爷、父亲辈的人结婚，你也应该有勇气找个年轻的可以一起奋斗的人，建立一个真正属于自己的家庭。年龄跨度太大的婚姻实质是物欲与色欲，不是什么爱情。真的超越年龄，要跟那些满脸皱纹的老头结婚吗？那些露宿街头，皮肤漆黑的老头怎么没人去找，去理会一下？你可以直接去什么都有的家中享乐，但那个家不是你的。那些要抛弃糟糠之妻，娶25岁年轻貌美女孩而苦恼一个月、两个月，给黄脸婆很多经济补偿的男人，日后要抛弃35岁的你娶另一个25岁年轻貌美的女孩时，眼睛都不会眨一下。他们今天的成功是黄脸婆培育出来的，现在他们给年轻女子钱花，当年他们睡觉休息时妻子还要给他们买回各种需要的东西，家里的姨夫、姐夫等亲戚关系，让他们学会了体贴入微。代表孩子的母亲，希望年轻的姑娘们嫁给自己的儿子，支持他们一起去奋斗、去努力，享受青春的快乐；代表家中的女儿，希望年轻的姑娘们不要嫁给自己的父亲或公公，会让自己尴尬；代表家中的妻子，请年轻的姑娘们不要同自己辛苦培养的丈夫结婚。

邱老师的讲说，不仅仅是口若悬河，令人赞叹，更在于她具有哲学特质的理性的分析。现在只能零零星星地记下这么一点点来，丢失了太多的精彩。我赞赏这种女性发出的自己的声音，是对当今过度消费、享乐思想的一种抨击，同时也是对那些追求“干得好不如嫁得好”的物质女孩的一种警醒。

文化寻访

寻访钟鼓楼

钟鼓楼作为坐落在北京东城区地安门外南北中轴线北端的标志性建筑，是元、明、清三代都城的报时中心。“暮鼓晨钟”在京城响彻了数百年，1924年后停止报时，自1990年，每年的除夕又恢复了鸣钟击鼓，只是用的是现代时间。资料显示，清代划每夜为五节：晚八时（戌）曰定更（又称起更或初更）；十时（亥）曰二更；十二时（子）曰三更；二时（丑）曰四更；四时（寅）曰五更；五时（申末卯初）曰亮更，即天明之意。定更及亮更，皆先击鼓，后撞钟，而二更至五更则只撞钟不击鼓。击钟鼓时先快击18响，再慢击18响，俗曰“紧十八，慢十八”，快慢相间计6次，共108响。钟鼓楼1996年被列为全国重点文物保护单位。2009年9月19日，周六，与访友前去寻访钟鼓楼。钟楼和鼓楼前后纵置，高度分别是47.95米和46.7米，在平面铺开的胡同、四合院古建筑群中，巍峨耸立，气势雄伟。

进得鼓楼门内，走过两米开外的几级砖台阶，再爬过十多米的斜坡，登楼时不免惊愕了。狭窄的楼梯，极高极陡，给人一种向下倾倒的压迫感，游客不得不小心翼翼两手交替抓握扶梯艰难缓慢向上攀行，有游客数了数，台阶正好60级，这在中国是一个大吉大利的数字，对美学书中提及的此类中国建筑的特点有了身临其境的感受。鼓楼上陈列着各式各样吸引眼球的大鼓，最有文物价值的竟是一面破烂不堪的清朝时期的鼓，最刺眼的是鼓面上还有一个很大的窟窿，据说是当年八国联军用刺刀挑坏的，似乎提醒游客不要忘记中华民族曾经经受的耻辱和困难。11：30分，在鼓楼上观看了一场精彩的击鼓表演，身着民族服装的鼓手们，轻盈娴熟地挥舞着手中的鼓棒，清脆与低沉，激昂与舒缓不断交织，灵动富于变化的鼓声在鼓楼上回旋萦绕。从鼓楼上瞭望古代京城的中轴线及四周，有种宏伟壮阔之感。钟楼位于鼓楼以北约100米处，正中立有八角形的钟架，悬挂“大明永乐吉日”铸的大铜钟一口。钟高7.02米，直径3.4米，重63吨，是中国现存体量最大、分量最重的古代铜钟，有“钟王”之称。原先钟楼内悬挂的并不是这口钟，而是同样为永乐年间所铸的一口大铁钟，但因为音质不佳，后来才改用铜钟。原铁钟则被置于墙边，目前已被大钟寺古钟博物馆收藏。关于铸造，钟楼附近还曾有过一座金炉娘娘庙，纪念传说中舍身跳入熔炉助父造出合格大钟的女孩。

昔日钟鼓楼报时，采用传统的铜刻漏计时方法，鼓楼的鼓手们听到铙响后击鼓定更，钟楼听到鼓声撞钟报时，钟声悠远绵长，在没有更高建筑的元明清时代，整个北京城都能听到。清代计时仪器改用时辰香，严格定制的时辰香为盘旋状，均匀燃烧，在经过精确计算的刻度上悬挂小球，下接金属盘。当香烧到该刻度，球掉入盘中报时，提醒鼓手击鼓。

值得欣慰的是，早在1925年，北京鼓楼就成立了“京兆通俗教育馆”，成为北京历史上第一个民众教育馆，开创了民众教育之先河。现今北京钟鼓楼文保所又先后复制了25面报时更鼓、“铜刻漏”、时辰香等古代计时器具，每日向游客展演古代报时方法。游客们寻访参观钟鼓楼时，不仅惊叹于钟鼓楼的壮观，报时器具的精妙，更能领会钟鼓楼深蕴的文化内涵。

寻访军事博物馆

今天是周末，经访学团队成员的仔细斟酌磋商，我们五名访学团友于早8时乘717路公交到达木樨地军博。值得一提的是，正备战考博的小张是我们团的“大熊猫”，参不参加寻访活动完全由他自行决定，难得的一次同行。用访学证件领了五张免费参观券，开始了我们的“红色访学”之旅。差不多上午9点进馆一直到下午3点才出馆。军博外的广场上，一个手拿红黄小旗子的导游正跟游客交代：“给你们半个小时的参观时间。”我们相视一笑，我们或多或少都曾经历出钱请一个使自己丧失游客主体地位的婆婆导游管束着我们的行程，为着超过半小时无数倍的自由惬意参观，我们也该为自己以微笑的形式小小庆贺一下了。

由于时间充裕，我们在军博尽情地把能看的都看了。就历史的角度而言，各个时期的武器及作战特点各不相同，不断演进，由冷兵器时代进入热兵器时代，再进入飞机导弹等现代化高科技时代。冷兵器主要有精心打磨过的各种石头，还有通常所说的“十八般武艺样样精通”中所说的矛、锤、弓、弩、剑、斧、钺、戈等叫不全的十八种武器，以及战马，战车、楼船、云梯，一种从城上往下砸的呼不出名字的布满钉子的圆滚形武器，特别还有箭尾扎着干草点燃起推力作用的最早火箭。记得过去看过的一个资料介绍，夏商时代驾着战车作战的仅是统治者，后来随着战事的扩大，无辜的百姓也被卷进去了，真是神仙打架，百姓遭殃。热兵器时代出现了手枪、冲锋枪、机关枪、大炮、坦克等。各式各样的坦克真让人大开眼界，都是从国民党、抗美援朝等战场上缴获到的。坦克一般有10多吨，最重的是美国造的，几近40吨。中国共产党领导的军队，仅凭小米加步枪与如此装备精良的军队作战，最终取得胜利，不能不说是一个奇迹。炮有迫击炮、加农炮等，当时我们的军队几乎没有造炮的能力。我们注意到，毛泽东主席诗词“黄洋界上炮声隆”里所指的炮，仅是一门不起眼的很小的炮，神奇在仅用一发炮弹就击中了敌人的司令部，除了炮兵的精湛技术，听解说似乎还不乏运气。展厅里还有空军英雄王海抗美援朝战争中多次驾驶立下大功的功勋飞机。展厅里展出的现代化军事武器，有美制无人机和有人驾驶的侦察机，以及其他新型飞机和火箭。据分析，现代战争，不会再出现飞机翱翔天空追逐作战的壮观场面，导弹就可以解决问题。

参观军博，不禁想到了人的两面性，也就是人性中难以理喻的矛盾性。一方面强调着人权，倡导着人文精神，不仅要关爱他人，就连流浪的小猫小狗也会受到人们的百倍怜惜；另一方面，自从人类私有制产生以来，战争就无时无刻不伴随在人们左右，自古以来人们就打着各种旗号残杀着同为人类的其他人。主要是利益攸关的生存压迫所致，或许还不乏男性强悍勇武精神。参观军博让我们看到人类的战争史，也知道了“枪杆子里面出政权”是唯一的真理，人类只有通过战争才能结束战争。真希望有一天，人类能以一种博大超脱的胸襟，不再兵戎相见，最终消灭武器，消灭战争，没有血腥和杀戮，让人类获得真正的自由与幸福，这需要人类长远的共同努力。

“落后就要挨打”，提高军事能力，是我们保卫和平的最好办法。

参观毛主席纪念堂

我们一行6人前往北京天安门广场参观毛主席纪念堂，这是我第二次瞻仰老人家的遗容。毛主席纪念堂前，排了很长很长的队伍，秩序井然，参观者无论老少，全是自发自觉自愿。有的还租塑料花前去敬献，表达对毛主席的爱戴深情。我们这群访友大多是60后，从小胸前戴着毛主席像章，背着毛主席的《为人民服务》《纪念白求恩》，唱着《我爱北京天安门》长大，真心希望毛主席能够“万岁，万万岁”。1976年毛主席离开我们时，大家悲痛欲绝，恸哭不已，甚至有年仅十二三岁的同学哭得昏厥在吊唁大厅里，对主席怀有的真挚深厚情感可见一斑。缅怀毛主席，也是重温我们曾经经历过的那个特殊时代，回味我们曾经充满革命激情、理想满满的少年时期。毛主席纪念堂内庄严肃穆，人们依次缓步绕行瞻仰老人家遗容。心中百感交集，面前躺着的，就是历尽艰辛缔造了社会主义新中国的伟人。老人家的伟绩丰功，赢得了今天多少人的缅怀敬仰。又不免担心这么多人的长时间瞻仰，会不会惊扰了老人家。如果主席在天有灵，是喜欢热闹，还是喜欢宁静？茨威格把托尔斯泰静穆的墓地写得非常感人，我尽量地轻手轻脚，希望能在那么多人行进的人流中，传达出想带给主席一份静谧安宁的心愿。

从毛主席纪念堂出来后，我们又到旁侧的国家博物馆参观大型“复兴之路”展，认真接受爱国主义教育。国家博物馆的气势果真不同寻常，资料齐备，科技含量高，从苦难的中国展起。西方国家经过工业革命，科技发达，国力强劲，而我们腐朽的清政府竟还妄自尊大，在西方列强的坚船利炮下，晚清政府留下了一段不忍直视的丧权辱国屈辱历史。接下来是全国各地各式各样的反清运动展，孙中山先生领导的旧民主主义革命，推翻了满清王朝，结束了几千年的封建统治。再接下来，是毛主席领导的新民主主义革命取得胜利、新中国建立后的国家建设、改革开放、邓小平南行讲话、南方经济发展等顺序展出，凸显出中华民族伟大复兴的主题。在这里用文字叙述几乎人人皆知的历史线索，显得干巴巴的，缺少生气和形象感。经国家博物馆里的讲解员带着你看各种各种的实物，通过文物来了解历史，感受自是不同，有种身临其境的震撼感。参观“复兴之路”展出赶了个尾声，整个展览第二天就要结束了。国家博物馆还在修建中，全部开放可能还得等好几年。

参观首都博物馆

预约了首都博物馆的参观券，我们访学团队一行4人乘717路车直接到达目的地。首博的东西很多，也很精致，规模很大。首博的理念是，文化就是要传播，就是要让别人知道，随你拍照，爱怎么拍就怎么拍。想起没多少藏品还收50元参观费的“观复博物馆”不许拍照的规定，自有一番感慨。

首都博物馆藏品丰富，馆舍分类精细。参观时，没人讲解的时候就走马观花地看，很多藏品好在哪里也不大清楚。总体对常规历史文物馆兴趣不浓，对精品馆藏品赞叹不已，对民俗馆也颇喜欢。值得一提的是，在精品馆，一位着红色上装的老年女讲解员正在动情地讲解一只彩色六面瓶的来由。她说这只瓶子是圆明园出来的，一共有两只。几年前在香港拍卖，确定为圆明园真品时，国家的意见是志在必得。标底才300万，三分钟之内竞标达到1900万。一位很爱国的香港女士也参加竞标，她曾买过一件宝物放在哪里都不放心，成了心病，最后捐给上海博物馆了，因为她是江南出去的，听说国家要买，便主动放弃了。那位国内派去香港购买宝瓶的人由于太操心，成功购买宝瓶后的七天就得了心肌梗死之类的病去世了，连买回的瓶子都没看到，现在看到第瓶子就心酸，我们也听得眼睛热热润润的。遗憾的是香港弃购女士的名字及为购买宝瓶而献身的功臣的名字没能记下来。这只瓶子珍贵在是六面形的，比圆形难做得多，每面都有镂空的不同花纹，内部还有一个青花瓷的内胆，平面色彩以红色为主，很艳丽。参观博物馆的收获，不仅仅是观赏到了一件件珍稀的文化藏品，更有那文物后面感人至深的点点滴滴。后来又有幸聆听了一位陪专人参观、好似博物馆负责人的男士介绍一些藏品。一件皇帝加身过的青色绸料绣有灵动黄龙的龙袍，博物馆得到后到苏州找了20个绣工花了两三年的时间才修复好，很漂亮，虽然有些旧。这位先生把我们带到“水面观音”面前，我看着无动于衷，没有什么特别之处呀。经介绍才明白，水面观音的眼神总是看着水面中的自己，博物馆的灯光只能打在下方，营造一个虚拟的水面。不经解说，难能明白其中的奥妙。这位先生还特别介绍了一个圆形青花桌面，有点像大理石圆桌，包了一圈木边，桌面有使用时留下的一些斑点。说画面最有价值，可以以中轴线的形式看过去，中心是寺庙，烧完此磁都要去寺庙祭拜。左侧是水道，运送做瓷器的泥，也预示行销海内外，中间有烧窑的，有烧好后拿去卖的，一幅景德镇人烧窑全程及生活场景展示的市井图，不禁联想到名画《清明上河图》。这才是文物真正的价值所在。这位先生又带着大家参观设在五楼的民俗博物馆，那是以北京一个中等较富裕家庭的生活场景布置的，更接地气，富有生活气息，周围专门画的画因为版权问题，故意做得有些变形。这位先生还风趣幽默地说，有参观者对他设计的吹泡泡的铁质雕塑提意见了，说怎么没见吹出的泡泡。

参观博物馆，有各种各样的参观法，感谢这两位尽职尽责的讲解员，把我带进了文化的氛围，还超出了文化本身。

参观中国现代文学馆

2009年11月27日下午，北大中文系专门组织系内访学的老师们到中国现代文学馆参观。中国现代文学新馆由中国文学泰斗巴金先生倡建，1999年落成，是一座新颖别致具有园林式和浓郁民族风格的1至3层建筑群，现为亚洲最大、设施最为先进的现代文学博物馆，主要展示中国现当代文学发展史以及重要作家、文学流派的文学成就，是现当代文学研究和资料交流中心。带领我们参观解说的是一位很尽职的女退休志愿者，熟悉文学馆内的一切内容，面对中文专业的老师们，解说只提作品名字不介绍作品内容，简洁，准确，生动。

中国现代文学馆总共三层，第一层进门的把手上有巴金先生的手模型雕塑，巴金先生的手小而纤细，还没我们参观团很多合手印的女教师的手大，正是这一双不大的巧手写出了《家》《随想录》等很多脍炙人口的名篇佳作。触推着巴金先生的手形门把手进门，也就意味着我们在大师的引领下开始了文学殿堂内的现当代文学之旅。文学馆大厅旋转玻璃门的两侧，模仿西方教堂用彩色玻璃烧制成六部文学经典名著著名场景的镶嵌壁画，被称为玻璃画上的名著。左侧依次为老舍先生《茶馆》中的撒纸钱，巴金先生《家》中鸣凤投水自尽，鲁迅先生《祝福》中祥林嫂被逼嫁、捐门槛、乞丐，右侧依次为郭沫若先生《女神》中的反抗、向往，茅盾先生《白杨礼赞》中的军民英姿，曹禺先生《原野》中的复仇等著名场景，六部经典著作各自独立又相互连成为一个完整的统一体，色彩绚丽耀眼。大厅两侧还有两个分别高3.5米、重1吨多的巨大青花瓷花瓶，烧制了5000名中国作家的亲笔签名，走进去一眼就看到了沈从文先生的名字。中间有一棵乳白色三层楼高的“文学之树”，树干上满是当代作家的头像，根系由国内外文学经典构成，寓意为文学大树的根基养料，地上一块块竖起的“牌子”代表树枝，罗列的是那十年间的主要作品。一楼展厅两侧各有182.8米长的大型姊妹篇壁画，一侧的主题内容是“苦难”，另一侧的主题内容是“抗争”，表现中国现代文学名著中的受难者和反抗者，其中有阿Q、莎菲女士、倪焕之等形象，既有浮雕特点，又兼有油画特质，被誉为中国现代壁画的第二个里程碑。中国油画学会主席詹建俊认为，该壁画概括现代文学发展历程，突出重要作家的经典作品，充分体现现代文学苦难与压迫，反抗与斗争的主题，背景处理与主体处理虚实结合，装饰性与写实性结合，有较强的艺术效果。二层展厅是“中国现当代文学作品展”，回顾中国文学19世纪末以来的百年辉煌，照片文字无数，还有《从百草园到三味书屋》《四世同堂》等著名作家的手稿等珍贵资料。三楼的“作家文库”收藏着8万册现代文学纸质作品，书架顶天立地占满所有墙，据说都是作家们捐的，有一位名作家就捐了5万册，据说巴金先生筹建时感慨，有了这位作家的书，文学馆就能建成一半了。楼层中央有一圈圆形的18位作家的模拟书房，都是家属们捐出的藏书和实物。解说员告诉大家：前任馆长舒乙说要分析他父亲必须把握旗人、留过洋、普通人、新旧交替几个关键点；萧军的女儿则说父亲首先是一个军人、战士，然后才是作家。萧军作为鲁迅的学生，最崇拜鲁迅，书屋的书桌上摆放着鲁迅的照片，书桌是鲁迅用过的可以下拉盖住钢琴造型。丁玲的雕像很好看，既像她本人，又像莎菲，她自己也很喜欢。冰心在所有作家中条件最优越，从小出生于福建一个海军军官家庭，受过良好教育，到美国留过学，与社会学家吴文藻结婚，一生幸福，没受过什么冲击，认为有爱就有了一切，书屋的一个玻璃柜里装满了孩子们写给冰心奶奶的信，她的《寄小读者》亲切自然，娓娓道来，能够穿越时空。胡风的书房最简陋，命运也最坎坷，平反不久就去世了。由于空间小，作家们的书屋展厅只能分批展出。参观的老师们很奇怪，怎么没有标志性人物鲁迅、巴金先生的书屋，解说志愿者解释说，要另设专馆。

现代文学馆的庭院绿地按朱自清先生的《荷塘月色》意境设计了池塘

和喷泉，在绿地和草丛中散布着鲁迅、郭沫若、茅盾、巴金、老舍、曹禺、冰心、叶圣陶、朱自清、丁玲、艾青、沈从文、赵树理等13位文学家的雕像：巴金先生正低头沉思；冰心白色大理石雕塑彰显冰清玉洁的个性；最有趣的要算“小二黑结婚”，牵着坐着小芹毛驴的人不像是农村青年小二黑，似乎就是赵树理本人……

中国现代文学馆的馆徽是一个逗号，寓意丰富。由于古典文学没有标点符号，逗号代表着现代，逗号还代表着一种延续，意味着中国文学从过去走到今天并将继续迈向未来。参观的访学老师们都买了逗号徽章作为纪念。

访学期间，曾专门与学友去寻访老舍《四世同堂》中写到的“小杨圈”胡同，现今已改名为“小羊家胡同”，可能觉得“羊圈”太俗，改俗为雅。这是一条很小很小的胡同，与大羊家胡同相连，显得破旧，进口很窄，进去后相对开阔，像是啤酒瓶的肚子。找不到老舍故居，便问一恰巧开门的中年人，他手指右边一处破败低矮的房子说：“那就是老舍故居，现在啥都没有了，是居民住处。”不禁一笑，与原来的想象相距太远，政府也没采取什么保护措施。拍了照，也并没觉得有多少遗憾，毕竟了了一段老舍情缘，还增添了一种寻访文学作品创作场地的经历与体验。

天安门前观升旗

在天安门前看过多次日落，坝上草原之行让我们欲看一次日出的夙愿得以实现。从承德火车站乘夜车于凌晨4点来到北京火车站，地铁、公交都要5点多才运行，于是在赵老师的提议下，我们一行人步行到天安门广场观看升旗。一个晨练的男老人猜测出我们的意象，告诉我们看升旗得走快点，大家不由得小跑了起来，向着亲眼见证五星红旗凌空升起飘扬的夙愿奔跑。我们两个年龄偏大的女老师被拉下了一大截，时不待人，我先提议打车，被同伴否决后没再坚持，我俩又尽已所能地“跑”过了王府井，估计这么跑下去一定看不到日出了，自行打到了一辆的。车子很快把我们载到天安门广场，司机告诉我们升旗时间是4:45，我们过了安检，又一路小跑，还没到升旗的地方，已听到了国歌声，快速跑过去在人群外拍下了冉冉上升的五星红旗，还摄了几分钟的像，拍到了国旗班撤到金水桥附近的照片。遗憾的是紧赶慢赶，还是没看到国旗班升旗的整个仪式过程，要是早早打车就好了，好在总算看到了国旗升空的壮观时刻。游人如织，看得出来自全国各地。降旗我见过两次，但升旗还一次未见，这回既算见到了升旗，也留有一些遗憾。但一路狂奔，决意打车的经历令人难忘。这是十多天以来第三次凌晨4点多就开始活动，一次是十多天前在五台山的东台观日出，昨天在坝上看草原日出，今天在天安门前观升旗。前两次有辽远心纯意静的感觉，今天看到的是人气。虽然大家步履匆匆，忙于生计，但对在天安门广场观看庄严神圣的升国旗仪式，却是绝大多数中国人心目中的一个挥之不去的情结。我们平时总在批评物欲、异化等问题，但到了升旗的天安门广场，你会发现很多人都还有很可爱的另一面。仪式传导巩固内涵，通过仪式凝聚我们的文化精神，天安门广场上的升旗仪式无疑巩固了我们的凝聚力和向心力，爱国情绪得到陡增。这是一种纯粹的自发活动，没有谁的强迫。

据说，升降旗时间根据东海的日出日落时间而定。每天都有升降旗活动，但逢五逢十最为隆重。

天安门广场的红旗是标志，是文化符号，也是一大景观，代表着更多的革命意志。

5 学术论文

北大访学，接受了前所未有的学术文化熏陶及训练，完成了一些学术论文。在此收录几篇导师指导或受启示完成的论文，算是对自己访学期间的学术成果汇报。其中，《云南罗平方言同音字汇》是在李小凡教授的直接指导下完成的，《从语义地图看罗平方言“掉掉掉”中“掉$_3$”的虚化轨迹》和《珠江源头语言禁忌民俗文化背景下的十二生肖地名》是受李小凡教授的授课启发完成的，《性别话语视角与母亲话语霸权下的无权》受杨善华教授“女性学”课程的影响完成的，在此郑重道谢。

云南罗平方言同音字汇

张明仙

（曲靖师范学院教师教育学院，云南曲靖 655011）

摘要：云南罗平方言属于北方方言西南官话区。以中国社会科学院语言研究所《方言调查字表》为基础，根据罗平方言的用字情况，删去方言中不存在的字（词），少量补充罗平方言常用而《方言调查字表》未列的字，调查归纳罗平县城关镇的语音系统，收入同音字汇单字 3100 多个。

关键词：汉语方言；罗平方言；声韵调；同音字汇

一、罗平方言音系概况

罗平县位于云南省东部，滇、桂、黔三省（区）结合部，有“鸡鸣闻三省”之称，地处东经 103° 57′ –104° 43′、北纬 24° 31′ –25° 25′ 之间，面积 3025.35 平方公里，辖 7 乡 6 镇。[1] 人口据 2000 年第五次人口普查，共 51.52 万人，其中汉族人口 46.31 万人，占总人口 87%。

罗平方言音系描写的是笔者母语罗平县县城所在地罗雄镇语音。以笔者母亲侯素玉的发音为主，参考了笔者舅公侯长荣的发音。侯素玉，女，1934 年生于罗平，中师文化程度，小学退休教师，1980 年移居曲靖前一直定居罗平，乡音纯正，从未使用过其他语言。侯常荣，男，1940 年生于罗平，初中文化程度，农民，一直在本镇生活。在记音和撰写中得到了北京大学中文系李小凡先生的悉心指导，在此表示衷心感谢。

（一）声母 22 个

P 玻布别把	p‘ 怕盘胖庞	m 门抹毛忙	f 佛飞费富
t 得到夺大	t‘ 特太同躺	n 年泥难努	l 勒路连老
ts 曾层足自	ts‘ 雌词此次	s 思散苏嫂	
t 基精经进	t‘ 其秋千请	ɕ 休希向小	
t 知招主住	t‘ 池吵查虫	ʂ 诗书扇哨	ʐ 认饶若让
k 哥贵跪郭	k‘ 开空康考	x 化好航红	
ø 乌安云屋			

说明：（1）舌尖中塞音 t t‘n l 舌尖接触部位略低于上齿龈，实际上是舌尖齿背音；（2）舌尖后音 tʂ tʂ‘ ʂ ʐ 的翘舌程度没有北京话那么后。

（二）韵母 30 个

ʅ 资刺紫饲	ʅ 知直指滞	i 衣鱼雨意	u 佛普故绿
a 巴爬辣拿	ia 加夹架假	ua 花刮刷挂	
o 合国落惑	io 确脚药学		
ɤ 而北特瑟			
iɛ 鳖灭姐月			
ai 呆盖哀来	uai 衰怪帅袋	ɑu 包逃保熬	iɑu 飘条料跳
ei 悲倍妹内	uei 贵桂内对		
əu 斗丑楼厚	iəu 悠流育桔		
en 根庚更楞	in 心群青景	un 温魂轮棍	
an 三蚕产滥	iɛn 签减连歉	uan 官短船乱	
ɑŋ 躺桑党浪	iɑŋ 江良讲呛	uɑŋ 黄光王矿	
oŋ 红崩朋风	ioŋ 穷勇胸庸		

说明：（1）韵母 ʅ 和 ʅ 有裂化倾向，实际音值分别为 ʅə 和 ʅə。（2）韵母 i 带有明显的摩擦，严式记音为 ij。（3）韵母 u 舌位偏低，实际音值是 o，与韵母 o 音值十分接近，有时不易分别。（4）韵母 a 舌位偏央，接近 ᴀ。（5）韵母 ai，uai，ei，uei 的韵母的实际音值为 ɪ。

（三）声调 4 个

阴平 [˥]55	诗梯高猪	阳平 [˨˩]21	时题才穷
上声 [˥˧]53	使体古手	去声 [˨˨˧]223	世第厚避

说明：（1）去声起点的实际音高略低于 2，平升调型平的部分实际略降。

（四）罗平方言音系特点

罗平方言属于北方方言西南官话区，声母、韵母、声调系统与普通话有很大的一致性，但也独具特色。

（1）声母与普通话基本相同。（2）无撮口呼韵母，凡普通话撮口呼一律读齐齿呼。（3）中古见系二等字中的一些字，罗平话还保留洪音读法，普通话已变为细音。如“机械 [kai]”“上街 [kai]”“鞋 [xai] 子”“衔接 [xan]”，“巷 [xɑŋ] 道”等。（4）[iəu]，[io] 两个普通话中没有的韵母，[iəu] 韵母字普通话读 [y]，[io] 韵母字普通话读 [ye] 或 [iɑu]，如“菊 [tɕiəu] 花”“节约 [io]” “赤脚 [tɕio]” 。（5）“端”组字和“精”组字碰到臻摄合口一等字都读 [en]，如“上顿 [ten]” “尊 [tsen] 敬”。（6）曾摄开口一等，梗摄开口二等和通摄舒声帮系全读 on，如“亲朋 [p‘on]”，“刮风 [fon]”“勇猛 [mon]” 。（7）两字组的连读变调，后字为阳平，无论前字为何调，后字一律变读阴平，：前字为阴平的，如“姑爷 ku^{55} iɛ $^{21\ 55}$”；前字为阳平的，如“ 杨梅 iɑŋ ^{21} mei $^{21\ 55}$”；前字为上声的，如“五月 u ^{53} iɛ $^{21\ 55}$”；前字为去声的，如“去年 tɕ‘i ^{223} niɛn $^{21\ 55}$”。

二、罗平方言同音字汇

本字汇以中国社会科学院语言研究所《方言调查字表》[2] 为基础，根据罗平方言的用字情况，删去方言中不存在的字（词），少量补充罗平方言常用而《方言调查字表》未列的字，共收入单字 3100 多个。

本字汇按罗平方言声、韵、调顺序排列。无法书写的字，用“□”表示，并用小字释义，解释和举例随文用小字加注或举例。注文用“~”代表该字。字下加“—”表示白读音，加“＝”表示文读音。自由变读、又读等在字的右下角用数码表示。

ɿ

ts [˥] 资姿咨滋孳孜呲龇~牙咧嘴辎

[˥˧] 紫姊子滓渣~

[˧˨] 字自痔~疮

ts‘ [˥] 疵吹毛求~雌差参~

[˨˩] 瓷~器糍~粑辞词祠~堂慈

[˥˧] 兹

[˧˨] 刺赐伺~候

s [˥]斯撕厮私司丝思
[˨˩˦]死
[˧]四肆似祀祭~寺嗣后代：他死后无~饲

ʅ
tʂ [˥]只一~知蜘~蛛支枝肢栀~子花之芝
[˩]侄直执汁果~质直植值殖植掷投~织职
[˨˩˦]纸只~有脂~肪旨指止趾址
[˧]炙至致智雉稚治志痣制滞
tʂ‘ [˥]匙钥~嗤齿侈奢~
[˩]池驰骋迟持赤
[˧]秩~序翅
ʂ [˥]师狮诗尸施豉豆~
[˩]时湿十什~物拾失室食蚀石识释适
[˨˩˦]屎史驶使
[˧]式试饰世是势誓逝示嗜士仕市柿~子事始恃侍氏
ʐ [˩]日

i
p [˥]屄
[˩]陛鼻笔毕必弼逼璧壁碧痹麻~彼~此
[˨˩˦]匕愎鄙比譬~如
[˧]蔽弊毙蓖~麻闭篦~子
p‘ [˥]庇包~批披匹
[˩]皮疲脾啤琵~琶枇~杷僻劈辟
[˧]屁
m [˥]咪眯
[˩]迷谜弥泌蜜密
[˩]米靡
t [˥]低屉
[˩]笛敌狄的目~滴嫡
[˨˩˦]底抵体
[˧]弟第递地帝

t‘ [˥]梯涕啼剔
[˨˩]堤～坝题提蹄踢
[˧˨]剃～头替
n [˨˩]疑凝溺尼泥倪宜适～逆
[˦˨]你女
[˧˨]腻
l [˨˩]历立离篱～笆璃犁黎厘律率力
[˦˨]李里理鲤礼履吕旅
[˧˨]虑滤利痢例厉励丽荔狸吏
tɕ [˥]鸡稽几～乎讥机饥肌籍居拘驹基屐
[˨˩]及极级极绩即急疾击激吉即鲫籍藉狼～
[˦˨]挤几茶～举
[˧˨]纪记季冀句巨剧拒距据锯既具俱惧祭际计继寂系～鞋带技济妓髻发～
tɕ‘ [˥]妻栖～息欺蛆黢区驱
[˨˩]祁
[˦˨]岂
ɕ [˥]兮犀溪西牺嬉熙希稀絮棉～希悉～心需须
[˨˩]婿徐嘘拟声词：有人发出了嘘的声音息熄媳昔席惜夕习袭吸锡析玺玉～悉熟～
[˦˨]许
[˧˨]序叙绪细系～列戏
ø [˥]淤倚蚁医衣依
[˨˩]一乙鱼渔余愚虞益遗于迂盂揖裕移夷姨沂
[˦˨]雨宇禹羽语与已以谊椅
[˧˨]肆～业亿玉抑翼御疫役艺娱饴遇寓义仪议易毅誉

u

p [˦˨]捕补
[˧˨]布怖步埠卜讣部簿
p‘ [˨˩]菩扑璞～玉赴
[˦˨]普甫浦脯胸～
[˦˨]亩母拇～指

f [˥] 夫敷麸~子傅师~
[˩] 福幅蝠蝙~腹覆服伏俘孵符扶芙~蓉复~兴
[˦] 斧俯腑腐豆~辅
[˧] 父赋付附富妇负副缚傅姓
ts [˥] 租
[˩] 足捉卒
ts‘ [˥] 粗
[˩] 促族
[˦] 蜀楚暑中~鼠老~
[˧] 醋
s [˥] 苏酥
[˩] 续戌戍速宿俗续赎粟
[˧] 塑素嗉~子庶恕
t [˥] 都~城
[˩] 独读犊牍笃督~促毒
t‘ [˩] 秃徒屠图突途涂
[˦] 吐吞~
[˧] 吐呕~
n [˩] 奴
[˦] 努
[˧] 怒
l [˩] 卢炉芦鸬庐茅~鹿禄赂
[˦] 橹虏卤
[˧] 路露鹭
tʂ [˥] 诸]猪诛珠蛛株
[˩] 竹筑祝烛逐轴粥
[˦] 煮主
[˧] 著助处~所驻注蛀柱铸
tʂ‘ [˥] 初
[˩] 除锄厨出
[˦] 褚薯白~处相~储~蓄
ʂ [˥] 书舒疏蔬输殊枢
[˩] 术述秫叔淑束属熟

[˦˩] 数动
[˧˦] 数名竖
ʐ [˩] 肉猪～褥～子
[˦˩] 辱～骂
k [˥] 姑孤箍
[˩] 骨谷
[˦˩] 古估～计牯股鼓
[˧˦] 故锢雇顾
k' [˥] 枯窟
[˩] 哭酷
[˦˩] 苦库裤
x [˥] 乎呼
[˩] 胡湖狐壶瓠忽核桃～
[˦˩] 虎浒水～
[˧˦] 户沪护
ø [˥] 乌坞污巫诬
[˩] 吴蜈蚣梧～桐无
[˦˩] 舞侮鹉鹦～
[˧˦] 务雾勿恶可～

a

p [˥] 巴芭疤
[˩] 拔
[˦˩] 把～握爸耙
[˧˦] 霸坝平川罢把～子
p' [˥] 钯琶琵～杷枇～
[˩] 爬
[˧˦] 怕帕
m [˥] 蟆
[˩] 麻抹
[˦˩] 马码
[˧˦] 骂
f [˩] 法乏发伐筏罚

ts [˨˩] 杂
ts‘ [˥˥] 叉杈
[˨˩] 擦搽茬找～
s [˥˥] 萨
[˨˩] 撒洒
t [˨˩] 答搭塔
[˥˧] 榻塌溻湿：我的汗溻湿了
[˥˧] 达沓量词：一沓纸
[˧˦] 大
t‘ [˥˥] 他
[˨˩] 踏獭
n [˨˩] 捺拿纳
[˥˧] 哪～个
[˧˦] 那
l [˥˥] 拉
[˥˧] 辣癞
tʂ [˥˥] 楂蚱蚂～
[˨˩] 扎札轧铡眨闸炸油～
[˥˧] 拃：一～宽鲊茄子～
[˧˦] 乍诈榨炸～弹栅
tʂ‘ [˥˥] 差
[˨˩] 茶
[˧˦] 岔
ʂ [˥˥] 纱
[˨˩] 傻厦偏～
k [˥˧] □小儿语：肉～～
ø [˥˥] 啊
[˨˩] 二贰

ia

tɕ [˥˥] 家加痂嘉家～具
[˨˩] 夹甲胛肩～夹挟要～
[˥˧] 假真～贾

[˧˦] 假放～架驾嫁价
tɕʻ [˥] 佳
[˨˩] 恰掐洽
ɕ [˥] 虾
[˨˩] 狭峡瞎辖霞遐暇匣子
[˧˦] 下夏
ø [˥] 丫椏
[˨˩] 涯牙芽衙押压鸭鸦雅
[˥˧] 哑
[˧˦] 亚

ua

k [˥] 瓜
[˨˩] 刮括～号
[˥˧] 寡
[˧˦] 挂褂
kʻ [˥] 夸
[˥˧] 垮
[˧˦] 跨
x [˥] 花
[˥˧] 划～船华桦滑
[˧˦] 画话划计～
tʂ [˥] 抓
[˥˧] 爪
s [˨˩] 刷
ø [˥] 挖蛙洼
[˨˩] 袜
[˥˧] 瓦

o

p [˥] 波菠玻～璃
[˨˩] 钵拨勃博泊薄～膜驳剥
[˥˧] 跛簸～箕

[˧˦] 薄～荷
p‘ [˥˧] 坡
[˧˩] 婆泼
[˥˧˩] 颇剖
[˧˦] 破
m [˥˧] 摸
[˧˩] 魔模末沫抹磨折～莫馍膜幕寞摹摩
[˧˦] 磨～面暮慕墓募穆茂～密
ts [˧˩] 作昨
[˧˦] 佐辅～坐做
ts‘ [˥˧] 搓
[˧˩] 撮
[˧˦] 错措矬矮：矬子里拔将军
s [˥˧] 蓑梭～子嗦啰～
[˧˩] 索缩朔
[˥˧˩] 琐
t [˥˧] 多
[˧˩] 夺铎踱掇
[˥˧˩] 躲
[˧˦] 舵惰剁垛
t‘ [˥˧] 拖
[˧˩] 脱托讬驼驮
[˥˧˩] 妥椭
n [˧˩] 挪诺
[˧˦] 糯
l [˥˧] 啰～嗦
[˧˩] 罗锣箩骡螺螺田～脶手指纹落烙骆酪洛络乐
[˥˧˩] 裸捋
w [˧˦] 摞
tʂ [˧˩] 拙镯着～衣酌卓桌琢啄涿
tʂ‘ [˧˩] 绰
ʂ [˧˩] 说勺芍朔
k [˥˧] 哥歌锅戈

[˩] 聒~耳朵割葛各搁郭国
[˥˩] 果裹
[˧] 个过
k‘ [˥] 科棵颗
[˩] 阔扩
[˧] 课
x [˥] 喝豁荷薄~
[˩] 获或河何荷~花渴和~气禾盒合活鹤
[˥˩] 火伙和~面
[˧] 惑贺祸藿霍
ø [˥] 窝倭
[˩] 蛾鹅俄鄂恶握
[˥˩] 我
[˧] 饿扼沃

io

n [˩] 掠略虐
l [˩] 爵脚觉角
tɕ‘ [˩] 鹊雀却确
ɕ [˩] 学削~皮

ɤ

p [˩] 北白伯百
p‘ [˩] 迫拍魄
m [˩] 默墨~盒陌麦脉
t [˩] 得德
t‘ [˩] 特忒
l [˩] 勒肋
k [˩] 格胳革隔
k‘ [˩] 咳刻客克
[˧] 去来~
x [˩] 黑赫核审~
tʂ [˥] 遮

[˨] 褶折蜇哲
[˥˩] 者
tʂʻ [˥] 车 ~ 马
[˨] 撤辙
[˥˩] 扯
ʂ [˥] 奢赊
[˨] 蛇佘姓摄涉舌设
[˥˩] 舍取 ~
[˧˦] 社赦 ~ 免射麝 ~ 香舍宿 ~
ts [˨] 窄则择摘翟
tsʻ [˨] 厕测侧册策拆泽
s [˨] 涩瑟塞虱 ~ 子色啬吝 ~
ø [˨] 额儿而
[˥˩] 耳尔饵

iɛ

p [˥] 鳖憋
[˨] 别告 ~
[˧˦] 别 ~ 扭
pʻ [˥˩] 撇
m [˨] 灭蔑觅
t [˨] 跌叠碟牒蝶谍
tʻ [˨] 帖碑 ~ 帖铁
n [˨] 聂镊蹑业孽捏
l [˨] 猎劣
tɕ [˨] 倔掘鳜接杰揭节捷绝洁结洁劫截橛 ~ 子决诀
[˥˩] 姐
[˧˦] 借
tɕʻ [˨] 怯妾茄缺
[˥˩] 且
ɕ [˥] 些
[˨] 斜谐携协雪薛歇蠍楔血穴恤
[˥˩] 写

[˧˦] 卸谢泄泻
ø [˥] 耶曰
[˨˩] 阅悦噎爷叶月越粤
[˥˧] 也液
[˧˦] 夜

ai

p [˥˧] 摆
[˧˦] 拜稗~草败
p' [˨˩] 牌排
[˧˦] 派
m [˥˧] 买
[˧˦] 卖迈
ts [˥] 灾栽
[˥˧] 宰
[˧˦] 载在
ts' [˥] 猜
[˨˩] 才材财裁
[˥˧] 采睬
[˧˦] 蔡
s [˥] 腮鳃
[˧˦] 赛
t [˥] 呆
[˧˦] 代贷袋带待怠殆戴
t' [˥] 胎苔
[˨˩] 台抬
[˧˦] 太态泰
n [˥] 奶~ ~
[˥˧] 乃奶牛~
[˧˦] 耐奈
l [˨˩] 来
[˧˦] 赖癞
tʂ [˥] 斋

[˧] 债寨
tʂʻ [˥] 差出～钗
[˨˩] 豺～狼 豺狗柴
ʂ [˥] 筛
[˧] 晒
k [˥] 该皆阶节街稭
[˥˧] 改解～开
[˧] 丐界介芥疥戒械溉概慨
kʻ [˥] 开揩
[˥˧] 凯楷
x [˨˩] 鞋球～靴
[˥˧] 蟹螃～解～放
[˧] 亥害骇解姓
ø [˥] 哀挨埃捱崖
[˨˩] 蔼和～
[˧] 隘艾

uai

k [˥] 乖
[˥˧] 拐
[˧] 怪
kʻ [˥˧] 块蒯
[˧] 快筷会～计侩～子手
x [˨˩] 怀槐淮
[˧] 坏
tʂ [˧] 拽
tʂʻ [˥] 揣
ʂ [˥] 衰摔
[˧] 帅率蟀□笨：□头□脑
ø [˥] 歪

ɑu

p [˥] 褒包胞

[˨˩˦] 饱
[˧] 报抱豹雹暴爆鲍
p‘ [˥] 抛
[˨˩] 袍刨
[˨˩˦] 跑
[˧] 泡炮
m [˥] 猫
[˨˩] 毛茅矛
[˨˩˦] 卯
[˧] 冒帽貌贸
ts [˥] 遭糟
[˨˩˦] 早枣蚤澡
[˧] 燥皂灶
ts‘ [˥] 操
[˨˩] 曹槽
[˨˩˦] 草
[˧] 糙粗
s [˥] 骚臊
[˨˩˦] 扫嫂
t [˥] 刀叨
[˨˩˦] 祷倒跌～
[˧] 稻道到倒～水盗导
t‘ [˥] 滔掏萄涛
[˨˩] 桃逃淘陶
[˨˩˦] 讨
[˧] 套
n [˨˩] 挠
[˨˩˦] 脑恼
[˧] 闹
l [˨˩] 劳捞唠涝牢
[˨˩˦] 老
tʂ [˥] 昭招召
[˨˩˦] 沼

[˧˥] 赵兆罩照

tʂʻ [˥] 抄钞焯～水超

[˨˩] 朝潮

[˥˧] 炒吵

[˧˥] 绰宽～

ʂ [˥] 梢烧稍

[˥˧] 少多～

[˧˥] 韶绍少～年邵

ʐ [˨˩] 饶

[˥˧] 扰绕围～

[˧˥] 绕～线

k [˥] 高篙膏羔糕

kʻ [˥] 敲～门

[˥˧] 考烤

[˧˥] 靠

x [˥] 薅～秧蒿

[˨˩] 豪壕毫号哭

[˥˧] 好～坏郝

[˧˥] 好～恶耗号～码

ø [˥] 熬～菜

[˨˩] 熬～煎

[˥˧] 袄

[˧˥] 坳懊傲

iau

p [˥] 彪标表

pʻ [˥] 飘

[˨˩] 瓢嫖

[˥˧] 瞟　漂～白票

m [˨˩] 苗描

[˥˧] 藐渺秒

[˧˥] 庙妙

t [˥] 刁貂雕

[˧] 钓掉调论～

t‘ [˥] 挑

[˨˩] 条调～合

[˧] 跳～合

n [˦˨] 鸟

[˧] 尿

l [˨˩] 燎疗聊辽撩瞭

[˦˨] 了～解

[˧] 寥廖料

tɕ [˥] 交郊教～书焦蕉椒娇矫浇

[˨˩] 嚼～东西

[˦˨] 剿侥绞狡铰饺搅矫

[˧] 较酵发～轿觉窖教～室

tɕ‘ [˥] 锹悄

[˨˩] 樵瞧乔侨桥荞

[˦˨] 巧

[˧] 俏鞘窍

ɕ [˥] 嚣萧箫消宵霄硝销

[˨˩] 淆

[˦˨] 小晓

[˧] 孝效校学～对

ø [˥] 邀腰要～求

[˨˩] 肴窑摇谣姚尧

[˦˨] 杳舀

[˧] 要～员耀鹞

ei

p [˥] 悲杯背～东西卑碑

[˧] 倍辈背～诵焙～烤被臂手～

p‘ [˨˩] 培陪赔陪裴

[˦˨] 胚丕坯土～

[˧] 佩

m [˨˩] 梅枚媒煤眉楣霉没

[˧˥] 每美
[˦˧] 妹昧媚寐假～
f [˥] 非飞妃
[˨˩] 肥
[˧˥] 匪榧～木翡～翠
[˦˧] 废肺吠费痱痱子
t [˥] 堆
[˦˧] 对队
t‘ [˥] 推
[˨˩] 腿
[˦˧] 退

uei

t [˦˧] 兑
n [˦˧] 内类泪
l [˨˩] 雷
[˧˥] 累～计垒儡
[˦˧] 累极睏
ts [˥] 追
[˨˩] 贼
[˧˥] 嘴
[˦˧] 罪最醉
ts‘ [˦˧] 脆翠粹
s [˨˩] 绥随
[˦˧] 碎岁遂隧穗
k [˥] 圭闺规归龟
[˧˥] 诡鬼轨
[˦˧] 柜桂贵
k‘ [˥] 盔亏窥
[˨˩] 奎魁逵葵傀～儡
[˦˧] 愧
x [˥] 挥辉徽恢灰麾
[˨˩] 回茴～香

[˥˩] 悔晦毁
[˦] 贿汇溃~脓会开~绘惠秽讳汇
tʂ [˥] 锥槌
[˦] 坠
tʂʻ [˥] 崔催吹炊
[˩] 垂锤
ʂ [˩] 谁税睡
[˦] 水
ʐ [˦] 芮锐瑞
ø [˥] 危威微煨
[˩] 桅为作~伪违围维惟唯
[˥˩] 委萎伟苇纬
[˦] 为~了未位畏慰胃谓

əu

m [˩] 谋
f [˥˩] 否
t [˥] 兜都全部
[˥˩] 斗抖陡
[˦] 豆逗
tʻ [˥] 偷
[˩] 头投
[˦] 透
l [˩] 楼
[˥˩] 屡缕搂篓
[˦] 漏陋
k [˥] 勾钩沟
[˥˩] 狗苟
kʻ [˥] 抠眍
[˥˩] 口
[˦] 叩
x [˩] 侯喉猴瘊
[˥˩] 吼

[˧˦] 后厚候
tʂ [˥˧] 周舟州洲
[˧˦] 咒
tʂʻ [˦˨] 丑
ʂ [˦˨] 手
[˧˦] 兽寿授售受
ts [˦˨] 走
[˧˦] 奏
tsʻ [˧˦] 凑
s [˥˧] 叟
[˧˦] 嗽
ø [˥˧] 欧殴
[˦˨] 偶藕偶呕～吐
[˧˦] 呕～气

iəu
m [˧˦] 谬
n [˨˩] 牛
[˦˨] 纽扭
l [˥˧] 溜
[˨˩] 刘流琉硫琉～璃留
[˦˨] 柳
[˧˦] 榴馏
tɕ [˥˧] 揪鸠纠阄拈～纠
[˨˩] 菊局
[˦˨] 酒九久韭灸柩
[˧˦] 就臼舅咎救究旧
tɕʻ [˥˧] 秋丘
[˨˩] 囚泅球仇姓屈委～曲
[˧˦] 秀宿星～绣袖
ɕ [˥˧] 修羞休
[˨˩] 畜～牧蓄
[˦˨] 朽

[˦] 嗅
ø [˥] 悠幽
[˩] 尤由油邮游狱育郁欲浴
[˥˨] 有友酉
[˦] 莠诱又佑柚釉幼

en

p [˥] 奔
[˩] 本
[˦] 笨
p‘ [˥] 喷烹
[˩] 盆
[˦] 喷 ~香
m [˩] 门
f [˥] 分芬纷
[˩] 焚坟
[˥˨] 粉忿粪奋
[˦] 份
t [˥] 蹲灯登镫马镫
[˦] 凳邓澄 ~清 瞪
t‘ [˥] 吞
[˩] 藤疼滕
[˥˨] 蜕
n [˩] 能
[˦] 嫩
l [˩] 冷
[˦] 楞
ts [˥] 尊遵曾增征蒸争筝贞侦
[˦] 赠郑
ts‘ [˥] 村称
[˩] 曾 ~经
[˥˨] 存皴澄橙乘呈逞程
[˦] 蹭

s　[˥]森参人~笙甥僧升生牲
[˨˩˦]损榫胜省
[˥˧]慎
tʂ　[˥]针斟珍榛臻真诊正~月征
[˨˩˦]拯枕疹整
[˥˧]振震镇阵正证症政
tʂ‘　[˥]称撑
[˧˥]承沉陈尘辰晨臣丞澄成城
[˥˧]趁
ʂ　[˥]深声身申伸娠
[˧˥]神
[˨˩˦]沈审婶
[˥˧]剩甚肾胜圣渗
ʐ　[˥]仍扔
[˧˥]人仁
[˨˩˦]刃忍纫
[˥˧]任1姓 2任务壬认
k　[˥]根跟庚耕
[˨˩˦]埂梗哽耿
[˥˧]更~加
k‘　[˥˧]肯恳垦
x　[˥]哼
[˧˥]痕恒横
[˨˩˦]很
[˥˧]恨
ø　[˥]恩
[˨˩˦]硬

in

p　[˥]冰彬缤槟殡鬓兵
[˨˩˦]禀丙秉柄饼
[˥˧]病并
p‘　[˥]姘拼

[˨] 贫频凭平评坪萍屏瓶
[˥˧] 品
[˧] 聘
m [˨] 民明鸣铭
[˥˧] 闽悯敏抿皿
[˧] 命
t [˥] 丁钉疔生～靪
[˧] 订
t' [˥] 听
n [˨] 匿
l [˥] 拎
[˨] 林淋临檩鄰陵凌菱鳞燐宁灵零铃伶翎
[˥˧] 领岭
[˧] 令
x [˨] 行
tç [˥] 京惊鲸精晶睛侵浸荆今金禁～不住襟津巾斤筋均钧君军
[˥˧] 井谨警锦仅境景
[˧] 敬竞竟镜静靖净俊禁尽进近菌郡茎劲
tç' [˥] 钦亲轻青蜻清
[˨] 情晴勤芹禽擒秦群裙擎琼
[˨] 寝请倾
[˧] 亲～家
ç [˥] 心辛新薪欣熏薰勳型兴星腥馨
[˨] 寻衅循巡旬
[˥˧] 省～悟醒
[˧] 信讯殉训奋兴～幸性姓
ø [˥] 莺音阴因姻殷鹰蝇英婴缨鹦樱
[˨] 荥淫龈银寅云吟匀盈赢营茔萤颖
[˥˧] 饮引隐迎
[˧] 映应孕印熨韵运晕应～该

un

t [˥] 敦墩

[˧] 盾遁沌囤钝顿
t‘ [˩] 屯豚
l [˩] 仑伦沦轮
[˧] 论
k [˥˧] 衮滚
k‘ [˥] 昆坤
[˥˧] 捆
[˧] 困
x [˥] 昏婚荤
[˩] 魂馄浑
[˧] 混
tʂ [˥˧] 准
tʂ‘ [˥] 椿唇纯醇
[˥˧] 蠢
[˧] 寸
ʂ [˧] 顺瞬
ʐ [˧] 闰润
s [˥˧] 髓骨～
ø [˥] 温瘟
[˩] 文纹蚊闻
[˥˧] 稳吻刎
[˧] 问

an

p [˥] 班斑颁扳般搬
[˥˧] 板版
[˧] 扮瓣办
p‘ [˥] 攀潘
[˩] 盘
[˧] 盼襻纽～判叛
m [˩] 蛮瞒馒
[˥˧] 满
[˧] 蔓慢漫幔

f [˥]番藩
[˨˩]烦凡繁帆
[˦˨]反
[˨˦]贩饭范犯泛
ts [˦˨]攒
[˨˦]暂栈濽~出来
ts' [˥]参餐
[˨˩]蚕惭残缠
[˦˨]惨
[˨˦]颤
s [˥]三
[˦˨]散伞
[˨˦]散~场
t [˥]耽担丹单担
[˦˨]胆
[˨˦]但淡弹蛋诞
t' [˥]贪潭摊滩
[˨˩]痰檀谭坛
[˦˨]毯坦碳叹
[˨˦]探
n [˨˩]难困~
[˦˨]懒
[˨˦]难患~
l [˨˩]兰拦栏蓝篮
[˦˨]览揽橄~缆
[˨˦]滥烂
tʂ [˥]沾粘簪
[˦˨]盏斩展辗
[˨˦]占战站绽蘸
tʂ' [˥]参搀
[˨˩]谗蟾蟾蜍蝉禅
[˦˨]产铲
ʂ [˥]珊杉衫山删扇

[ˇ] 陕闪
[˧] 善膳
ʐ [˩] 冉
[ˇ] 染
k [˥] 甘柑泔干肝竿
[ˇ] 敢橄~榄感动秆杆
k‘ [˥] 堪龛勘看~守刊
[˧] 坎看~望
x [˥] 憨酣鼾
[˩] 含函
[ˇ] 罕
[˧] 撼憾旱汉翰
ø [˥] 庵安鞍
[˧] 岸按

iɐn

p [˥] 编鞭边
[ˇ] 扁匾蝙~蝠贬
[˧] 便~利辨辩辫变
p‘ [˥] 篇偏
[˩] 便~宜
[˧] 骗遍片
m [˩] 眠
[ˇ] 免勉娩缅
[˧] 面
t [˥] 掂颠
[ˇ] 点典
[˧] 电殿奠垫
[˧] 店
t‘ [˥] 天添
[˩] 甜田填
[ˇ] 舔：以舌取物
n [˥] 拈蔫

[˨˩]粘鲇~鱼年

[˥˧]辇撵

[˧˩]念

l [˨˩]廉镰帘

[˧˩]敛殓恋练

tɕ [˥]监兼奸歼间涧捐绢煎肩坚尖

[˥˧]检碱减柬谏拣践剪

[˧˩]鉴渐箭溅剑件饯建键健犍腱荐见倦圈猪~卷

tɕ‘ [˥]圈铅千迁谦笺信~牵签

[˨˩]拳钳权颧钱乾前全泉浅遣潜

[˥˧]犬

[˧˩]欠嵌劝券歉

ɕ [˥]仙鲜轩掀锨喧楦~头

[˨˩]旋衔嫌~弃玄悬眩咸闲贤弦

[˥˧]险癣显选

[˧˩]线羡宪献现陷馅县限

ø [˥]腌烟冤炎渊

[˨˩]严俨员缘沿元园圆原源颜言研袁辕延涎盐

[˥˧]演

[˧˩]愿燕晏宴谚堰砚筵院

uan

t [˥˧]短

[˧˩]断缎段锻椴

t‘ [˨˩]团

n [˥˧]暖

l [˨˩]鸾

[˥˧]卵

[˧˩]乱

ts [˨˩]钻~探

[˥˧]纂

[˧˩]钻~石

ts‘ [˥]氽

[˦˨] 窜篡爨~碑
s [˥] 酸
[˦˨] 算蒜
tʂ [˥] 专砖转
[˧˦] 赚撰传传记
tʂʻ [˥] 穿
[˨˩] 传~达船椽
[˦˨] 喘
[˧˦] 串
ʂ [˥] 栓拴闩
[˧˦] 涮洗~
ʐ [˦˨] 软
k [˥] 官棺观冠鳏关
[˦˨] 管馆
[˧˦] 罐贯惯观冠~军
kʻ [˥] 宽
[˦˨] 款
x [˥] 欢
[˨˩] 还~原环
[˦˨] 缓
[˧˦] 唤换焕幻患宦
ø [˥] 弯湾豌
[˨˩] 丸顽
[˦˨] 宛腕碗皖挽
[˧˦] 万

ɑŋ

p [˥] 帮
[˦˨] 榜谤傍棒绑
pʻ [˨˩] 庞旁滂螃
[˧˦] 胖
m [˨˩] 忙芒茫盲氓
[˦˨] 莽蟒

f　[˥] 方芳
　[˩] 肪妨房防
　[˥˩] 仿纺访放
　[˧] 放
t　[˥] 当~时
　[˥˩] 党
　[˧] 荡当~铺宕
t‘　[˥] 汤
　[˩] 堂螳棠唐塘糖
　[˥˩] 躺倘
　[˧] 烫
n　[˩] 囊
　[˥˩] 攮用刀
l　[˩] 朗廊狼螂
　[˥˩] 浪
k　[˥] 冈岗刚纲钢缸豇
k‘　[˥] 康糠慷
　[˩] 扛
　[˧] 抗炕
x　[˥] 夯　行~列航杭
　[˥˩] 项~目巷
tʂ　[˥] 张章樟瘴
　[˩] 掌长生长涨~水
　[˧] 丈仗杖帐账障
tʂ‘　[˥] 昌菖倡
　[˩] 长~短场肠常尝偿
　[˥˩] 厂
　[˧] 畅唱
ʂ　[˥] 商伤裳
　[˥˩] 晌午赏
　[˧] 上
ʐ　[˩] 瓤穰
　[˥˩] 嚷攘壤

ts [˥]脏肮～
[˧˦]脏肝～藏～族
ts‘ [˥]仓苍
[˨˩]藏珍～
s [˥]丧～事
[˥˧]嗓搡推～
[˧˦]丧～失
ø [˥]肮
[˨˩]昂

iaŋ

n [˨˩]娘
[˧˦]酿
l [˨˩]良粮梁粱凉
[˥˧]两俩
[˧˦]亮量
tɕ [˥]将～来浆疆僵缰礓姜江
[˨˩]强绝详祥
[˥˧]蒋桨讲
[˧˦]将～官匠
tɕ‘ [˥]枪腔羌
[˨˩]墙降～服
[˥˧]抢
ɕ [˥]相箱厢湘襄镶乡香
[˥˧]想
[˧˦]相相貌向象像橡
ø [˥]秧央秧
[˨˩]羊洋烊杨扬疡
[˥˧]养痒
[˧˦]样

uaŋ

tʂ [˥]庄装

[˧˦] 撞状壮
tʂ‘ [˥] 窗疮
[˨˩] 床
[˥˧] 闯
[˧˦] 创
ʂ [˥] 霜孀双
[˥˧] 爽
k [˥] 光
[˥˧] 广
[˧˦] 逛
k‘ [˥] 匡筐眶
[˨˩] 狂
[˧˦] 况旷矿
x [˥] 荒慌
[˨˩] 黄簧皇蝗
[˥˧] 谎
[˧˦] 晃
ø [˥] 汪
[˨˩] 亡王
[˥˧] 网枉往
[˧˦] 忘妄望旺

oŋ

p [˥] 崩
[˧˦] 蚌迸～裂
p‘ [˨˩] 朋棚彭膨蓬捧篷
m [˨˩] 萌盟蒙蠓～虫
[˥˧] 猛懵
[˧˦] 孟梦
f [˥] 风枫疯丰蜂峰封
[˨˩] 冯逢缝～纫
[˧˦] 凤奉俸缝线～
t [˥] 冬东

[˅] 董懂
[˧] 动冻栋洞
t‘ [˥] 通
[˨] 同铜桐童瞳
[˅] 统筒桶捅
[˧] 痛
n [˨] 农脓浓侬
l [˨] 龙聋隆
[˅] 拢陇垅
[˧] 弄
ts [˥] 鬃宗综
ts‘ [˥] 聪葱囱
[˨] 从
s [˥] 嵩松诉生花～
tʂ [˥] 中～心忠钟盅终
[˅] 肿种～子
[˧] 中射～仲众冢重～量
tʂ‘ [˥] 冲铳木～冲春
[˨] 崇虫重
[˅] 宠
ʐ [˨] 戎绒茸鹿～
[˅] 冗
k [˥] 公蚣工攻功弓躬宫恭供～给
[˅] 汞拱巩
[˧] 贡共供上～
k‘ [˥] 空～旷
[˅] 孔恐
[˧] 空～缺控
x [˥] 轰烘
[˨] 虹宏弘红洪鸿
[˅] 哄～骗

ioŋ

tɕ [˧˥] 迥

tɕʻ [˨˩] 穷

ɕ [˥] 兄胸凶

ø [˥] 雍壅施肥：用土擁庸

[˨˩] 荣融容蓉芙~

[˧˥] 永泳咏甬涌勇

参考文献

[1] 罗平县地方志编撰委员会 . 罗平县志 [M]. 昆明：云南人民出版社，1995:1.

[2] 中国社会科学院语言研究所 . 方言调查字表 [M]. 北京：商务印书馆，2007.

此文发表于《曲靖师范学院学报》2011 年第 1 期。

从语义地图看罗平方言“掉掉掉”中“掉$_3$”的虚化轨迹

张明仙

（曲靖师范学院　教师教育学院，云南　曲靖　655011）

摘要：云南罗平方言口语中“掉掉掉”的表达方式，体现了语义虚实不同程度在共时层面的同存，从中可以看到“掉 3”虚化发展的轨迹。本文从共时角度描写云南罗平方言“掉 1”“掉 2”“掉 3”在口语交际中的实际用法，并在分析总结前人关于“掉 2”语法化研究成果基础上，根据语言类型学研究理念，借助新兴的语义地图模型理论探寻“掉 3”的虚化发展轨迹。

关键词：掉掉掉；语义地图；虚化轨迹

引言　云南罗平方言“掉掉掉”的用法

罗平方言“掉”，既能作为有实在意义的动词充当谓语，这里称为“掉$_1$”，还能虚化后在“V掉”中充当前一动词的结果补语，这里称为“掉$_2$”，并能与“了”互换，成为完全虚化后的体标记，这里称为“掉$_3$”。

“掉掉掉”是云南罗平方言口语中有别于普通话和其他方言的一种特殊表达方式，三个叠用的“掉”字在语义的虚实程度、语法功能及表已然、未然方面差异甚殊。例如：

（1）掉掉掉！　　（当心（东西）掉掉！/（东西）掉掉了！）

（2）你呢包包掉掉掉。　（当心你的包包掉掉。/你的包包已经掉掉了。）

（3）包包不有掉掉掉。　（包包没有掉掉。）

（4）你的包包掉掉掉了。　　（你的包包掉掉了。）

上述例子中，“掉掉掉”中的第一个“掉”都是动词，都有“掉落”“脱离”的实在意义，在句中充当谓语，即“掉$_1$”；第二个“掉”作为正在虚化而又没有完全虚化，还有一定表结果的实在意义的成分，表示的是事件的内在完结点，体现的是动作的终结性，充当前一个动词的补语，即“掉$_2$”；第三个“掉”语义完全虚化，可以与“了”互换，如“东西掉掉掉”可以换成“东西掉掉了”，成为一个体标记，即“掉$_3$”。此外还可在作为体标记的第三个“掉”后加“了”，变成“掉掉掉了”，使“掉”字变得更加虚灵，难以把握，这里把第三个“掉”归入“掉$_3$”。

一般认为，由实义动词最终发展为体标记的语法化过程，要经历从实义动词发展为结果补语这一中间阶段。罗平方言“掉掉掉”中“掉”的三种用法，体现了“掉”由实到半虚，再到全虚的虚化历程。本文主要研究罗平方言中的“掉3”怎样沿着一条虚化轨迹一步步虚化发展而来。

一、罗平方言中“掉1”，“掉2”的用法

（一）罗平方言中“掉1”的用法

罗平方言中的“掉1”，作为有实在意义的动词充当谓语，具有“落”“落在后面”“遗漏”“降低”“转”“互换”等语义。例如：

（5）莫给书从桌子上掉下来。　　（不要让书从桌子上掉落下来。）

（6）等下点，小张掉队了。　　（等一下，小张落在后面了。）

（7）饿老鹰从高空掉到低处飞行了。　（饿老鹰从高空降到低处飞行了。）

（8）车票拿冒掉了。（车票拿漏了。）

（9）汽车掉头开走了。（汽车掉过头开走了。）

（10）你们两个掉一下座位。（你们两个调换一下座位。）

上述例子中有实在意义，可以充当谓语的动词"掉 1"，与普通话及其他云南方言的用法基本一致，保留了宋代以前古汉语中纯动词的用法，体现了因汉族移民形成于明清的云南方言与普通话之间的源流关系，区别在于普通话一般用于书面语，罗平方言则用于口语。

（二）罗平方言"V 掉"中"掉 ₂"的用法

"V 掉"是指"掉"在谓语后面充当结果补语的结构形式。"V 掉"中的"掉 ₂"本是动词，用在其他动词后面语义虚化，与前一动词构成动补结构表示一种结果，也称述结式。"V"可以是"掉"，也可以是其他动词，这里也包括形容词。例如：

（11）那个小娃的魂掉掉了。（那个小孩的魂丢了。）

（12）煮熟的鸭子飞掉了。　　（煮熟的鸭子飞走了。）

（13）电话都打烂掉了。（电话都要打坏了。）

上述例子中，"V 掉"中的"掉 ₂"是由实义动词发展而来的，放在动词后面表示动作已经过去。如果表已然需加"了"，"掉"不能与"了"互换，一般只说"东西掉掉了"，而不说"东西掉了"。"V 掉"中的"掉 ₂"还有一定表结果的实在意义，仍处于虚化过程中。

另外，"掉 ₂"还能在未然的句子中表提醒、劝诫意，或表示要求完成某种动作行为。例如：

（14）小心玻璃缸缸掼碎掉。（当心玻璃罐子摔碎了。）

（15）你挨这个苹果吃掉。（你把这个苹果吃了。）

二、前人关于"V 掉"中"掉 ₂"的语法化研究

沈家煊（1994）认为，"语法化通常指语言中意义实在的词转化为无实在意义、表语法功能的成分这样一种过程或现象，中国传统语言学称之为'实词虚化'。"[1] 这种由实到虚的发展趋势是由具体到抽象，由空间到时间。

从历时角度考察，先秦时期的"掉"只是作为实词使用，魏晋南北朝开始出现"V 掉"连动式结构，语义未虚化，宋元时期，"V 掉"动结式出现并增多，明清时期"V 掉"结构式虚化明显，并延续至今。罗平方言中的"V 掉"正是继承了移民原籍地江淮等地区官话"动词 + 掉"的用法，

由于地理环境的相对封闭与隔绝，以及与少数民族语言的接触，在完好保留“V 掉”用法的同时，还衍生出了“掉掉掉”的特殊用法。

（一）“V 掉”中“掉$_2$”的语法化研究

前人对“V 掉”中“掉$_2$”的研究主要体现为以下两种观点：

1. 表示动作的完成。《辞海》(1999)“掉”的第七个义项是“用于某些动词后面，表示动作的完成”；《汉语大词典》（1986）解释为“助词。用在动词后边，表示动作的完成”；周磊磊（1999）认为，“V 掉”所表示的语法意义应当是动作过程的完成。

2. 表示动作的结果。《现代汉语词典》（2002）第三个义项认为，“掉”. 用在某些动词后，表示动作的结果，如扔掉、除掉、抹掉、改掉坏脾气。《古今汉语词典》（2003）也认为，用在某些动词的后面表示动过的结果。吕叔湘 (1950)、房玉清 (1992) 认为，“掉”用在及物动词后表示去除，用于不及物动词后表示离开。叶经韬先生则认为“V 掉”只能表示“动作对象或动作者本身的‘位移’或‘消失”’。朴奎荣（2000）认为“掉”做补语表示“消失”。杨吉春 (2007) 认为云南方言中的“掉”放在动词或形容词之后，与前边的动词构成动补结构或形补结构，词性便由原来的动词虚化为助词，表示一种结果，此时的“掉”可称为非谓“掉”。

上述“掉”的语法化研究成果，仅局限于“V 掉”中“掉$_2$”充当补语的用法。

（二）“掉$_2$”的语法化路径

沈家煊（1994）认为解释共时语法化现象有两条路子，一条是着重研究实词如何虚化为语法成分，另一条偏重于从语用和信息交流的规律来探究语法化的原因。[2] 前者偏重于从人的认知规律，后者偏重于从语用和信息交流的规律来探究语法化的原因。由于词的虚化都是本义向其他意义的引申，这个过程总是排列成一个由具体到抽象的等级。

关于“掉$_2$”的语法化路径，认知语言学认为，任何一种语法化的发生都是人类认知发生改变的结果，“V 掉”结构中“掉”的虚化也不例外，“V 掉”中的“掉”从实义动词到用在动词后做补语的演变过程走了这样一条“语义虚化”的路径：

“掉”的本义→去除义→离开义→已然义

“掉”在这条路径中逐渐从实义动词走向虚化，最初用在动词后做补语表示具体结果义，即“去除性结果义”，后来才出现“离开义”，“已然义”出现得最晚。

另外，从话语、句法视觉入手的典型语法化路径是：

话语 > 句法 > 形态 > 形态音位 > 零形式[3]

其中，话语 > 句法 > 形态是较实的形态，形态音位 > 零形式是较虚的成分。

上述研究成果能够较好地解释罗平方言中“掉$_2$”的语法化问题，但未涉及“掉$_3$”内容，要有效解释“掉$_3$”的虚化轨迹，必须在研究方法上有所突破和创新。

三、从语义地图模型看罗平方言“掉掉掉”中“掉$_3$”的虚化轨迹

语言的类型学研究方法给方言语法的研究带来以下突破：一是突破单一静止的路线，跨时代，跨方言，尽可能多地寻找不同语言系统间的时空差异。二是在所找到差异的基础上，去探求隐蔽在后面的共性。从类型学原理出发，借助语义地图模型，把罗平方言放置于一个类中进行跨方言比较，看其变化和不变的情况，利于验证甚至预测“掉$_3$”的虚化轨迹。

语义地图模型的研究始于 L.B.Anderson（1982），其基本思路是：某种语法标记若具有多重意义 / 用法，而这意义 / 用法在不同语言和方言里也有以同一形式负载的现象，那么其间的关联并非偶然，而是有系统的普遍的，可以反映人类语言表征概念的一些共性。语义地图的优越性在于：一、是以语义为出发点和比较对象，具有跨语言的普遍性和心理现实性。二是不要求穷尽性地考察所有语言 / 方言，只要某一语言或方言的某个语法形式存在足够丰富的多义现象，就可以入手画出语义地图，进而通过尽可能多的语言或方言加以检验、修正和扩充，从而解释人类语言在概念编码层面上的一些共性。这对研究具体语言和方言来说颇具吸引力。三是可以根据语义地图连续性假说（the semantic map connectivity hypothesis）发现蕴涵共性，作出进一步的预测，并且具有可证伪性。[4]

（一）“掉”类词的语义地图模型

曹志耘的《汉语方言地图集》显示，“掉”类词有“掉、脱、去、过、落”，是补语。[5]“掉”类词在不同的方言中有不同的表现形式，如苏州吴语和绩溪徽语都用“脱”，岳阳湘语用“落”，云南官话用“掉”。此外，南昌赣语用“泼”，连成客家话用“撇”，泉州闽语用“嗦”。

1.“掉”词的概念空间

北京大学李小凡教授在深入分析方言与普通话“掉”类词差异的基础上，根据普通话和各方言“掉”类词的各种语义建立了以下概念空间（conceptual space）：

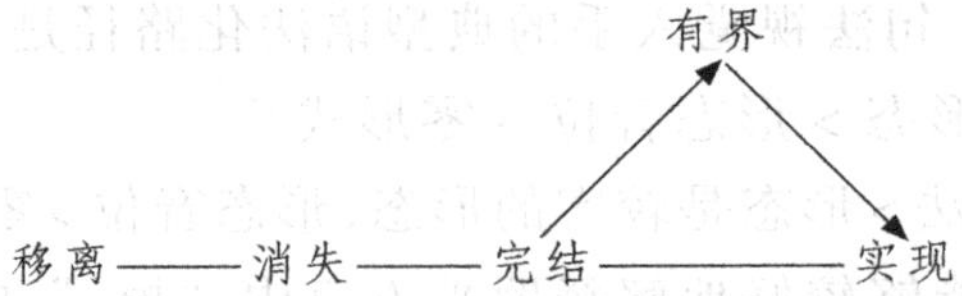

图 1

语义地图中“掉”类词语法化的过程，指的是实词部分具体义素的脱离和适用范围扩大的过程。虚化的起点是起始义“脱离”“落下”，终点完结是指失去“掉”作为实词原有的具体义素，中间要经历起始义的移离、消失。普通话“掉”类词严格说来只经历了“移离——消失——完结”的虚化过程。

完结、有界、实现异同情况如下面的表格所示：

表 1 完结、有界、实现异同情况对比表

	事件发生与否	观察事件的角度	例 句
完结	未然事件	内部视点	普通话：请忘掉所有不开心的事情。
有界	未然事件	外部视点	苏州话：坐脱一歇再走。
实现	已然事件	外部视点	连城话：我侪等撇半个多钟头，门正开。

完结概念 1994 年由 Bybee，Perkins & Pagliuca 提出，表示彻底、穷尽地做某事，直至该事件的内在终结点。语义地图中掉类词的完结，虽然同样表示事物的完结义，但并未发展为体标记。汉语中的完结义不仅包括动作行为的终结点，如“死掉”“忘掉”等，也涉及状态变化过程的终结点，如“稀掉、朽掉、烂掉”等，原因在于许多表示状态的形容词是动形兼类。汉语普通话中，表示完结义的“掉”多用在祈使句等未然语境中，如果表示已然事件，通常要加体标记“了”。

“有界”与“无界”是沈家煊（1995）提出的一对对立名词，名词、动词和形容词上都有类似的对立体现。在基本的句法结构里，活动是无界的，与活动相对的事件是有界的，两者的区别在于是否具有内在的终止点，在这一层面，有界 / 无界相当于 [± 终结]（telic）。而我们所说的“有界”，除了指出有内在终结点之外，还强调该事件被作为一个整体，以外部视角进行观察。

“实现”与“有界”都是从外部的角度观察情状，把情状视为一个整体。不同之处在于，“有界”表示未然事件，而“实现”表示已然事件，类似于词尾“了”。

2.“掉”类词的概念空间扩展

如果超越普通话和方言，进行进一步空间扩展，根据英语副词away的移离情况与“掉”对应，“掉”类词还可加持续义。例如：

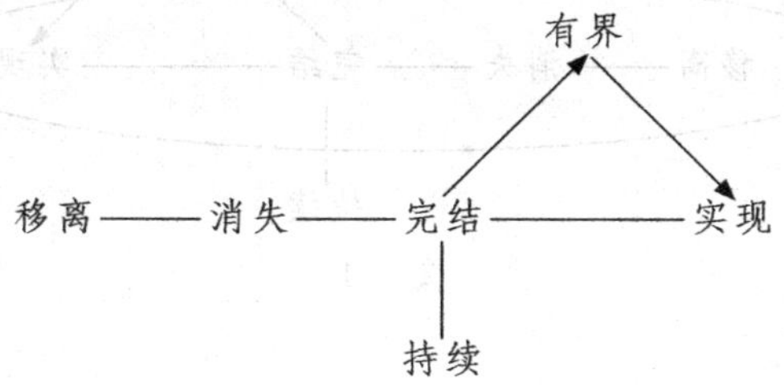

图 2

随着考察范围的进一步扩大，“掉”类词的空间范围还会进一步扩大。

(二)罗平方言“掉掉掉”中“掉$_3$”的语义地图

1.普通话语义地图

现代汉语普通话中充当补语的“掉”的语义可以归纳为：移离——消失——完结。表示移离义的“掉”多用来修饰去除义动词，如：

（16）你把吃剩的东西扔掉。

还可以表示动作义的完结，如：

（17）小男孩等着给他换衬衣，换下来的衬衣要在夜里洗掉。

普通话“掉”的语义地图可以表现为：

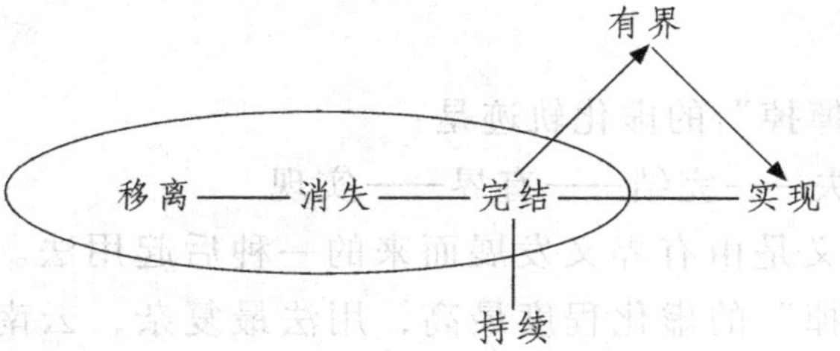

图 3

2.云南方言“掉”的语义地图

云南方言中除罗平话外，“掉”都只表示已然，与前边罗平话“V掉”

中的“掉”做前一动词补语的情形一致，因此云南方言的语义地图少了“有界”这一语法化过程。云南话“掉”的虚化轨迹是：

移离——消失——完结——实现

云南方言的语义地图模型可表现为：

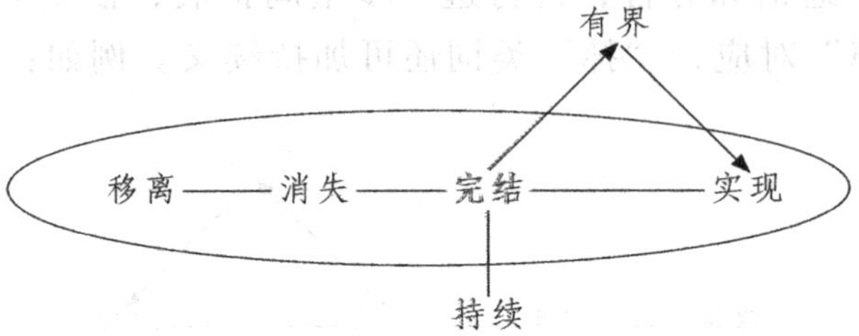

图 4

3. 罗平话“掉$_3$”的语义地图模型

把罗平方言“掉掉掉”中“掉$_3$”的的虚化轨迹放置于前边的语义概念空间”中发现，“掉掉掉”不仅经历了“移离——消失——完结”的一般语法化过程，还因能表示已然和未然事件，而经历有界（未然）和实现（已然）的语法化过程。下面是罗平话“掉掉掉”中“掉$_3$”的语义地图模型：

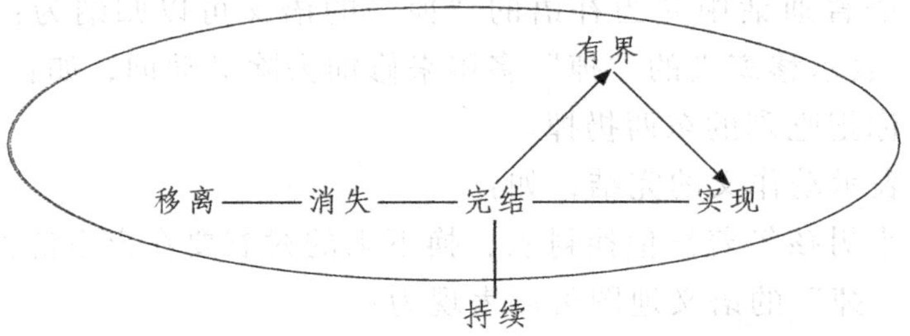

图 5

罗平话“掉掉掉”的虚化轨迹是：

移离——消失——完结——有界——实现

其中，实现义是由有界义发展而来的一种后起用法。从语义地图模型来看，罗平话“掉”的虚化程度最高，用法最复杂，云南方言次之，普通话相对最弱。

四、结 语

一般而言，实词语法化的发展方向是：实义结果补语到虚化结果补语，最终发展为完成体标记的语法化过程。罗平方言“掉掉掉”中“掉$_3$”的用法虚化程度最高，“掉”能与普通话体标记“了”任意互换，已发展成为体标记。但目前“掉掉掉”用法只存在于40岁以上的老派之中，40岁以下的新派由于与普通话接触程度的加深，嫌“掉掉掉”太老土而完全放弃，把“掉掉掉”说成“掉掉了”。因而罗平方言中的“掉”很难发展为真正的体标记。

参考文献

[1] 沈家煊．语法化研究综述 [J]．外语教学与研究，1994（4）：17—18.

[2](美)鲍尔 J. 霍伯尔，等．语法化学说 [M]. 梁银峰，译．上海：复旦大学出版社，2008:6.

[3] 翁姗姗，李小凡．从语义地图看现代汉语“掉”类词的语义关联和虚化轨迹 [J]. 语言学论丛：42 辑 [C]，北京：商务印书馆，2010：64.

[4] 曹志耘．汉语方言地图集 [M]. 北京：商务印书馆，2008:75.

（此文发表于《曲靖师范学院学报》2011 年第 9 期）

珠江源头语言禁忌民俗文化背景下的十二生肖地名

张明仙

（云南曲靖师范学院　教师教育学院，云南　曲靖　655011）

摘要：云贵高原所独有的十二生肖地名，是反映该地区语言禁忌避讳民俗不可多得的“风俗化石”。本文基于对云南省珠江源头十二生肖地名分布及禁忌状况的调查分析，揭示其蕴含的避凶求吉民俗文化特点。

关键词：生肖地名；语言禁忌；避凶求吉；避俗求雅

一、引 言

民俗是一种地方性的民间风俗习惯，形成推广必须借助一定的语言形式，一个民族的风俗习惯常会在它的语言中有所反映。“许多民俗事象也直接反映在方言土语中，许多特殊的名词指的就是某地的民俗事象。”[1]《礼记·曲礼》：“入竟（境）而问禁，入国而问俗，入门而问讳。”“讳”指语讳，即语言的禁忌避讳，这是我国自古便特有的风俗。语言禁忌最初产生于“塔布”，“塔布”一词源于波利尼西亚的汤加王国，代表“神圣的”或“不可触碰的”两种不同方面的意义，由原指那里存在的一些禁忌现象发展为泛指一切禁忌。汉语中的“禁忌”与“塔布”是一对对应词。弗洛伊德认为，触犯禁忌会产生一种“实体化的恐惧”，“这种恐惧并不仅仅局限于物体的接触，而是把‘与……接触’这个词语的意义伸展到隐喻的使用范围里”[2]。”人们对超人的、圣洁的事物的崇拜和对不祥事物的恐惧，导致了语言禁忌的产生。对犯忌触讳的事物或不便直说的事物，往往用其他语言表现方式来回避，恐惧和焦虑是回避的动机，其他语言表现方式是避讳的方法。[3]趋利避害、生活得更好，是语言禁忌避讳所希望达到的目的。

十二生肖地名专名既是指称集市日期及集市地点的名称，又是反映明清以来某属相日在某地赶街的地域乡村民俗风习词语。生肖地名虽然来源于古今中外皆有的十二生肖历法，却打破了原历法中生肖动物依序排列、轮回应转的均衡状态。十二生肖地名为云贵高原所独有，生肖地名中蕴含的语言禁忌避讳民俗便成了独具特色的语言风俗“活化石”。遗憾的是，至今尚缺乏专门性研究。与贵州毗邻的云南省珠江源头，素有“滇黔锁钥”之喻，平坝、山区、半山区各种地理类型兼具，民族分布呈大杂居、小聚居态势，十二生肖地名中复杂多样的语言忌避民俗具有一定的典型性和代表性。本文基于对珠江源头十二生肖地名中的语言禁忌避讳民俗状况的调查分析，揭示其所蕴含的避凶求吉和避俗求雅语言忌避民俗文化特征。

二、珠江源头十二生肖地名分布状况

云南省珠江源头是十二生肖地名的主要分布区域，地理上与贵州的兴义、六盘水交界，包括曲靖市政府所在地麒麟区及沾益、富源、陆良、罗平、师宗五县。笔者对珠江源头各区县地名志中的十二生肖地名进行了穷尽性的搜集整理及走访调查，整理概括出该地区十二生肖地名中的生肖动物命名情况。

表 1　珠江源头十二生肖动物地名分布状况

县区45	龙4	鼠4	蛇3	羊5	猪6	牛5	马7	猴1	狗3	兔1	鸡6
麒麟区3						牛街					鸡街 小鸡街
沾益5					小猪场	牛街子	马街子	猴街子		兔街子	
陆良2		鼠街					马街				
师宗7		雨厦老 雨厦	长街	羊街子 羊街	猪街				狗街		
罗平15	龙街子	鼠街子		羊街	猪街子 猪街路	牛街 老牛街	马街 小马街1 小马街2 老马街		狗街		大鸡场 小鸡场 老鸡场
富源13	龙街子 龙街子 龙街子		陈街 顺场	羊场边 小羊场	小猪街 老猪街	牛场	马场口		狗街子		鸡场

注：小马街：1．罗平阿岗；2．罗平鲁布革。

表格资料显示，珠江源头十二生肖地名在各区县具有分布，但分布状况及各生肖动物的运用情况不尽相同。

1. 生肖动物用于地名具有不均衡性。马7条，鸡、猪各6条，牛、羊各5条，龙、鼠（包括民族语地名）各4条，狗3条，兔、猴各1条，蛇3条，全用长、顺、陈代替，虎未出现。

2. 十二生肖地名的留存情况与自然地理条件的优劣成反比。麒麟区、沾益、陆良三个区县多为坝区，生肖地名少，罗平、富源、师宗三县多为山区，生肖地名多，避凶求吉语言民俗主要发生在这个地区。

三、珠江源头十二生肖地名中的避凶求吉语言民俗

“塔布则是人类还不理解或不能理解自然现象和自然力的本质而产生的。”[4]《荀子·正名》：“名无固宜，约之以命，约定俗成谓之宜，异于约则谓之不宜。”这与索绪尔的符号任意性观点有着异曲同工之妙。然而，当语言的能指与所指一经固化，便被人们视为神灵，常使人们忘记语言为人所造的事实。人们通常相信语言具有某种魔力，相信语言符号与其所代表的真实内容之间存在着某种同一的效应关系。于是这种灵物化了的语言，不再是交际工具和思想的直接现实，而变成了具有“主宰”性的思想本身。人们对不敢或不愿说出的具有不愉快联想色彩的词语，往往回避不说或以委婉的词语替代，以避开可能由此招致的于己不利。

珠江源头山多平地少的地理条件形成了特有的高原山地农耕文化，丰富的动物资源与人们的日常生活息息相关，人们对各生肖动物的情感态度直接导致了这些生肖动物用于地名的不均衡性。对鸡、猪、牛、马、羊等家畜有着亲近、依赖感，用于地名就多达5条以上。对狗、鼠厌恶鄙夷，即便这些动物与人们的日常生活密不可分，用于地名也只有三四条。对兔、猴并不反感，但这两种动物与人们的日常生活关联性不大，用于地名只有1条。虚拟复合的龙虽被视为祥瑞动物而倍加尊崇，但用于地名只有4条，反不如其他实体家畜多，在价值取向上实用性占了上风。对虎、蛇等凶兽有着恐惧害怕感，用于地名时虎生肖缺失，蛇完全用其他语词替代，以期用不称说或婉称的语言规避方式来破解凶兆，形成了珠江源头十二生肖地名中特有的语言忌避民俗。

1.“虎”生肖地名忌避

“避而远之”和“敬而远之”是人们对恐惧敬畏事物普遍采取的态度，在语言禁忌风习中表现为对令人敬畏和令人崇敬之词的忌避。《周易·乾卦》说“云从龙，风从虎”，让我们见证了历史上龙虎的地位曾不相上下，二者相合成为雄伟强盛的象征，是人们崇拜并畏惧的对象。虎作为“兽中之王”，是威猛、正义、吉祥、辟邪的象征，珠江源头地区至今仍有让婴儿穿虎头鞋、戴虎头帽，祈望借助虎的威力保佑孩子健康的民俗。“虎虎生威”和“虎头虎脑”等词语即是人对具有老虎一样让人敬畏的气势的嘉许。同时，虎又是祸害人类的凶兽，人们往往“谈虎色变”，“狠如虎狼”“虎视眈眈”

等成语便是人们恐虎惧虎心理的真实写照。珠江源头自古以来便有因崇虎惧虎而产生的禁忌虎讳的语言民俗。

珠江源头虎生肖地名的缺失可视为对虎生肖的刻意避讳，然而民间对虎生肖的谐音避讳却早已有之。罗平县的“老厂”今天仍存在一地双名的现象，乡政府所在地的标准通名是“老厂”，民间很多老年人则称其为“猫街”。“猫街”是为避“虎街”讳而用的婉称。“老厂”早先的地名应为“虎街”，后因当地建厂用竹子造纸，新旧两个造纸厂相对最终更名为“老厂”，既彻底避了虎讳，又突出了倚重制造业经济发展的特点。

保留原字改变读音原是中国民间最基本的避讳方式，但谐音字使人们不能与原本的凶语、不吉语相区分，于是又出现了将二者一并禁忌的现象。珠江源头乃至全国很多地区的语言民俗都称虎为猫。珠江源头地区除罗平的老厂民间称为“猫街”外，所有虎姓均言猫姓。云南的“虎”生肖地名基本都叫作“猫街”，云南的南涧和武定等县至今仍留存有“猫街”地名，楚雄等地州至今也仍流行着“正月十五赶猫街”的彝族民歌。更为有趣的是，长沙曾因“腐”“虎”同音而改“腐乳”为“猫乳”，“府正街”也变成了“猫正街”。令人费解的是，人们忌虎喜猫，却不在十二生肖中以猫代虎。相传中国古代无家猫，中国家猫的祖先为印度的沙漠猫，大约始于中印通过佛教频繁交往的汉明帝时期，而中国的干支纪年法起源于夏代，与家猫到来中国的时间已相距千年，家猫自然不可能被纳入十二生肖中。不过，按今天的学科分类，“猫”“虎”同属“猫科”动物，倒也有着“本家”之亲。关于虎的忌避，云南弥渡县的寅街还直接以地支的“寅”代替天干的“虎”。值得一提的是，珠江源头富源县的“老猫山”避讳的是豹而不是通常意义上的虎。据《富源县地名志》资料显示，该地名得名于当地豹子的出没。虎豹同为体貌习性相近的凶兽，既然猫可以用来避虎，当然也能用来避豹了。保留原字改变读音原是中国民俗中最基本的避讳方式，但谐音字使人们不能与原本的凶语、不吉语相区分，于是便将二者一并禁忌了。

2.“蛇”生肖地名忌避

语言灵物观认为，语言具有“说凶即凶，说福即福”的魔力，语言能指符号与所指事物之间存在着某种灵性的感应，忌避凶词或以吉词替代，可以获得一种化灾为福的心理疏解。

珠江源头的三个蛇生肖地名均以婉称避讳，源于人们对“蛇”毛骨悚然的恐惧和厌恶，没了忌避“虎”生肖时那种爱恨交织的复杂心理。对凶兽“蛇”最常用的避讳方式是以突出形体特征的“长”来代替，“蛇”被称为“长虫”或“老长虫”，“属蛇”即为“属长”。罗平县曾流传着“一根老长虫，裹掉三条龙”类的谚语，意为属蛇人娶了属龙的妻子，妻子都有可能死去，属蛇被视为不吉利的征兆。珠江源头地区的生肖地名“蛇街”都被称为“长街”，今天的师宗县彩云乡还留存有因蛇日集市而得名的“长街”。此外，富源县的生肖地名还出现以“陈”代“蛇”和以“顺”代“蛇”的现象，前者可能因为汉语方言中“陈”“长”读音相近而谐音避讳，后者应是受到接壤的贵州盘县和兴义市民俗文化影响。吴伟军在《屯堡方言岛地名的比较研究及文化内涵透视》中，称顺场当然也是由于在屯堡方言中“蛇”与“折本”的“折”是同音的（音[sei]），尤其是在做生意的屯堡人口中，都称“蛇”为“顺”或“顺条子”。这种以避讳方式求吉求顺的民俗心理，在云南省景东县的“小龙街”（蛇街）生肖地名中体现更为明显。以“龙”代“蛇”，龙蛇二者不仅形体相似，还能把对蛇的恐惧转换为一种对龙吉祥喻义的向往，而且符合“成龙上天，成蛇钻地”龙蛇对称使用的语言民俗习惯。

云贵高原的人们在以生肖动物称名集市之初，并不避讳蛇虎在内的各种生肖动物，今天贵州威宁县还留存有“蛇街”，广西隆林还留存有“蛇场”，贵州兴仁县和云南宣威县还留存有“虎场村”。随着观念意识的改变，人们不仅禁忌避讳虎蛇类凶兽而更改地名，对容易使人产生不愉快联想的猪狗类生肖地名也刻意雅化，如麒麟区的“猪街”更名为“珠街”。这些更名方式可概括为，改变说法成为委婉词，改变写法成为委婉字，改变读法形成委婉音。珠江源头十二生肖地名由语言禁忌而产生委婉词，不仅丰富了方言词汇，还使语言表达变得更加细密传情，曲折生动，符合人们语言交际中“美化”和“雅化”的心理需求。

随着科学昌明及观念意识、自然生态结构的改变，蛇虎等传统意义上的凶兽会越来越少，人们在生肖地名中的禁忌避讳心理也会逐渐消失，相应地，人与动物的亲近感也会逐渐减退。

四、结　语

珠江源头十二生肖地名是能反映语言忌避和乡村集市贸易民俗的文化词语，承载和传递着深厚的历史文化信息。虽然随着科学的昌明和人类社会的进步，生肖地名中蕴含的民俗风习已经远离我们的生活，名实之间已不再相符，但其作为人类的共同遗产和民族遗传基因符号的表示，须注意保护传承，切忌在经济利益驱动下盲目更名。

参考文献：

[1] 陈克 . 中国语言民俗学 [M]. 天津：天津人民出版社，1993：55.

[2] 弗洛伊德 . 图腾与禁忌 [M]. 北京：中央编译出版社，2005：30.

[3] 孙汝建 . 塔布心理对语言修辞的影响 [J]. 民族语文，2002（4）：52.

[4] 陈原 . 社会语言学 [M]. 北京：商务印书馆，2004：342.

（此文发表于《文教资料》，2012 年 3 月号中旬刊，总第 568 期）

性别话语视角与母亲话语霸权下的无权

张明仙

云南曲靖师范学院教师教育学院

摘要：性别话语视觉下父权社会所赋予母亲的“主内”话语特权，源于维护父系社会秩序的稳定需要，实则是话语霸权下的无权。母亲的女性性别由男性话语模塑规范而成，充当的仅是男权文化的代言人。女性欲回归真正意义上的女性本性，就必须建构自己的话语体系，且离不开男女两性的平等与和谐。

关键词：性别；话语；母亲；有权；无权

性别话语是西方女性主义者借助福科的话语权力理论来分析女性社会性别建构问题的一种新的理论方法。西方女性主义的主要观点是，性别是社会赋予生理的社会性、符号性意义，生理的差异不影响性别的建构，真正对性别划分起作用的是文化规范。“女人并不是生就的，而宁可说是逐渐形成的……决定这种介于男性与阉人之间的、所谓具有女性气质的人的，是整个文明。只有另一个人的干预，才能把一个人树为他者。”[1] 福科的话语权力理论认为，权力由话语组成，任何时代的任何话语都是权力的产物，权力通过一系列复杂程序和隐蔽的手段来控制、选择、组织和传播作为话语形式的知识。女性主义者由此看到，语言总是男性的，总是以父亲的名义讲话，女性性别是由男性话语建构的。“‘一旦我们存在，我们就注定进入语言中，而语言为向我们说话，把它的规律、一种死亡的规律强加于我们。’这规律、这死亡就是男性话语霸权。”[2]“男尊女卑”是中国封建社会最基本的两性关系，但“尊母文化”又对有幸成为母亲且符合礼教规范的女性给予了一定的补偿机制，只要为男方家庭生育了传宗接代的子嗣，女子的地位便陡然升高，得以在家庭内部享受“尊母”的待遇，获得“主内”的特权，这种特权的表征之一便是掌控儿女婚姻生死大权的母亲话语霸权。《孔雀东南飞》中的焦母、《原野》中的焦母、《金锁记》中的曹七巧、现实生活中的陆游母亲等，均粗暴干涉子女婚姻，酿成幕幕悲剧甚至惨剧。她们的行为有时近乎疯狂，成为名副其实的恶之花，而《杜十娘怒沉百宝箱》中李甲父亲类威严暴怒的父系家长反倒缺席虚位。透过性别话语权力理论，我们看到，“在父权制统治之下，那貌似拥有父权的俄狄浦斯母亲——女性施虐者，其实‘只是父亲的替身，父亲总是潜伏在母亲形象背后’，真正左右着母亲行为的仍然是父权社会的性别权利秩序。”[3]中国传统社会那些经由父系性别话语规范模塑的母亲们所拥有的掌控儿女婚姻的话语霸权只是一种表象，实则是话语霸权下的无权，站在前台的她们充当的仅是男权文化的代言人。

一、母亲话语霸权下的“有权”——暴力慈孝的实践者

周代父权制婚姻家庭制度的建立，确定了“男主外”“女主内”的两性分工模式及“男尊女卑”性别界限，“三从四德”的礼教规范使得女性成为必须服从于男性的附属品。然而无论是在中国还是在西方，女性都能以母亲的形象和母亲这一称号所赋予的神圣地位而在社会上占有一席之地，母亲身份被认为是父权制度下女性唯一有价值的命运，它通常意味着为丈夫、为国家、为男性的文化权力生育子女从而延续父系传宗接代的血脉，而女性也只能通过成为母亲而实现自己在社会中的影响和价值，这也是传统价值体系下男性对女性的期待。在中国封建社会“男尊女卑”的差序格局中，“尊母文化”对有幸成为母亲且符合礼教规范的女性给予了一定的补偿机制。生有子嗣、符合礼教规范的女性一旦成为母亲，就可从“尊母文化”中获得“主内”的权力。中国传统文化中的“尊母文化”是由“孝”衍生出来的。“孝”是儒家文化的核心，在家国同构的文化传统中，“孝”为“齐家”“治国”之本，还是衡量“德”的标尺。“孝”包括晚辈对祖（母）父（母）辈的“孝”，除了尊父还有尊母的成分。“尊母文化”赋予了母亲们掌控儿女婚姻、休弃儿媳的至高无上权力。“多年的媳妇熬成婆”，母亲们一般对家庭内权力的补偿有着苦尽甘来的欣喜，总是把来之不易的权力发挥得淋漓尽致，婆婆们所拥有的“休妻”权力是一种话语霸权下的“有权”。

中国封建社会的社会组织是一个大家庭套着无数小家庭的家庭体系，在这样的组织结构中，所有的人，不是父，即是子，不是君，即是臣，不是夫，即是妇，不是父，即是兄，即是弟，唯独没有‘个人’概念，重整体轻个体，重义务轻权利，忽视抹杀个体的各种需要。在这种封建专制制度下，婚姻被剔除了感情因素，只是家族利益上的一步棋。《世说新语·惑溺》六记载："王安丰妇常卿安丰。安丰曰：'妇人卿婿，于礼为不敬，后勿复尔。'妇曰：'亲卿爱卿，是以卿卿。我不卿卿，谁当卿卿！'遂恒听之。"[4]一般受制于封建婚姻制度和伦理观念的夫妻只能"举案齐眉""相敬如宾"，王安丰妻"卿卿我我"后还能"遂恒听之"，也算是传统婚姻文化中的幸运特例了，这与南朝礼教宽松有很大的关系。

《礼记·内则》规定："子甚宜其妻，父母不悦，出。"[5]《大戴礼记》卷十三《本命》中也规定："妇有七去，不顺父母去，无子去，淫去，妒去，恶疾去，多言去，穷盗去"[6]。虽然封建社会出于"尊母文化"需要，在赋予男性"休妻"特权的同时也赋予了婆婆"休妻"的权力，但婆婆不能亲自完成"休妻"事宜，就在"孝道"的名义下逼子休妻，曲线而又符合规范地达到休弃儿媳的目的。刘兰芝、唐婉与丈夫之间的恩爱合拍，相爱逾恒，不仅违反了封建社会夫妻间"重敬不重爱"的伦理观念，还有消磨丈夫"入世""建功立业"意志的嫌疑，更得背上"无后"这一大逆不道之不孝罪名，被休被弃势所难免，刘兰芝、唐婉最终付出了生命的代价。她们身后拥有"休妻"话语霸权的婆婆们，充当的仅是父权社会秩序的维护者，暴力慈孝的实践者。

二、母亲话语霸权下的"无权"——男权话语的模塑品

中国传统文化中的母亲是由男权话语塑造成他者的。"这一统治性群体规定着词义，创造着符号，包括有关妇女的符号……男性拥有话语权，拥有创造密码、附会意义之权，有说话之权和阐释之权。"[7]《妒记》中谢太傅刘夫人一语道破天机："周公是男子，乃相为耳；若使周姥传，应无此语也"[8]。真是"周公礼制，不免为己者谋"。父权社会通过"立言"来规范约束妇女的行为，作为父权标志的西周建构了"周礼"，是父权礼教的奠基之作。周礼确立了"男不言内，女不言外"的两性分工模式，"这种分工模式给两性带来的影响是巨大的，它从根本上改变了性别间的平等关系和关于性别的价值观和道德观……成了财富、权力、妻妇的拥有者，而生活于其中的妇女不得不屈从于男人为自己设就的生活范围和既定角色，

将自己的职分降到次要从属地位。”[9]从此，男性通过社会劳动实现自己的社会化，女性被困于家庭实现自我的私人化。到了秦汉，又将“周礼”中的家庭伦理原则加以“纲纪化”，孔子的“君君臣臣；父父子子”和孟子的“五伦”(君臣、父子、夫妇、长幼、朋友）被上升为“三刚六纪”。及至宋明理学，对女性的要求更为严酷苛责，“饿死事小，失节事大”这类丧失人性的观点竟得到主流社会的倡导弘扬。

中国封建社会历来重视对女性的教育，古籍“经史子集”四部之中都有关于妇女教育的内容，如经部的《礼记·内则》，史部的《烈女传》，集部的教子诗词等。《周礼·天官·九嫔》就已有了对女性进行特殊教育的“妇学”，即妇德、妇言、妇功。自汉代班昭的《女诫》始，历代都有女训专书，如唐代的《女孝经》《女论语》，明代的《内训》《闺范》，以及清代的《新妇谱》《女儿经》等等，源远流长自成系列，几达30余种，是女性礼教规范和言行的准则。法国驻昆明总领事方舒雅先生1899年在昆明拍摄的一张“倾城美妇人”照片中，有着“三寸金莲”端坐木椅的美少妇身旁桌上就整齐地摆放着一摞妇女必读经书。无独有偶，另一张“贵妇华服”照片中的少妇也以一摞经书为背景。女教的力量在被喻为蛮荒之地、缺少教化的清末昆明尚且如此强大，中原地区就可想而知了。

索绪尔的语言学理论认为语言所指与能指之间的关系是由同一群体社会成员约定俗成的。符号与语义之间的关系一旦确立，话语系统一旦构成，人们便有了一种神力的敬畏，把它视为“天赐之物”，对它感到神秘、恐惧，由不得听话人的意愿。一种性别意识形态经过性别话语的言说，成了天经地义的事实和存在。语言对人具有一种先在性，女性在强劲的父权性别话语的世界里，也不由自主地将男尊女卑、三从四德等封建文化律令当作自己的生存选择与文化选择，这就意味着女性自我主体的丧失，导致了女性自我角色的异化，以至于出现“楚王好细腰，宫中多饿死”“男人喜小脚，女人便裹足”这类迎合男性病态审美需求之事。

父权文化符号化的母亲是对妻与母的割裂，貌似备受尊崇，但终生都未脱离“母以子贵”，“从父、从夫、从子”的依附地位。母亲的尊长身份与其性别所致的从属性，构成了“母亲”地位的双重性和矛盾性，她们可以凭借手中掌握的话语权力为所欲为，但话语权是父权文化所赋予的，她们必须按照“父亲”的意志行事，她们以维护父权家族秩序为己任。而母亲们对子女所拥有的话语霸权，有时竟表现为一种病态的施虐与发泄，如《金锁记》中的曹七巧竟因自己丧失的情欲而近乎疯狂地剥夺毁灭子女的恋爱、婚姻及家庭。父权社会对女性牺牲奉献的要求与驯化，是女性疯狂、致病的根源。曹七巧类长期处于孤寂状态中的寡居母亲们，把夫妻人伦中的感情也叠加在母爱上，使亲子之爱变成了生命的独守与占有儿子的单重角色，这是一种长期受压抑所导致的人性的整体变异畸形，她们因受虐而虐人。作为男权话语模塑品的传统母亲，手中拥握的话语霸权实则是另一种形式的无权。

三、余　论

中国传统父权文化中的性别话语是为维护男权文化统治秩序服务的。传统文化中的母亲，要想由父权话语建构的“他者”“第二性”回归真正性别意义上的女性，就必须摧毁那套父权性别话语机制，建构女性自己的话语体系。“有了自己的语言，我们就能为自己被否定的地方正名，就能自由地表达长期以来一直被压抑、遭禁止的观念，……就能按照现实的样式重新描述自己的生活。”[10]但是，人类社会是男女两性相互联系与整合的产物，男女两性之间的平等和谐发展，构成了和谐社会的基本要义和本质内涵。男人和女人，是一只连体的蝴蝶，只有一只翅膀的震动无法腾飞，女性解放也必须包括男性在内的人类解放，男性女性都同样需要适应社会发展需要的新的性别话语。父权性别话语所要达到的平衡与稳定也可视为一种和谐，但这种和谐是建立在对人自身的压迫和控制之下。真正的两性和谐必须立足于全人类的自由与平等，这在当代和谐社会建构的过程有着重要的启示意义。

参考文献

[1] 西蒙·德·波伏娃 . 第二性 [M]. 北京：中国书籍出版社，2002：309.

[2] 胡春阳 . 话语分析 [M]. 上海：上海世纪出版社，2007：160.

[3] 刘传霞 . 中国现代女性文学中母女关系的政治叙述 [J]. 晋阳学刊，2007（6）：106.

[4] 刘义庆 . 世说新语 [M]. 上海：上海古籍出版社，2007：449.

[5] 杨天宇 . 礼记译注 [M]. 上海：上海古籍出版社，1997：460.

[6] 黄怀信 . 大戴礼记汇校集注 [M]. 西安：三秦出版社，2004：1368.

[7] 孟悦，戴锦华 . 浮出历史地表 [M] . 北京：中国人民大学出版社，2004：11.

[8]（宋）李昉，等．太平御览[M]. 北京：中华书局，1960：2370.

[9] 杜芳芹．中国社会性别的历史文化踪迹[M]. 天津：天津社会科学院出版社，1998：10.

[10] 林树明．多维视野中的女性文学批评[M]. 北京：中国社会科学出版社，2004：171.

（此文发表于《学术探索》2012年第4期）

后　记

本书酝酿多年，终于付梓。没有束之高阁终能坚持完成，主因是北京大学给予了我太多的感悟和启示，尤其是传承百年超越物质功利的崇高思想境界及严谨治学的学术精神，具体表现为“兼容并包”、学术自由，“铁肩担道义，妙手著文章”的北大办学理念。虽然拙作难免存在这样那样的问题瑕疵，但也是得到了诸多外部条件的倾力相助才得以完成的，内心感激不尽，在此郑重道谢。

首先感谢我所工作的云南曲靖师范学院的倾力栽培。作为一所仅有十多年本科办学经验的地方院校，一直不遗余力地花大力气、下大本钱培养提高在职教师的素质能力，创设各种条件让老师们通过各种途径外出进修学习。正是有了这样的环境条件，我才得以两次到中国顶尖综合性高校的中文系访学，即2004年9月至2005年7月到复旦大学中文系访学，2009年9月至2010年7月到北京大学中文系访学。其间，在感受到两所大学不同的京派海派文化特点的同时，更为两所大学共有的关心国家民族命运，“板凳甘坐十年冷”的大学治学精神所感动、所感染。鉴于有限的学术基础及愚钝天性，我只能以勤补拙，笨鸟先飞。也正是这种纯粹的外向型开放式学习生活的成长经历，使得我的治学理念及学术素养获得了质的飞跃，更明白了学习工作的真正含义。在此期间，我收获了从副教授到教授职称的提升，更应心存感激地努力提高自己的思想理论及学术水平，真心实意脚踏实地做好教书育人的教师本职工作，成为学生成长的引领者和筑梦人。

其次要感谢创造了北京大学学术文化氛围空间的所有北大人。北大访学一年，收获启示满满，有的大致说得清楚来龙去脉，而更多的却是一种说不清道不明的混沌状态。如方言学术水平的提升主要得益于我的导师李小凡教授，以及他领衔的方言师生团队。但在听课读书的过程中也受到了很多其他老师学者、访学同学的影响启发，算是兼收并蓄吧。无疑，个人的影响因子力量巨大，李小凡教授就对我的人格精神、学识学术产生了全方位永久性的深远影响，但兼具北大和谐文化空间的整合性综合力量影响因子及效果，却很难用具体的言语表述。为避免挂一漏万，在此只能一并致谢。

再次要感谢家人对我到北大访学的不遗余力支持与鼓励。人到中年，上有老下有小，面临各式各样的压力羁绊，学校虽然为你创造了诸多外出进修学习的机会条件，但敢不敢去却是对每一个中年教师的艰难抉择和考量，尤其是女性教师。我为自己拥有一个特别重视读书和学术的大小家庭氛围深感欣慰，家庭成员间除惯常的亲缘关系外，还存在一种特殊的忘年学友情。我从小接受的是曾就读于西南联大师院、中文专业出身的父亲读书读书再读书的家教，从小听着梅贻琦、罗常培、朱自清、闻一多、刘文典、沈从文、冯友兰、罗庸等学术大师的名字长大。当我有机缘到北大访学征询垂暮之年的父亲的意见时，他竟毫不犹豫地坚决支持我前去学习。也正是在我访学的寒假里，父亲走完了他几近九旬的生命历程。探视时守候在昆华医院ICU病房父亲的病榻前，我突然明白了从民国大学走来的老一代普通知识分子对学术是怎样一种终身挚爱与坚守。而父亲“选择”的离世时间也似乎充满了大智慧，不曾影响到我的访学进程。小家庭中的先生与孩子也都全力支持我外出进修访学和教学科研，同时他们也以不同的年龄在不同的学术领域圆着相同的博硕梦，彼此有所懈怠就相互鞭策敲打。

最后要特别感谢曲靖师院教师教育学院周均东教授指点迷津式的相助和鼓励。在周老师的建议下，我把原来设想的大杂烩式的北大访学出书计划变更为现在有关教育教学的启示录，主题更加鲜明，线索也更加清晰，也更契合自己所从事的教师教育工作实际。周老师在繁杂工作之余，时时关心书稿的进度进展情况，并给予诸多实质性的帮助，使得书稿能够如期完成。这种亲力亲为相帮相助的学术科研行为，其引领作用不言自明。

百年大计，教育为本。教师肩负成就国家教育大业的重任。精神意志是完成重任的原动力，治学教学精神则是完成重任的保障前提。整理出版《北大访学启示录》或可有助于我们获得两方面的启示，这也正是本书出版的初衷。愿与同仁们共勉！

2016.10.21 于曲靖寓所